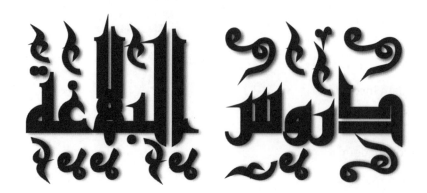

تأليف

مصطفى طموم   سلطان محمد   محمد دياب   حفني ناصف

مع شرحه

مُزَجَاةُ البِضَاعَةِ

تأليف

هاشم بن إسماعيل محمد البريدوسي

معهد القلم
Al-Qalam Institute

اسم الكتاب	دروس البلاغة
المؤلف	حفني ناصف، محمد دياب، سلطان محمد، مصطفى طموم
اسم الشرح	مزجاة البضاعة
المؤلف	هاشم بن إسماعيل محمد البربدوسي
الناشر	**Al-Qalam Institute** 6 Sylvan Avenue, Leicester, LE5 3SN, United Kingdom
عدد الصفحات	١٩٦
سنة الطباعة	محرم ١٤٤٥ (July 2023)
الطباعة	الأولى
ISBN	978-1-915362-08-7
Email	info@alqalaminstitute.org
Website	www.alqalaminstitute.org
YouTube	www.youtube.com/alqalaminstitute

بسم الله الرحمن الرحيم

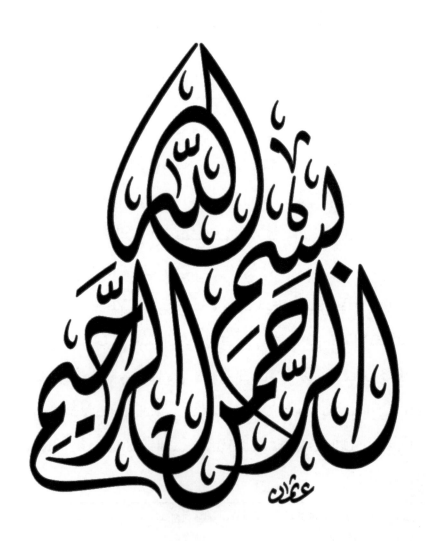

الْمُقَدِّمَةُ

بسم الله الرّحمن الرّحيم

الحَمْدُ للهِ الذي قَصُرَتْ عِبارةُ البُلَغاءِ عن الإحاطَةِ بِمَعَانِي آياتِهِ، وعَجَزتْ أَلْسُنُ الفُصَحاءِ عنْ بيانِ بَدائِعِ مَصْنُوعاتِهِ، والصَّلاةُ والسَّلامُ عَلَى مَنْ مَلَكَ طَرَفي البلاغَةِ إِطْنابًا وَإِيْجازًا، وعَلَى آلِهِ وأَصْحَابه الفَاتِحِينَ بِهَدْيهم إلى الحَقِيقَةِ مَجَازًا.

وبَعْدُ، فهَذَا كتابٌ في فُنونِ البَلاغَةِ الثلاثَة، سَهْلُ المَنالِ، قَرِيبُ المَأْخَذِ، بَرِيءٌ مِنْ وَصْمَةِ التَّطْوِيلِ المُمِلِّ، وعَيبِ الاخْتِصَارِ المُخِلِّ؛ سَلَكْنَا في تَأْلِيفِهِ أَسْهَلَ التَّرَاتِيبِ، وأَوْضَحَ الأَسَاليبِ، وجَمَعْنا فِيهِ خُلاصةَ قَواعِدِ البلاغَةِ، وأمَّهاتِ مَسَائِلِهَا، وتَرَكْنَا ما لا تَمَسُّ إليهِ حَاجَةُ التلامذةِ مِن الفَوائِدِ الزَّوائِدِ؛ وقُوفًا عِندَ حَدِّ اللازمِ؛ وحِرْصًا عَلَى أَوْقَاتِهِم أَنْ تَضِيعَ في حَلِّ مُعقَّدٍ، أَوْ تَلْخِيصِ مُطَوَّلٍ، أَوْ تَكْمِيلِ مُخْتَصَرٍ، فَتَمَّ بِهِ مع كُتُبِ الدُّروسِ النَحْوِيَّةِ سُلَّمُ الدِّراسَةِ العَرَبيَّةِ، في المَدَارِسِ الابْتِدَائيَّةِ والتجْهِيزِيَّةِ.

والفَضْلُ في ذَلكَ كُلِّهِ للأميريْنِ الكَبِيريْنِ نُبلًا، والإِنْسَانَيْنِ الكَامِلَيْنِ فَضْلًا، نَاظِرِ المَعَارِفِ، المُتَجَافِي عَن مِهَادِ الرَّاحَةِ فِي خِدْمَةِ البلادِ، الواقِفِ فِي مَنْفَعَتِهَا عَلَى قَدَمِ الاسْتِعْدَادِ، صَاحِبِ العَطُوفَةِ مُحَمَّدِ زكي باشا، ووكِيلِهَا ذِي الأيادِي البَيْضَاءِ فِي تَقَدُّمِ المَعَارِفِ نَحْوَ: الصِّراطِ المُسْتَقِيمِ، وإدارَةِ شُئُونِهَا عَلَى المِحْوَرِ القَوِيمِ، صَاحِبِ السَّعادَةِ يَعْقُوبَ أرتينَ باشا. فَهُمَا اللذَانِ أَشَارَا عَلَيْنَا بِوَضْعِ هذا النِّظَامِ المُفِيدِ، وسُلوكِ سَبِيلِ هذا الوَضْعِ الجَدِيدِ؛ تَحْقِيقًا لِرَغَائِبِ

---

[1] الحمد لله والصّلوة والسّلام على رسول الله ﷺ، أمّا بعد، فهذه مجموعة اتخذتها تذكرة لنفسي ولمن شاء مِنَ الإِخْوَانِ من بعدي، أوردت فيها أمثلة من القرآن والحديث، وجمعت فيها ما تفرّق في كتب البلاغة والتفسير من فوائد نفيسة، وأودعت فيها ما يحتاج إلى بيان أو تفصيل، وَأضفت إلى المتن بعض العناوين تيسيرا للقارئ والمبتدئ.

فاسئل الله تعالى أن يتقبله بفضله وأن يجعله ذريعة لرضاه ونجاة فى العقبى، وَأَعُوذُ بِهِ أَن يَكُونَ سَعْيُنَا ﴿كَسَرَابٍ بِقِيعَةٍ يَحْسَبُهُ الظَّمْآنُ مَآءً﴾ آمين.

أَمِيرِ البِلَادِ، وَوَلِيُّ أَمْرِهَا النَّاشِئ فِي مَهْدِ المَعَارِفِ، العَارِفِ بِقَدْرِهَا، مُجَدِّدِ شُهْرَةِ الدِّيَارِ المِصْرِيَّةِ، ومُعِيدِ شَبِيبَةِ الدَّوْلَةِ المُحَمَّدِيَّةِ العَلَوِيَّةِ، (مَوْلَانَا الأَفْخَمِ عَبَّاسٍ حِلْمِي باشا الثاني)، أَدامَ اللهُ سُعُودَ أُمَّتِهِ، وأَقرَّ بِهِ عُيُونَ آلِهِ ورِجَالِهِ وسَائِرِ رَعِيَّتِهِ، آمِينَ.

حفني ناصفٍ – محمَّدُ دِيابٍ – سلطانُ محمَّدٍ – مصطفى طَمُومٍ.

المقدمة

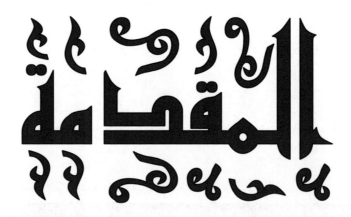

مُقَدِّمَةٌ[1] فِي الْفَصَاحَةِ وَالْبَلَاغَةِ

الْفَصَاحَةُ

الفَصَاحَةُ فِي اللُّغَةِ تُنْبِئُ[2] عَنِ الْبَيَانِ وَالظُّهُوْرِ، يُقَالُ: أَفْصَحَ الصَّبِيُّ فِيْ مَنْطِقِهِ[3]، إِذَا بَانَ وَظَهَرَ كَلَامُهُ[4]؛

وَتَقَعُ فِي الِاصْطِلَاحِ وَصْفًا لِلْكَلِمَةِ وَالْكَلَامِ وَالْمُتَكَلِّمِ.

[فَصَاحَةُ الْكَلِمَةِ]

فَفَصَاحَةُ الْكَلِمَةِ سَلَامَتُهَا مِنْ تَنَافُرِ الْحُرُوْفِ وَمُخَالَفَةِ الْقِيَاسِ وَالْغَرَابَةِ.

[تَنَافُرُ الْحُرُوْفِ]

فَتَنَافُرُ الْحُرُوْفِ وَصْفٌ[5] فِي الْكَلِمَةِ يُوْجِبُ ثِقَلَهَا عَلَى اللِّسَانِ وَعُسْرَ النُّطْقِ بِهَا، نَحْوُ: الظَّشِّ لِلْمَوْضِعِ الْخَشِنِ، وَالْهُعْخُعِ لِنَبَاتٍ تَرْعَاهُ الإِبِلُ، وَالنُّقَاخِ لِلْمَاءِ الْعَذْبِ الصَّافِي، وَالْمُسْتَشْزِرِ[6]

---

[1] الْمُقَدِّمَةُ بِفَتْحِ الدَّالِ وَكَسْرِهَا، وَالْكَسْرَةُ أَفْصَحُ، وَمُقَدِّمَةُ الكِتَابِ هي الصَّفَحَاتُ الأُولَى الَّتِي تَشْرَحُ مَضْمُونَ الكِتَابِ ومَوْضُوعَهُ.

وَاعْلَمْ أَنَّ الْكِتَابَ مُشْتَمِلٌ عَلَى مُقَدِّمَةٍ وَثَلَاثَة فُنُوْنٍ: عِلْم الْمَعَانِي، وَالْبَيَان وَالْبَدِيْع.

دُرُوْسُ الْبَلَاغَةِ			
مُقَدِّمَةٌ	عِلْمُ الْمَعَانِيْ	عِلْمُ الْبَيَانِ	عِلْمُ الْبَدِيْعِ

[2] يُقَالُ أَنْبَأْتُ الشَّخْصَ الْخَبَرَ أَوْ أَنْبَأْتُهُ بِالْخَبَرِ إِذَا أَبْلَغَهُ إِيَّاهُ.

[3] الْمَنطِقُ الكَلَام وَاللُّغَة.

[4] وَكَذَلِكَ يُقَالُ أَفْصَحَ اللَّبَنُ إذا ذَهَبَتْ رَغْوَتُهُ، وَيُقَالُ أَفْصَحَ النَّهَارُ إذا خَلَا مِنَ الغَيْم والقرّ -بِفَتْحِ الْقَافِ وَضَمِّهَا- وَهُوَ الْبَرْدُ.

[5] أَي عَيْبٌ

[6] الخَشِن الغليظ، والنُّقَاخ على وزن الْغُراب، والمُسْتَشْزر بفتح الزَّاي وَكَسْرِهَا، ومثال تَنَافُرِ الْحُرُوْفِ فِي ...

لِلْمَفْتُوْلِ.

[مُخَالَفَةُ الْقِيَاسِ]

وَمُخَالَفَةُ الْقِيَاسِ كَوْنُ الْكَلِمَةِ غَيْرَ جَارِيَةٍ عَلَى الْقَانُوْنِ الصَّرْفِيِّ[1] كَجَمْعِ بُوقٍ عَلَى بُوْقَاتٍ فِيْ قَوْلِ الْمُتَنَبِّيْ:

فَـإِنْ يَـكُ بَعْـضُ النَّـاسِ سَـيْفًا لِدَوْلَـةٍ ... فَـفِـي الـنَّـاسِ بُـوْقَـاتٌ لَـهَـا وَطُـبُـوْلُ[2]

الإنجليزية كلمة onomatopoeia وكلمة otorhinolaryngology.

ولو قيل قد جاء بعض الكلمات في التنزيل مما فيه شَيء من الثقل، مثل كلمة اثَّاقَلْتُمْ في قوله تعالى ﴿يَاَيُّهَا الَّذِيْنَ اٰمَنُوْا مَا لَكُمْ اِذَا قِيْلَ لَكُمُ انْفِرُوْا فِيْ سَبِيْلِ اللّٰهِ اثَّاقَلْتُمْ اِلَى الْاَرْضِ﴾ أَيْ: تَكَاسَلْتُمْ، نقول ذلك لأنّ الثّقل في الكلمة والبطء في النّطق يناسب ثقل أبدانهم والبطء في الخروج.

[1] واعْلَمْ أَنَّ الْمُرَادَ بِمُخَالَفَةِ الْقِيَاسِ مُخَالَفَةُ قَوَاعِدِ عِلْمِ الصَّرْفِ.

[2] ويَكُ أَصْلُه يَكُنْ، حُذِفَ مِنْهُ النُّوْنِ، مثل ﴿وَّلَمْ اَكُ بَغِيًّا﴾، والطَبْل آلة يُشَدُّ عليها الجِلْد ويُنقر عليه، جمعه طُبُول وأَطبال، يقال له drum. والبُوق أداة مجوّفة يُنْفَخُ فيها ويُزمَر، يقال له trumpet. فكلمة بوقات غير فصيحة لأنّ القياس يقتضي جمعَ بوق على أبواق جمعَ تكسير، ولم يرِد جمعه على بوقات لأنّ جمع المؤنّثِ السّالمَ يطّرد – يعمّ ويخلو من الشّذوذ– في عشرة مواضع وليس هذا منها.

الأوّل من المواضع العشرة عَلَمُ المؤنّثِ كفاطمة وفاطمات،

والثّاني منها ما خُتمَ بتاءِ التأنيث كشجرة وشجرات،

والثّالث صفةُ الْمُؤنث مقرونةً بالتاءِ كمُرضعةٍ ومُرضعاتٍ،

والرّابعُ صفةُ المذكر غير العاقل كجبالٍ شامخات،

والخامسُ المصدرُ المجاوزُ ثلاثةَ أحرف غيرُ المؤكِّدِ لفعلِه كإكراماتٍ،

والسادسُ مُصغَّرُ مذكَّرٍ ما لا يُعقلُ، نحو: دُرَيْهِماتٍ،

والسّابعُ ما خُتمَ بألف التأنيث الممدودة كصَحْرَاء وصحراوات،

والثّامنُ ما خُتمَ بألفِ التأنيثِ المقصورةِ كذكرى وذِكريات،

والتّاسعُ الاسمُ لغير العاقلِ المصدَّرُ بذي، نحو ذي القَعْدَةِ وذواتِ القَعْدَةِ،

...

إِذِ[1] الْقِيَاسُ فِي جَمْعِهِ لِلْقِلَّةِ أَبْوَاقٌ،

وَكَمَوْدَدَة فِيْ قَوْلِهِ

إِنَّ بَنِـــيَّ لَلِئَـــامٌ زَهَـــدَهْ   مَا لِـيْ فِـيْ صُـدُوْرِهِـمْ مِـنْ مَـوْدَدَهْ[2]

وَالْقِيَاسُ مَوَدَّة بِالْإِدْغَامِ.[3]

[الْغَرَابَةُ]

وَالْغَرَابَةُ كَوْنُ الْكَلِمَةِ غَيْرَ ظَاهِرَةِ الْمَعْنَى، نَحْوُ: تَكَأْكَأْتُم بِمَعْنَى اجْتَمَعْتُمْ وَافْرَنْقَعَ بِمَعْنَى انْصَرَفَ[4] وَاطْلَخَمَّ بِمَعْنَى اشْتَدَّ[5].

والعاشرُ كلُّ اسمٍ أعجميٍّ لم يُعهَدْ له جمعٌ آخر، كالتّلغرافِ والتّلِفونِ.

أمّا ما ذُكر في بعض المعاجم من جمع البوق على بوقات ففيه نظر.

[1] إذ هنا للتعليل.

[2] قوله بنيّ مركب من بنون وياء المتكلم، واللّام الدّاخلة على لِئَام لام مزحلقة، واللئام جمع اللَّئِيم وهو الخَسِيس ضِدّ الكريم، والزَّهَدَة جمع زاهد، وموددَهْ بكسر الدال الأولى وفتحها.

[3] الإدغام لغةً الإدخال، يقال أدغمتُ السّيف فِي غِمْده، واصطلاحًا هو إدخالُ حرفٍ في حرفٍ آخرَ من جنسه بحيث يصيرانِ حرفًا واحدًا مُشدَّدًا، مثلُ مدَّ يمدُّ مدّا وأصلُها مدَدَ يمدُدُ مدْدًا. فالصحيح مَوَدَّة بِإدغام الدّال الأولى في الثّانية ونقل حركتها إلى ما قبلها.

فائدة: قد تكون الكلمة مخالفة للقياس مُوافِقة للاستعمال، وتُعدّ هذه من فصيح الكلمات، نحو: ﴿اِسۡتَحۡوَذَ عَلَيۡهِمُ ٱلشَّيۡطَٰنُ﴾ والقياس استحاذ، نحو: امتاز. وإنّما العيب فيما كان مخالفا للقياس والاستعمال.

[4] يُقال تكَأْكَأَ القومُ إذا ازْدَحَمُوا، والتَّكَأْكُؤُ التَّجَمُّع،

وروي أنّ عِيسَى بن عُمر النّحويّ سقط عن حِمار له، فاجتمع عليه النّاس، فقال: مَا لَكُمْ تَكَأْكَأْتُم عليّ تَكَأْكُؤَكُم عَلَى ذِي جِنَّةٍ؟ افْرَنْقِعُوا عَنِّي.

[5] يقال اطلَخَمَّ الحَرُّ اليومَ إذا اشتدّ حرارتها.

والمراد بغير ظاهرة المعنى كونها غيرَ مألوفةِ الاستعمال عند فصحاء العرب وخُلَّصهم وبُلغائهم، أمّا غير ...

الفصحاء والبلغاء فلا عبرة بهم فإنّ كثيرا من الكلام العربي الفصيح غريب عندهم.

وللغرابة سببان، الأوّل تعدّد معاني كلمة وعدم القرينة على تعيين معنى من معانيها، مثل عزّر فإنّه في معنى الإهانة والتّعظيم اللّهمّ إلّا أنّه لا غرابةَ في قوله تعالى ﴿فَالَّذِينَ آمَنُوا بِهِ وَعَزَّرُوهُ وَنَصَرُوهُ وَاتَّبَعُوا النُّورَ الَّذِيَ أُنزِلَ مَعَهُ﴾ لتعيين معنى التّعظيم لقرينة النّصر والاتّباع.

والثّاني نُدرة استعمالها عند العرب، فيحتاج إلى تتبّع اللّغات وكثرة البحث في المعاجم وقد يُعثر على الكلمة بعد كدّ وجهد جهيد وقد لا يعثر عليه البتّة.

وقال القزويني: علامة كون الكلمة فصيحة أن يكون استعمال العرب الموثوقون بعربيتهم لها كثيرا أو أكثر من استعمالهم ما بمعناها.

ولو قيل إنه روي عن مثل أبي بكر وعمر رضي الله عنهما في بعض كلمات القرآن الكريم ما يدلّ على أنّهما لم يكونا مطّلعين على معانيها، مثل ما روي عن أنس بن مالك أنه سمع عمر بن الخطاب رضى الله عنه يقول: قال الله ﴿وَقَضْبًا ۝٢٨ وَزَيْتُونًا وَنَخْلًا ۝٢٩ وَحَدَآئِقَ غُلْبًا ۝٣٠ وَفَاكِهَةً وَأَبًّا ۝٣١﴾ كلّ هذا قد علمناه، فما الأبّ؟ ثم ضرب بيده، ثم قال: لعمرك إنّ هذا لهو التكلف، واتّبعوا ما يتبيّن لكم في هذا الكتاب، قال عمر: وما يتبين فعليكم به، وما لا فدعوه. ومثل ما روي أنّ أبا بكر سئل عن ﴿وَفَاكِهَةً وَأَبًّا﴾ فقال: «أي سماء تُظلّني، وأيّ أرض تُقلّني إذا قلت في كتاب الله ما لا أعلم»

نقول إن هذا ومثله ليس بغريب مطلق، إنّما الغرابة بالنّسبة إلى بعض القبائل وبعض الناس، فبعضهم كانوا يعرفونه لوجود المُسمَّيات فيهم وبعضهم لم يكونوا يعرفونه لعدم وجود المسميات، أو لاستخدامهم ما يرادفه مثل السّكين فإنّ أبا هريرة رضي الله عنه قَالَ: وَاللهِ مَا سَمِعْتُ بِالسِّكِّينِ قَطُّ إِلَّا يَوْمَئِذٍ - أي يوم سمعت الحديث عن رسول الله ﷺ -، مَا كُنَّا نَقُولُ إِلَّا الْمُدْيَة، وكان عربيا من قبيلة دوس.

وذلك على ما كان منهم من الحذر في القول في القرآن بغير علم.

ومع ذلك قد يكون المقصود من الكلام إثارةَ فكرِ المخاطَبين كما سترى في المحسنات المعنوية في التورية والإبهام أو يكون المقصود اختبارهم كما سترى في أغراض الحذف. والله أعلم وعلمه أتمّ.

ومثله كلمة ضيزى في قوله تعالى ﴿أَفَرَءَيْتُمُ اللَّتَ وَالْعُزَّى ۝١٩ وَمَنَوٰةَ الثَّالِثَةَ الْأُخْرَىٰ ۝٢٠ أَلَكُمُ الذَّكَرُ وَلَهُ الْأُنثَىٰ ۝٢١ تِلْكَ إِذًا قِسْمَةٌ ضِيزَىٰ ۝٢٢﴾ فناسب غرابة كلمة ضيزى غرابة قسمتهم.

[فَصَاحَةُ الْكَلَامِ]

فَصَاحَةُ الْكَلَامِ سَلَامَتُهُ مِنْ تَنَافُرِ الْكَلِمَاتِ مُجْتَمِعَةً وَمِنْ ضَعْفِ التَّأْلِيْفِ وَمِنَ التَّعْقِيْدِ مَعَ فَصَاحَةِ كَلِمَاتِهِ.

[تَنَافُرُ الْكَلَامِ]

فَالتَّنَافُرُ وَصْفٌ فِي الْكَلَامِ يُوْجِبُ ثِقَلَهُ عَلَى اللِّسَانِ وَعُسْرَ النُّطْقِ بِهِ، نَحْوُ:

في رَفْعِ عَرْشِ الشَّــرْعِ مِثْـلُـكَ يَشْــرَعُ[1]

[ونَحْوُ:][2]

.... وَلَــيْسَ قُــرْبَ قَبْــرِ حَــرْبٍ قَبْــرُ[3]

[ونَحْوُ:]

[1] اعلم أنّه ليس في أيّ كلمة من كلماته ثِقلٌ، نحو: رَفْع على حِدَتها وعرش على حدتها وشرع على حدتها، ولكن إذا اجتمع بعضها مع بعض يوجب الثّقل، بخلاف تنافر الحروف فإنّ الثّقل في الكلمة نفسِها بدون اجتماعها إلى غيرها، مثل الهعخع على حدتها والمستشزر على حدتها. ومن الأمثلة الّتي ذكروا فيها عيب التّنافر قول المتنبّي:

أَقِلْ أَنِلْ أَقطِعِ احْمِلْ عَلِّ سَـلِّ أَعِـد زِد هِشَّ بِشَّ تَفَضَّـلْ أَدْنِ سُـرَّ صِـلِ

ومثال التنافر في الإنجليزية:

How many cookies could a good cook cook if a good cook could cook cookies?

[2] وأضفنا ما بين القوسين لدفع توهّم أنّهما جزءان من شعر واحد. فقد كُتب في بعض النّسخ بحيث يوهِم أنّهما من شعر واحد.

[3] والشعر بتمامه كما يلي:

وَقَبْــرُ حَــرْبٍ بِمَكَــانٍ قَفْــرٍ وَلَــيْسَ قُــرْبَ قَبْــرِ حَــرْبٍ قَبْــرُ

وحرب هو ابن أميّة والد الصّحابيّ أبي سفيان رضي الله عنه بن حرب، ورُوي قصص مختلفة فيمن أنشد هذا الشّعر. والقفر خَلاء من الأَرض لا ماءَ فيه ولا ناسَ ولا كَلأَ. وَقُرْبَ منصوب على أنه خبر ليس المقدم ، وحرب مرفوع على أنها اسمها المؤخر.

كَـــرِيْمٌ مَتَـــى أَمْدَحْـــهُ أَمْدَحْـــهُ وَالْـــوَرَى مَعِـــيْ وَإِذَا مَـــا لُمْتُـــهُ لُمْتُـــهُ وَحْـــدِيْ[1]

[ضَعْفُ التَّأْلِيْفِ]

وَضَعْفُ[2] التَّأْلِيْفِ كَوْنُ الْكَلَامِ غَيْرَ جَارٍ عَلَى الْقَانُوْنِ النَّحْوِيِّ الْمَشْهُوْرِ،[3] كَالْإِضْمَارِ قَبْلَ الذِّكْرِ لَفْظًا وَرُتْبَةً[4] فِيْ قَوْلِهِ:

---

[1] كريم خبر مبتدأ محذوف -وحذف المبتدأ شائع في المدح في منظوم الكلام- ومَتى اسم شرط جازم، أمدح فعل مضارع مجزوم بالسكون، والهاء ضمير متصل مفعول به، وأمدح فعل مضارع مجزوم جواب شرط، والورى – وهو الخلق- مبتدأ ومعي خبره، وجملة والورى معي في محلّ النّصب حال من الضمير المستتر أي أنَا، والشرط أي إذا ما لمته وجوابه في محل الرّفع نعت لكريم، وإذا شرط وما مصدرية زائدة للتّأكيد. وجملة إذا ما لُمْتُهُ معطوفة على جملة متى أمدحه.

[2] الضَّعْف بفتح الضاد وضمّها.

[3] واعلم أنّ قواعد النّحو على قسمين، منها ما يطرّد ولا يشذّ، ومنها ما هو مشهور ذهب إليه الجُمهور إلّا أنّ بعض النّحاة خالفوهم، فالثّاني هو المراد بقوله القانون النّحويّ المشهور، ولعل هذا هو الوجه الّذي حمل المصنفين على اختيارهم كلمة الضعف على كلمة المخالفة.

[4] واعلم أنّ رتبة الفاعلِ مقدمة على رتبة المفعولِ. ثم اعلم أنّ للإضمار أربع مراتب:

الأولى الإضمار بعد ذكر المرجِع لفظًا ورتبة، نحو: ضرب زيدٌ غلامَه، فالضّمير في غلامه ذُكِر بعد مرجعه – وهو زيد – فهو مؤخَّر لفظا، كما هو مؤخر رتبة لأنّ الضّمير وقع مع المفعول الّذي رُتبته بعد رتبة الفاعل.

والثّانية الإضمار قبل الذكر لفظًا لا رتبة، نحو: ضرب غلامَهُ زيدٌ، فالضّمير في غلامه مقدَّم على مرجعه لفظًا غير أنّه مؤخّر عن مرجعه رتبة لأنّ الضّمير وقع مع المفعول ورتبته بعد الفاعل، فالضّمير مؤخّر رتبة حيث كان ترتيب الجملة الأصليّ: ضرب زيدٌ غلامَهُ.

والثّالثة الإضمار قبل الذّكر رتبة لا لفظًا، نحو: ضرب زيدًا غُلَامُه، فجاء الضّمير في غلامه بعد المرجع لفظًا كما هو ظاهر، غير أنّ مرتبة الفاعل مقدم على مرتبة المفعول فالضّمير في غلامه مقدم على مرجعه في الرّتبة.

والرّابعة الإضمار قبل الذّكر رتبة ولفظًا، نحو: ضَرب غُلَامُه زَيدًا، وتقدّم الضّمير على مرجعه في هذه الصورة لفظا ورتبة، وذلك لا يجوز عند جُمْهور النّحاة إلّا أنّه ورد في بعض منظوم الكلام على قُبحه.

...

جَزَى بَنُوهُ أَبَا الْغَيْلَانِ عَنْ كِبَرٍ[١]   وَحُسْنِ فِعْلٍ كَمَا يُجْزَى سِنِمَّارُ[٢]

[التَّعْقِيدُ]

وَالتَّعْقِيدُ أَن يَّكُونَ الْكَلَامُ خَفِيَّ الدَّلَالَةِ عَلَى الْمَعْنَى الْمُرَادِ.

[التَّعْقِيدُ اللَّفْظِيُّ]

وَالْخَفَاءُ إِمَّا مِنْ جِهَةِ اللَّفْظِ بِسَبَبِ تَقدِيمٍ أَوْ تَأخِيرٍ أَوْ فَصلٍ، وَيُسَمَّى تَعْقِيدًا لَفْظِيًّا، كَقَوْلِ

		لَفْظًا	رُتْبَةً	
الأولى	ضَرَبَ زَيْدٌ غلامَهُ	المرجع ثمّ الضّمير	المرجع ثمّ الضّمير	جائز
الثّانية	ضَرَبَ غلامَهُ زيدٌ	الضّمير ثمّ المرجع	المرجع ثمّ الضّمير	جائز
الثّالثة	ضَرَبَ زيدًا غُلامُهُ	المرجع ثمّ الضّمير	الضّمير ثمّ المرجع	جائز
الرّابعة	ضَرَبَ غُلامُهُ زيدًا	الضّمير ثمّ المرجع	الضّمير ثمّ المرجع	قبيح

فقول الله تعالى ﴿وَإِذِ ابْتَلَىٰٓ إِبْرَٰهِـۧمَ رَبُّهُۥ بِكَلِمَـٰتٍ﴾ من الثّالثة، أمّا قول حسّان بن ثابت يَرْثِي مُطْعِم بْن عَدِيّ فمن الرّابعة اللّهم إلّا أنّه يُغتفر في الشّعر ما لا يغتفر في غيره:

ولو أنّ مجدًا أخلدَ الدّهرَ واحدًا   من النّاس أبقى مَجْدُهُ الدّهرَ مُطْعِمًا

وللإضمار قبل الذكر وحسنه وقبحه بحث في المطولات.

[١] الكِبَر التّقدّم في السّنّ، نحو: ﴿ٱلْحَمْدُ لِلَّهِ ٱلَّذِى وَهَبَ لِى عَلَى ٱلْكِبَرِ إِسْمَـٰعِيلَ وَإِسْحَـٰقَ﴾ والكِبْر بالسكون عظمة وتجبُّر وترفُّع عن الانقياد، وضِدُّه التواضع. ويجزى مضارع على حكاية الحال، وقد رُوي جوزي بصيغة الماضي.

أمّا السِّنِمَّار فاستعملهَ النّعمان بنُ المنذِر ليبني له خَوَرْنَقًا أي قصرًا في الكوفة، فبناه وأجمل بِنائه، وأتّمه وأحسن إتمامه، فلمّا فرغ من بنائه – وقيل كان ذلك بعد عشرين عامًا– قال سِنِمّار: إنّي لو كنت أعلم أنّكم تُوفُونَنِي أَجْري، لبَنيتُه أكمل من ذلك، فغضِب النّعمان بن المنذِر، ورماه من أعلى القصر لئلا يبنيَ لغيره أحسن منه، فذهبت الحادثة مثلًا.

[٢] ومن ضعف التّأليف استعمال الضّمير المنفصل مع إمكان المتصل، نحو: أكرمت إياك ومجيئ الضّمير المتصل بعد إلّا، نحو: إِلّاكَ وغير ذلك.

الْمُتَنَبِّي:

جَفَخَتْ وَهُمْ لَا يَجْفَخُوْنَ بِهَا بِهِمْ شِيَمٌ عَلَى الْحَسَبِ الأَغَرِّ دَلَائِلُ

فَإِنَّ تَقْدِيْرَهُ جَفَخَتْ بِهِمْ شِيَمٌ دَلَائِلُ عَلَى الْحَسَبِ الْأَغَرِّ وَهُمْ لَا يَجْفَخُوْنَ بِهَا.[1]

[التَّعْقِيْدُ الْمَعْنَوِيُّ]

وَإِمَّا مِنْ جِهَةِ الْمَعْنَى بِسَبَبِ اسْتِعْمَالِ مَجَازَاتٍ وَكِنَايَاتٍ لَا يُفْهَمُ الْمُرَادُ بِهَا، وَيُسَمَّى تَعْقِيْدًا مَعْنَوِيًّا، نَحْوُ: قَوْلِكَ نَشَرَ الْمَلِكُ أَلْسِنَتَهُ فِي الْمَدِيْنَةِ، مُرِيْدًا جَوَاسِيْسَهُ وَالصَّوَابُ نَشَرَ عُيُوْنَهُ؛ وَقَوْلِهِ:

سَأَطْلُبُ بُعْدَ الدَّارِ عَنْكُمْ لِتَقْرَبُوْا وَتَسْكُبُ عَيْنَايَ الدُّمُوْعَ لِتَجْمُدَا

حَيْثُ كَنَى بِالْجُمُوْدِ عَنِ السُّرُوْرِ مَعَ أَنَّ الْجُمُوْدَ يُكْنَى بِهِ عَنِ الْبُخْلِ بِالدُّمُوْعِ وَقْتَ الْبُكَاءِ.[2]

[فَصَاحَةُ الْمُتَكَلِّمِ]

وَفَصَاحَةُ الْمُتَكَلِّمِ مَلَكَةٌ[3] يَقْتَدِرُ بِهَا عَلَى التَّعْبِيْرِ عَنِ الْمَقْصُوْدِ بِكَلامٍ فَصِيحٍ فِيْ أَيِّ غَرَضٍ[4] كَانَ.

[1] يُقَالُ جَفَخ إِذا فخر وتكبَّر من جَفَخ يجفَخ جَفْخًا، والشِّيَمُ جمع شِيْمَة وهي الخُلُق والطَّبِيْعة، والحَسَب جمعه أحساب وهو ما يَعُدُّه المرءُ من مَناقبه أَو شرف آبائه، والأَغرّ كَرِيمُ الأَفْعَالِ وَجَمِيلُهَا الوَاضِحُ فِي أَعْمَالِهِ وَأَفْعَالِهِ، السَّيِّدُ الشَّرِيفُ، ودَلَائِلُ جمع دَلِيْل وهُوَ البرهان والشاهد والعلامة.

[2] يقال سَكَب الدُّمُوْع إذا بكى من سكَب يَسْكُب سَكْبًا، والجمود اليُبْس. فبتتبع كلام العرب عُلم أنّ الجمود يُستَخدم لخلو العين من البكاء في حال إرادة البكاء منها.

[3] الملكة صِفَةٌ رَاسِخَةٌ فِي النَّفْسِ أَوِ العَقْلِ قَائِمَةٌ عَلَى اسْتِعْدَادٍ فِطْرِيٍّ.

[4] الغَرَض بفتح الرّاء مثل شَبَه بفتح الباء.

الْبَلَاغَةُ

وَالْبَلَاغَةُ فِي اللُّغَةِ الوُصُوْلُ وَالِانْتِهاءُ، يُقَالُ بَلَغَ فُلَانٌ مُرادَه إِذَا وَصَلَ إِلَيْهِ، وَبَلَغَ الرَّكْبُ الْمَدِيْنَةَ إِذَا انْتَهى إِلَيْهَا. وَتَقَعُ فِي الِاصْطِلَاحِ وَصْفًا لِلْكَلَامِ وَالْمُتَكَلِّمِ.

[بَلَاغَةُ الْكَلَامِ]

فَبَلَاغَةُ الْكَلَامِ مُطَابَقَتُهُ لِمُقْتَضَى الْحَالِ مَعَ فَصَاحَتِهِ.[1]

وَالْحَالُ – وَيُسمَّى بِالمُقَامِ – هُوَ الْأَمْرُ الْحَامِلُ للمُتكَلِّمِ عَلَى أَنْ يُوردَ عِبَارَتَهُ على صُوْرَةٍ مَخْصُوْصَةٍ.

وَالْمُقْتَضَى - وَيُسَمَّى الاعْتِبَارَ الْمُنَاسِبَ[2] – هُوَ الصُّوْرَةُ الْمَخْصُوْصَةُ الَّتِيْ تُوْرَدُ عَلَيْهَا الْعِبَارَةُ. مثلًا المَدْحُ حَالٌ يَدْعُوْ لِإِيْراد الْعِبَارَةِ على صُوْرَةِ الْإِطْنَابِ، وَذَكَاءُ الْمُخَاطَبِ حَالٌ يَدْعُوْ لِإِيْرَادِهَا عَلَى صُوْرَةِ الْإِيْجَازِ،

فَكُلٌّ مِنَ الْمَدْحِ وَالذَّكَاءِ حَالٌ، وَكُلٌّ مِنَ الْإِطْنَابِ وَالْإِيْجَازِ مُقْتَضًى، وَإِيْرَادُ الْكَلَامِ عَلَى صُوْرَةِ الْإِطْنَابِ وَالْإِيْجَازِ مُطَابَقَةٌ لِلْمُقْتَضَى.

[بَلَاغَةُ الْمُتكَلِّمِ]

وبَلَاغَةُ الْمُتكَلِّمِ مَلَكَةٌ يَقْتَدِرُ بِهَا عَلَى التَّعْبِيرِ عَنِ الْمَقْصُوْدِ بِكَلَامٍ بَلِيْغٍ فِيْ أَيِّ غَرَضٍ كَانَ.

[فَائِدَةٌ]

وَيُعْرَفُ التَّنَافُرُ بِالذَّوْقِ، وَمُخَالَفَةُ الْقِيَاسِ بِالصَّرْفِ، وَضَعفُ التَّأْلِيْفِ وَالتَّعْقِيْدُ اللَّفْظِيُّ بِالنَّحْوِ، وَالْغَرَابَةُ بِكَثْرَةِ الْإِطِّلَاعِ عَلى كَلَامِ الْعَرَبِ، وَالتَّعْقِيْدُ الْمَعْنَوِيُّ بِالْبَيَانِ، وَالْأَحْوالُ وَمُقْتَضَيَاتُهَا

[1] فيشترط لبلاغة الكلام أمران: الأوّل أن يكون الكلام فصيحًا والثّاني أن يكون الكلام مناسبا للشخص والحال والزمان وغيره، فقولك لمن لا يُتقن العربية: ناولْني المِزْبَر من القِمْطَر تعني به القلم من الحقيبة غير بليغ لأنّه لا يناسب الشّخص، والوعظ بالموت وعذاب القبر في مجلس الزّواج غير بليغ فإنّه لا يناسب الحال. ورُبّ كلام فصيح غير بليغ.

[2] فبعبارة أخرى البلاغة هي الاعتبار المناسب بالمقام.

بِالْمَعَانِيْ.

فَوَجَبَ عَلَى طَالِبِ الْبَلَاغَةِ مَعْرِفَةُ اللُّغَةِ وَالصَّرْفِ وَالنَّحْوِ وَالْمَعَانِيْ وَالْبَيَانِ مَعَ كَوْنِهِ سَلِيْمَ الذَّوْقِ[1] كَثِيْرَ الْاِطِّلَاعِ عَلَى كَلَامِ الْعَرَبِ.

[1] والحقيقة أنّ البلاغة ملكة واكتساب فيمكن للإنسان أن يحصل له ملكة البلاغة بالتمرن.

الْبَلَاغَةُ						
فَصَاحَةُ الْكَلَامِ			عَدَمُ ضَعْفِ التَّأْلِيفِ	عَدَمُ التَّعْقِيدِ اللَّفْظِيِّ	عَدَمُ التَّعْقِيدِ الْمَعْنَوِيِّ	مُطَابَقَةُ الْكَلَامِ لِمُقْتَضَى الْحَالِ
عَدَمُ تنافُرِ الْحُرُوْفِ	عَدَمُ مُخَالَفَةِ الْقِيَاسِ	عَدَمُ الْغَرَابَةِ				
ذَوْقٌ	عِلْمُ الصَّرْفِ	كَثْرَةُ الِاطِّلَاعِ	عِلْمُ النَّحْوِ		عِلْمُ الْبَيَانِ	عِلْمُ الْمَعَانِي

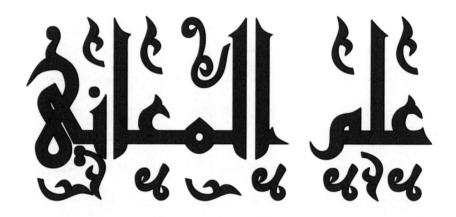

[مُقَدِّمَةٌ]

هُوَ عِلْمٌ يُعرَفُ بِهِ أَحْوَالُ اللَّفْظِ الْعَرَبِيِّ الَّتِي بِهَا يُطَابَقُ مُقْتَضَي الحَالِ، فَتَخْتَلِفُ صُوَرُ الْكَلَامِ لِاخْتِلَافِ الْأَحْوَالِ.[١]

مِثَالُ ذَلِكَ قَوْلُهُ تَعَالَى ﴿وَأَنَّا لَا نَدْرِيٓ أَشَرٌّ أُرِيدَ بِمَن فِي ٱلْأَرْضِ أَمْ أَرَادَ بِهِمْ رَبُّهُمْ رَشَدًا ﴿١٠﴾﴾، فَإِنَّ مَا قَبْلَ أَمْ صُورَةٌ مِنَ الْكَلَامِ تُخَالِفُ صُورَةَ مَا بَعْدَهَا، لِأَنَّ الْأُوْلَى فِيهَا فِعْلُ الْإِرَادَةِ مَبْنِيٌّ لِلْمَجْهُوْلِ وَالثَّانِيَةَ فِيهَا فِعْلُ الْإِرَادَةِ مَبْنِيٌّ لِلْمَعْلُوْمِ، وَالْحَالُ الدَّاعِي لِذَلِكَ نِسْبَةُ الْخَيْرِ إِلَيْهِ سُبْحَانَهُ فِي الثَّانِيَةِ وَمَنْعُ نِسْبَةِ الشَّرِّ إِلَيْهِ فِي الْأُوْلَى.[٢]

[١] فعلى سبيل المثال قد درست كلمتين أَيَّان ومتى. ولعلك قد درستهما في علم النّحو من حيث بنائهما و إعرابهما، وإعمالها وإهمالها، ولذا صحّ تعبير علم النّحو بعلم الإعراب، وأمّا في علم المعاني ستطّلع على الفرق في المعنى بينهما. ففي علم المعاني نبحث عن أحوال المبتدأ والخبر وغيرهما من حيث مطابقتها للحال لا من حيث البناء والاعراب والإعمال والإهمال.

[٢] الفعل المبنيّ للمجهول هو الفعل الّذي لم يُسمَّ فاعله، والفعل المبنيّ للمعلوم هو الّذي سمّي فاعله. فهذه الآية مشتملة على جملتين. في الأولى ذُكر الشّر وفي الثّانية ذكر الخير، فأُورد في الأولى الفعلُ مجهولًا تحاشيًا عن نسبة الشرّ إلى الله، وأورد في الثانية معلوما لنسبة الخير إليه تعالى.

ومثله قوله تعالى ﴿صِرَٰطَ ٱلَّذِينَ أَنۡعَمۡتَ عَلَيۡهِمۡ غَيۡرِ ٱلۡمَغۡضُوبِ عَلَيۡهِمۡ وَلَا ٱلضَّآلِّينَ﴾ فنسب فعل الإنعام إلى الله تعالى ولم ينسب الغضب والضلال إليه تعالى.

ومثله قوله تعالى ﴿أَمَّا ٱلسَّفِينَةُ فَكَانَتۡ لِمَسَٰكِينَ يَعۡمَلُونَ فِي ٱلۡبَحۡرِ فَأَرَدتُّ أَنۡ أَعِيبَهَا وَكَانَ وَرَآءَهُم مَّلِكٞ يَأۡخُذُ كُلَّ سَفِينَةٍ غَصۡبٗا ﴿٧٩﴾ وَأَمَّا ٱلۡغُلَٰمُ فَكَانَ أَبَوَاهُ مُؤۡمِنَيۡنِ فَخَشِينَآ أَن يُرۡهِقَهُمَا طُغۡيَٰنٗا وَكُفۡرٗا ﴿٨٠﴾ فَأَرَدۡنَآ أَن يُبۡدِلَهُمَا رَبُّهُمَا خَيۡرٗا مِّنۡهُ زَكَوٰةٗ وَأَقۡرَبَ رُحۡمٗا ﴿٨١﴾ وَأَمَّا ٱلۡجِدَارُ فَكَانَ لِغُلَٰمَيۡنِ يَتِيمَيۡنِ فِي ٱلۡمَدِينَةِ وَكَانَ تَحۡتَهُۥ كَنزٞ لَّهُمَا وَكَانَ أَبُوهُمَا صَٰلِحٗا فَأَرَادَ رَبُّكَ أَن يَبۡلُغَآ أَشُدَّهُمَا وَيَسۡتَخۡرِجَا كَنزَهُمَا رَحۡمَةٗ مِّن رَّبِّكَۚ وَمَا فَعَلۡتُهُۥ عَنۡ أَمۡرِيۚ ذَٰلِكَ تَأۡوِيلُ مَا لَمۡ تَسۡطِع عَّلَيۡهِ صَبۡرٗا ﴿٨٢﴾﴾ فنسب خرق السّفينة إلى نفسه لما في ظاهره من شرّ محض، فقال ﴿فَأَرَدتُّ أَنۡ أَعِيبَهَا﴾، ونسب الإبدالَ إلى الله والقتلَ إلى نفسه في الغلام حيث قال ﴿فَأَرَدۡنَآ أَن يُبۡدِلَهُمَا رَبُّهُمَا خَيۡرٗا﴾، ونسب بناء الجدار وحفظ الكنز إلى الله تعالى لما فيه من خير محض، فقال ﴿فَأَرَادَ رَبُّكَ﴾.

وَيَنْحَصِرُ الْكَلَامُ هُنا عَلَى هَذَا العِلْمِ فِي ثَمَانِيَةِ[١] أَبْوَابٍ وَخَاتِمَةٍ.

الْبَابُ الْأَوَّلُ فِي الْخَبَرِ وَالْإِنْشَاءِ

[أَقْسَامُ الْجُمْلَةِ]

كُلُّ كَلَامٍ فَهُوَ إِمَّا خَبَرٌ أَوْ إِنْشَاءٌ.

وَالْخَبَرُ مَا يَصِحُّ أَن يُّقَالَ لِقَائِلِهِ إِنَّهُ صَادِقٌ فِيهِ أَوْ كَاذِبٌ، كَسَافَرَ مُحَمَّدٌ وَعَلِيٌّ مُقِيْمٌ.[٢]

وَالْإِنْشَاءُ مَا لَا يَصِحُّ أَن يُّقَالَ لِقَائِلِهِ ذَلِكَ كَسَافِرْ يَا مُحَمَّدُ وَأَقِمْ يَا عَلِيُّ.

وَالْمُرَادُ بِصِدْقِ الْخَبَرِ مُطَابَقَتُهُ لِلْوَاقِعِ، وَبِكَذِبِهِ عَدَمُ مُطَابَقَتِهِ لَهُ. فَجُمْلَةُ عَلِيٌّ مُقِيْمٌ إِنْ كَانَتِ النِّسْبَةُ الْمَفْهُوْمَةُ مِنْهَا مُطَابِقَةً لِمَا فِي الْخَارِجِ فَصِدْقٌ وَإِلَّا فَكِذْبٌ.

[أَرْكَانُ الْجُمْلَةِ]

وَلِكُلِّ جُمْلَةٍ رُكْنَانِ: مَحْكُوْمٌ عَلَيْهِ وَمَحْكُوْمٌ بِهِ[٣]، وَيُسَمَّى الْأَوَّلُ مُسْنَدًا إِلَيْهِ كَالْفَاعِلِ وَنَائِبِهِ

---

[١] وفي بعض النّسخ ستّة أبواب ولم يُذكر فيه باب في التّعريف والتّنكير وباب في الإطلاق والتّقييد.

[٢] الخبر إخبار المتكلم بما له صورة في الخارج، فإن كان قوله مطابقا بما في الخارج يقال له صادق وإلا كاذب. فقولك الشّمس أكبر من الأرض خبر يطابق الخارج فيقال صادق بخلاف الأرض أكبر من الشّمس فأنّه لا يطابق الخارج فهو كذب. فلا يختلج في نفسك كيف يكون القول: مُسيلمة نبي خبر يصحّ أن يقال لقائله أنّه صادق فيه أو كاذب مع أنّه كاذب حتمًا، فليس هو المراد بإمكان صدق الخبر وكذبه، إنّما المراد أنّ له صورة في الخارخ يطابقها أو لا، بخلاف الإنشاء، نحو: هل أنت أحمد؟ فليس له صورة في الخارج يطابقها أو يخالف. فافهم.

[٣] المسند إليه هو موضوع كلام المتكلّم، ففي النّحو له اسمان حسب الجملة، ففي الجملة الاسميّة يُسمّى مبتدأ، وفي الفعليّة يُسمّى فاعلًا أو نائب فاعل، أمّا في المعاني فله اسمٌ واحدٌ وهو المسند إليه –subject–. أمّا المسند فهو الّذي يُخبر عن المسند إليه. وما سوى المسند إليه والمسند يسمّى قيدا، وهذا كله عند أهل المعاني، أمّا عند النّحاة فيسمّى المسند والمسند إليه العمدة وما سواهما الفضلة.

...

وَالْمُبْتَدَأِ الَّذِيْ لَهُ خَبَرٌ، وَيُسَمَّى الثَّانِي مُسْنَدًا كَالْفِعْلِ وَالْمُبْتَدَأِ الْمُكْتَفِي بِمَرْفُوْعِهِ[1].

عُمْدَةٌ		فَضْلَةٌ
الْفَاعِلُ	الْفِعْلُ	الْمَفَاعِيْلُ الْخَمْسَةُ وَغَيْرُهَا
الْمُبْتَدَأُ	الْخَبَرُ	
مُسْنَدٌ إِلَيْهِ	مُسْنَدٌ	قَيْدٌ
مَحْكُوْمٌ عَلَيْهِ	مَحْكُوْمٌ بِهِ	

[1] المبتدأ المكتفي بمرفوعه هو صفة واقعة بعد استفهام أو نفي، نحو: ﴿أَرَاغِبٌ أَنتَ عَنْ ءَالِهَتِي﴾ فراغب مبتدأ وأنت فاعله يسدّ مسدّ الخبر.

واعلم أن كلمة صفة قد يراد به النعت كما في قولنا رجل صالح، وقد يراد به اسم الفاعل أو اسم المفعول أو الصفة المشبّهة بالفعل، والثّاني هو المراد هنا.

الْمَحْكُوْمُ عَلَيْهِ / الْمُسْنَدُ إِلَيْهِ	الْمَحْكُوْمُ بِهِ / الْمُسْنَدُ	
الْفَاعِلُ	الْفِعْلُ الْمَعْلُوْمُ فَاعِلُهُ	﴿وَقَتَلَ دَاوُۥدُ﴾
نَائِبُ الْفَاعِلِ	الْفِعْلُ الْمَجْهُوْلُ فَاعِلُهُ	﴿غُلِبَتِ الرُّومُ﴾
فَاعِلُ اسْمِ الْفِعْلِ	اسْمُ الْفِعْلِ	﴿هَيْهَاتَ هَيْهَاتَ لِمَا تُوعَدُونَ ٣٦﴾
فَاعِلُ الْمَصْدَرِ النَّائِبِ عن الْفِعْلِ	الْمَصْدَرُ النَّائِبُ عن الْفِعْلِ	لَبَّيكَ
الْمُبْتَدَأُ	الْخَبَرُ	﴿مُحَمَّدٌ رَسُولُ اللَّهِ﴾
اسْمُ كَانَ وَأَخَوَاتِهَا	خَبَرُ كَانَ وَأَخَوَاتِهَا	﴿وَكَانَ اللَّهُ عَلِيمًا حَكِيمًا﴾
مَرْفُوْعُ الْمُبْتَدَأِ الْمُكْتَفِي بِمَرْفُوْعِهِ	الْمُبْتَدَأُ الْمُكْتَفِي بِمَرْفُوْعِهِ	﴿أَرَاغِبٌ أَنتَ عَنْ ءَالِهَتِي﴾
الْمَفْعُوْلُ الْأَوَّلُ لِظَنَّ وَأَخَوَاتِهَا	الْمَفْعُوْلُ الثَّانِي لِظَنَّ وَأَخَوَاتِهَا	﴿تَحْسَبُهُمْ جَمِيعًا﴾
الْمَفْعُوْلُ الثَّانِي لِفِعْلِ الْإِرَاءَةُ	الْمَفْعُوْلُ الثَّالِثُ لِفِعْلِ الْإِرَاءَةُ	﴿كَذَٰلِكَ يُرِيهِمُ اللَّهُ أَعْمَالَهُمْ حَسَرَاتٍ عَلَيْهِمْ﴾

الْكَلَامُ عَلَى الْخَبَرِ

الْخَبَرُ إِمَّا أَنْ يَكُوْنَ جُمْلَةً فِعْلِيَّةً أَوِ اسْمِيَّةً.[1]

[1] واعلم أنّ المراد بالخبر الجملة الخبريّة، والجملة إمّا اسميّة وإمّا فعليّة، والاسميّة عند أهل المعاني ما خلا عن فعل، فقولك: أنا أذهب جملة اسميّة عند النحاة لصدوره بالاسم وفعليّة عند أهل المعاني لاشتماله على الفعل حيث يتأتّى معنى الفعل سواء جاء في أوّل الكلام أو وسطه.

ثم الفعليّة على قسمين الأوّل ما فيه فعل ماض والثّاني ما فيه فعل مضارع.

الْجُمْلَةُ الاسْمِيَّةُ

والجملة الاسميّة تُفيد بأصل وضعها الحُكْمَ بإثبات نسبة المسند إلى المسند إليه في الحال أو نفيها، نحو: زيد قائم أو ما زيد بقائم. وقد تُصرف عن الحال إلى الماضي أو المستقبل ...

بقرينة لفظيّة، نحو: ﴿إِنَّهُۥ كَانَ عَبْدًا شَكُورًا﴾

أو بقرينة عقليّة، نحو: ﴿إِنَّ ٱلْمُتَّقِينَ فِى جَنَّٰتٍ وَنَهَرٍ﴾.

وقد تُفيد الاسميّة الدّوام عند القرينة مثل المدح أو الذّمّ، نحو: ﴿وَإِنَّكَ لَعَلَىٰ خُلُقٍ عَظِيمٍ﴾ ونحو: ﴿إِنَّ ٱلشَّيْطَٰنَ لَكُمْ عَدُوٌّ﴾

الجملة الاسمية		
	الْمَاضِيْ	﴿إِنَّهُۥ كَانَ عَبْدًا شَكُورًا﴾
	حَالٌ	زَيْدٌ قَائِمٌ ، لَيْسَ زَيْدٌ بِقَائِمٍ
	حَالٌ مَعَ الدَّوَامِ	﴿وَإِنَّكَ لَعَلَىٰ خُلُقٍ عَظِيمٍ﴾
	مُسْتَقْبِلٌ	﴿إِنَّ ٱلْمُتَّقِينَ فِى جَنَّٰتٍ وَنَهَرٍ﴾

الْجُمْلَةُ الْفِعْلِيَّةُ

والفعليّة المشتملة على فعل ماض تفيد حدوث نسبة المسند إلى المسند إليه في الزّمن الماضي، نحو: ﴿وَقَتَلَ دَاوُۥدُ جَالُوتَ﴾

وفعل المضارع يدلّ على الحال والمستقبل، وكلاهما يحتمل الحدوث والتّجدّد

وَمِثَال الحدوث في الحال قولك زيد يأكُل الآن، أي بدأ يأكل ولم يزل آكلا حتى وقتِ التكلّم.

...

فَالْأُوْلَى مَوْضُوْعَةٌ لِإِفَادَةِ الْحُدُوْثِ فِيْ زَمَنٍ مَخْصُوْصٍ مَعَ الِاخْتِصَارِ؛ وَقَدْ تُفِيْدُ الِاسْتِمْرَارَ التَّجَدُّدِيَّ بِالْقَرَائِنِ إِذَا كَانَ الْفِعْلُ مُضَارِعًا كَقَوْلِ طَرِيْفٍ:

والتَّجَدُّدُ فِي الْحَالِ قوله تعالى ﴿رَبِّيَ الَّذِى يُحْيِ وَيُمِيْتُ﴾

فمثال الحدوث في المستقبل قوله تعالى ﴿وَقَالَ لَهُمْ نَبِيُّهُمْ اِنَّ اٰيَةَ مُلْكِهٖٓ اَنْ يَّاْتِيَكُمُ التَّابُوْتُ فِيْهِ سَكِيْنَةٌ مِّنْ رَّبِّكُمْ﴾ أي سيَحدُثُ هذا مرة واحدة ثم ينتهي

ومثال التّجدّد فيه قوله تعالى ﴿يَطُوْفُ عَلَيْهِمْ وِلْدَانٌ مُّخَلَّدُوْنَ﴾.

وَيدلّ الْفِعْلُ المضارع عَلَى التّجدّد في الماضي إِنْ كَان مَع قَرِيْنَةٍ دَالَّةٍ عَلى الْمُضِيِّ، نحو: ﴿كَانَا يَاْكُلٰنِ الطَّعَامَ﴾

الجملة الفعلية	فِعْلٌ مَاضٍ	مَاضٍ	حُدُوْثٌ	﴿قَتَلَ دَاوٗدُ جَالُوْتَ﴾
	فِعْلٌ مُضَارِعٌ	مَاضٍ	تَجَدُّدٌ	﴿كَانَا يَاْكُلٰنِ الطَّعَامَ﴾
		حَالٌ	حُدُوْثٌ	زيد يأكل الآن
			تَجَدُّدٌ	﴿رَبِّيَ الَّذِى يُحْيِ وَيُمِيْتُ﴾
		مُسْتَقْبَلٌ	حُدُوْثٌ	﴿فَأُولَئِكَ يَدْخُلُونَ الْجَنَّةَ﴾
			تَجَدُّدٌ	﴿يَطُوْفُ عَلَيْهِمْ وِلْدَانٌ مُّخَلَّدُوْنَ﴾

وإليك أمثلة أخرى:

﴿اَلشَّمْسُ وَالْقَمَرُ بِحُسْبَانٍ﴾ جملة اسميّة دالّة على الثّبوت مع الدّوام من أجل القرينة العقلية.

ومثله ﴿وَتِلْكَ الْاَيَّامُ نُدَاوِلُهَا بَيْنَ النَّاسِ﴾، هِيَ جملة فعليّة دالّة على التّجدّد في الحال أي يقع الإحياء والإماتة حينا بعد حين.

﴿اِنَّ اللّٰهَ عِنْدَهٗ عِلْمُ السَّاعَةِۚ وَيُنَزِّلُ الْغَيْثَ﴾ الجملة الأولى اسميّة دالّة على الثّبوت مع الدّوام أي اتصف الله تعالى بعلم السّاعة إتصافا لا ينقطع، والجملة الثّانية فعليّة دالّة على التّجدّد حيث ينزّل المطر في آوان مختلفة.

ومثله ﴿اِنَّ الْمُنٰفِقِيْنَ يُخٰدِعُوْنَ اللّٰهَ وَهُوَ خَادِعُهُمْ﴾ فمخادعتهم متجددة غير مستمرّة بخلاف ما بعده. ومثله ﴿وَاِذَا لَقُوا الَّذِيْنَ اٰمَنُوْا قَالُوْٓا اٰمَنَّاۚ وَاِذَا خَلَوْا اِلٰى شَيٰطِيْنِهِمْۙ قَالُوْٓا اِنَّا مَعَكُمْۙ اِنَّمَا نَحْنُ مُسْتَهْزِءُوْنَ﴾ أورد قولهم آمنا بجملة فعليّة دالّة على أنّ الإيمان حادث عند تفوّههم به، بخلاف كونهم مع شياطينهم فإنّه دائم.

أَوَ كُلَّمَا وَرَدَتْ عُكَاظَ قَبِيْلَةٌ بَعَثُوْا إِلَيَّ عَرِيْفَهُمْ يَتَوَسَّمُ[١]

وَالثَّانِيَةُ مَوْضُوْعَةٌ لِمُجَرَّدِ ثُبُوْتِ الْمُسْنَدِ لِلْمُسْنَدِ إِلَيْهِ، نَحْوُ: اَلشَّمْسُ مُضِيْئَةٌ؛ وَقَدْ تُفِيْدُ الِاسْتِمْرَارَ بِالْقَرَائِنِ إِذَا لَمْ يَكُنْ فِيْ خَبَرِهَا فِعْلٌ، نَحْوُ: العِلْمُ نَافِعٌ.

[أَغْرَاضُ الْخَبَرِ الْأَصْلِيَّةُ]

وَالْأَصْلُ فِي الْخَبَرِ أَن يُّلْقَى

لِإِفَادَةِ الْمُخَاطَبِ الْحُكْمَ الَّذِي تَضَمَّنَتْهُ[٢] الْجُمْلَةُ كَمَا فِي قَوْلِنَا حَضَرَ الْأَمِيْرُ،

أَوْ لِإِفَادَةِ أَنَّ الْمُتَكَلِّمَ عَالِمٌ بِهِ نَحْوُ: أَنْتَ حَضَرْتَ أَمْسِ.

وَيُسَمَّى الْحُكْمُ فَائِدَةَ الْخَبَرِ وَكَوْنُ الْمُتَكَلِّمِ عَالِمًا بِهِ لَازِمَ الْفَائِدَةِ.[٣]

[أَغْرَاضُ الْخَبَرِ غَيْرُ الْأَصْلِيَّةِ]

وَقَدْ يُلْقَى الْخَبَرُ لِأَغْرَاضٍ أُخْرَى[٤].

١) كَالِاسْتِرْحَامِ فِي قَوْلِ مُوْسَى عَلَيْهِ السَّلَامُ ﴿رَبِّ إِنِّي لِمَآ أَنزَلْتَ إِلَيَّ مِنْ خَيْرٍ فَقِيرٌ﴾[٥]

---

[١] يقال ورَد فلان المكانَ أو عليه إذا أشرف عليه وأتاه ويقال ورَد فلان الماءَ إذا أقبل عليه. وعُكَاظُ -بتخفيف الكاف- سوق للعرب في الجاهليّة كانوا يجتمعون فيها فيتناشدون ويتفاخرون ويتبايعون وهي موضع بين نخلَة والطائف، كانت تقوم هلال ذي القَعْدة وتستمرّ إلى العشرين منه. العَرِيفُ القَيِّمُ بأَمرِ القوم والجمع عُرَفاءُ، ويقال توسم إذا تدبّره، وفي التّنزيل ﴿إِنَّ فِي ذَٰلِكَ لَآيَٰتٍ لِّلْمُتَوَسِّمِينَ﴾. فالفعل يتوسّم فعل مضارع يدلّ على التّجدّد.

[٢] وفي بعض النسخ كلمة [تضمنه] بصيغة المذكر،

[٣] ومن لازم فائدة الخبر قول جبريل عليه السلام صدقتَ في الحديث المسمّى بحديث جبريل حيث كان غرضه إخبار السّامعين وهم الصحابة أنّ السّائل عالم بالجواب.

[٤] يعني أن للخبر أغراضا أصلية وهو فائدة الخبر ولازم الفائدة، وله أغراض غير أصلية ومنها ما يلي.

[٥] **فائدة مهمة**

واعلم أنّ هذه الأغراض وأمثالها لم تُذكر على سبيل الحصر، بل على سبيل التّمثيل. فأغراض الخبر غير ...

٢) وَإِظْهَارِ الضَّعْفِ فِيْ قَوْلِ زَكَرِيَّا عَلَيْهِ السَّلَامُ ﴿رَبِّ إِنِّيْ وَهَنَ الْعَظْمُ مِنِّيْ﴾[1]

٣) وَإِظْهَارُ التَّحَسُّرِ فِي قَوْلِ امْرَأَةِ عِمْرَانَ ﴿رَبِّ إِنِّيْ وَضَعْتُهَآ أُنْثٰى ۗ وَاللّٰهُ اَعْلَمُ بِمَا وَضَعَتْ﴾[2]

٤) وَإِظْهَارِ الْفَرَحِ بِمُقْبِلٍ وَالشَّمَاتَةِ بِمُدْبِرٍ فِي قَوْلِهِ تَعَالَى ﴿جَآءَ الْحَقُّ وَزَهَقَ الْبَاطِلُ﴾[3]

الأصليّة غيرُ منحصرة في هذه الأقسام السّتّة بل له أغراض أخرى تُدرَك من سياق الكلام، نحو: العِتاب والتّعريض والسُّخريّة وغيرها. وكذلك في أقسام الإنشاء وغيره.

ومن الاسترحام قول نوح ﴿فَقَالَ رَبِّ اِنَّ ابْنِيْ مِنْ اَهْلِيْ وَاِنَّ وَعْدَكَ الْحَقُّ وَاَنْتَ اَحْكَمُ الْحٰكِمِيْنَ﴾ ومنه قول إخوة يوسف ﴿قَالُوْا يٰٓاَيُّهَا الْعَزِيْزُ اِنَّ لَهٗٓ اَبًا شَيْخًا كَبِيْرًا﴾

ومنه قول أيوب عليه السلام ﴿اَنِّيْ مَسَّنِيَ الضُّرُّ وَاَنْتَ اَرْحَمُ الرّٰحِمِيْنَ﴾

[1] ومن الجدير بالذكر أنّ الاسترحام وإظهار الضعف متقاربان حتى إنّ بعضهم ذكروا أمثلة إظهار الضعف في الاسترحام وعكسَه.

ومن إظهار الضّعف قولهم ﴿قَالُوْا لَا طَاقَةَ لَنَا الْيَوْمَ بِجَالُوْتَ وَجُنُوْدِهٖ﴾

ومنه قول نوح عليه السلام ﴿اِنِّيْ دَعَوْتُ قَوْمِيْ لَيْلًا وَّنَهَارًا ۝٥ فَلَمْ يَزِدْهُمْ دُعَآءِيْٓ اِلَّا فِرَارًا ۝٦ وَاِنِّيْ كُلَّمَا دَعَوْتُهُمْ لِتَغْفِرَ لَهُمْ جَعَلُوْٓا اَصَابِعَهُمْ فِيْٓ اٰذَانِهِمْ وَاسْتَغْشَوْا ثِيَابَهُمْ وَاَصَرُّوْا وَاسْتَكْبَرُوا اسْتِكْبَارًا ۝٧ ثُمَّ اِنِّيْ دَعَوْتُهُمْ جِهَارًا ۝٨ ثُمَّ اِنِّيْٓ اَعْلَنْتُ لَهُمْ وَاَسْرَرْتُ لَهُمْ اِسْرَارًا ۝٩ فَقُلْتُ اسْتَغْفِرُوْا رَبَّكُمْ ۗ اِنَّهٗ كَانَ غَفَّارًا ۝١٠﴾ إلى آخر السّورة.

[2] التَّحَسَّر التَّلَهُّفُ وَالْحُزْنُ، كانت ترجو غلاما يخدم المسجد فلمّا وضعتها أنثى أظهرت حسرتها، ومن التّحسّر قوله تعالى ﴿مَآ اَغْنٰى عَنِّيْ مَالِيَهْ ۝٢٨ هَلَكَ عَنِّيْ سُلْطٰنِيَهْ ۝٢٩﴾ ومنه قول لبيد:

ذَهَبَ الذينَ يُعَاشُ في أكنافِهِم   وَبَقِيتُ في خَلَفٍ كجلدِ الأَجربِ

الكَنَف جانب الشّيء والظِّلّ والجمع أَكْنافٌ، والأجرب الْمُصاب بِداءِ الجَرَبِ وهو scabies.

[3] قوله بمقبل قيد لا طائل تحته وكذلك قوله بمدبر. والأحسن أن يقال إظهار الفرح أو الشّماتة مطلقا، والشَّمَاتَةُ الْفَرَحُ وَالاغْتِبَاطُ بِبَلِيَّةِ الآخَرِينَ أَوْ بِالأَعْدَاءِ، وزهَق الباطلُ: تلاشى وذهب واضمحلّ، ومن إظهار الفرح قوله تعالى ﴿وَقَالُوا الْحَمْدُ لِلّٰهِ الَّذِيْ صَدَقَنَا وَعْدَهٗ وَاَوْرَثَنَا الْاَرْضَ نَتَبَوَّاُ مِنَ الْجَنَّةِ حَيْثُ نَشَآءُ﴾

ومنه قول بنات بني النجّار حين قدم النّبي صلى الله عليه وسلم المدينة:

طلع البدر علينا   من ثنيات الوداع

وجب الشّكر علينا   ما دعا لله داع

٥) وَإظْهَارِ السُّرُوْرِ فِيْ قَوْلِكَ أَخذْتُ جائِزَةَ التَّقدُّمِ لِمَن يَّعْلَمُ ذَلِكَ.[١]

٦) وَالتَّوْبِيْخِ[٢] فِي قَوْلِكَ لِلْعَاثِرِ: الشَّمْسُ طَالِعَةٌ.[٣]

أَضْرُبُ[٤] الْخَبَرِ

حَيْثُ كَانَ قَصْدُ الْمُخْبِرِ بِخَبَرِهِ إِفَادَةَ الْمُخَاطَبِ يَنْبَغِي أَن يَّقْتَصِرَ مِنَ الْكَلَامِ عَلَى قَدْرِ الْحَاجَةِ حَذَرًا[٥] مِنَ اللَّغْوِ.

فَإِنْ كَانَ الْمُخَاطَبُ خَالِيَ الذِّهْنِ مِنَ الْحُكْمِ أُلْقِيَ عَلَيْهِ الْخَبَرُ مُجَرَّدًا عَنِ التَّأْكِيْدِ، نَحْوُ: أَخُوْكَ قَادِمٌ.

وَإِنْ كَانَ مُتَرَدِّدًا فِيْهِ طَالِبًا لِمَعْرِفَتِهِ حَسُنَ تَوْكِيْدُهُ، نَحْوُ: إِنَّ أَخَاكَ قَادِمٌ.

وَإِنْ كَانَ مُنْكِرًا لَهُ وَجَبَ تَوْكِيْدُهُ بِمُؤَكِّدٍ أَوْ مُؤَكِّدَيْنِ أَوْ أَكْثَرَ حَسْبَ دَرَجَةِ الإِنْكَارِ، نَحْوُ: إِنَّ أَخَاكَ قَادِمٌ، أَوْ إِنَّهُ لَقَادِمٌ، أَوْ وَاللهِ إِنَّهُ لَقَادِمٌ.

فَالْخَبَرُ بِالنِّسْبَةِ لِخُلُوِّهِ مِنَ التَّوْكِيْدِ وَاشْتِمَالِهِ عَلَيْهِ ثَلَاثَةُ أَضْرُبٍ كَمَا رَأَيْتَ.

وَيُسَمَّى الضَّرْبُ الْأَوَّلُ اِبْتِدَائِيًّا وَالثَّانِي طَلَبِيًّا وَالثَّالِثُ إِنْكَارِيًّا.[٦]

---

[١] ولا فرق بين إظهار السّرور وإظهار الفرح كما يبدو للنّاظر.

[٢] يقال وبّخ الشّخصَ إذا لامَه على خطأ. ومن التّوبيخ قوله تعالى ﴿هٰذَا مَا كَنَزْتُمْ لِأَنْفُسِكُمْ﴾ وقوله ﴿يُنَادُوْنَهُمْ أَلَمْ نَكُنْ مَّعَكُمْ ۖ قَالُوْا بَلٰى وَلٰكِنَّكُمْ فَتَنْتُمْ أَنْفُسَكُمْ وَتَرَبَّصْتُمْ وَارْتَبْتُمْ وَغَرَّتْكُمُ الْأَمَانِيُّ حَتّٰى جَآءَ أَمْرُ اللهِ وَغَرَّكُمْ بِاللهِ الْغَرُوْرُ﴾

[٣] يقال عثَرَ في ثَوْبِهِ إذا زَلَّ وَسَقطَ

[٤] الضَرْبُ هو النّوع وجمعه أَضْرُب.

[٥] الحَذَر أو الحِذْر من باب سمع يقال حَذِرَ الشّيءَ ومنه إذا خافه واحترزَ منه.

[٦] انظر إلى قوله تعالى ﴿قَالُوْا يٰمُوْسٰى إِمَّآ أَنْ تُلْقِيَ وَإِمَّآ أَنْ نَّكُوْنَ أَوَّلَ مَنْ أَلْقٰى ﴿٦٥﴾ قَالَ بَلْ أَلْقُوْا ۚ فَإِذَا حِبَالُهُمْ وَعِصِيُّهُمْ يُخَيَّلُ إِلَيْهِ مِنْ سِحْرِهِمْ أَنَّهَا تَسْعٰى ﴿٦٦﴾ فَأَوْجَسَ فِيْ نَفْسِهٖ خِيْفَةً مُّوْسٰى ﴿٦٧﴾ قُلْنَا لَا تَخَفْ إِنَّكَ أَنْتَ الْأَعْلٰى ﴿٦٨﴾﴾ فلما أوجس موسى في نفسه خوفا طبيعيا نزّله الله تعالى منزلة المنكر وأورد الكلام بإنّ وضمير الفصل ...

وَيَكُوْنُ التَّوْكِيْدُ[1] بِإِنَّ وَأَنَّ وَلَامِ الِابْتِدَاءِ وَأَحْرُفِ التَّنْبِيْهِ وَالْقَسَمِ وَنُوْنَي التَّوْكِيْدِ وَالْحُرُوْفِ الزَّائِدَةِ

ولام التعريف الدّاخلة على الخبر.

وانظر إلى قوله تعالى ﴿أَمْ حَسِبْتُمْ أَنْ تَدْخُلُوا الْجَنَّةَ وَلَمَّا يَأْتِكُمْ مَثَلُ الَّذِينَ خَلَوْا مِنْ قَبْلِكُمْ مَسَّتْهُمُ الْبَأْسَاءُ وَالضَّرَّاءُ وَزُلْزِلُوا حَتَّىٰ يَقُولَ الرَّسُولُ وَالَّذِينَ آمَنُوا مَعَهُ مَتَىٰ نَصْرُ اللَّهِ أَلَا إِنَّ نَصْرَ اللَّهِ قَرِيبٌ﴾ أورد الله تعالى كلامه بحرف التنبيه وإنّ في الجواب.

وانظر كيف ردّ الله قول المنافقين ﴿إِنَّمَا نَحْنُ مُصْلِحُونَ﴾ بقوله ﴿أَلَا إِنَّهُمْ هُمُ الْمُفْسِدُونَ﴾ أكّدوا قولهم بإنّما، فقابلهم الله بأربع توكيدات حرفِ التنبيه وإنّ وضمير الفصل وتعريف الخبر باللّام.

وإليك قوله تعالى ﴿وَاضْرِبْ لَهُمْ مَثَلًا أَصْحَابَ الْقَرْيَةِ إِذْ جَاءَهَا الْمُرْسَلُونَ ﴿١٣﴾ إِذْ أَرْسَلْنَا إِلَيْهِمُ اثْنَيْنِ فَكَذَّبُوهُمَا فَعَزَّزْنَا بِثَالِثٍ فَقَالُوا إِنَّا إِلَيْكُمْ مُرْسَلُونَ ﴿١٤﴾ قَالُوا مَا أَنْتُمْ إِلَّا بَشَرٌ مِثْلُنَا وَمَا أَنْزَلَ الرَّحْمَٰنُ مِنْ شَيْءٍ إِنْ أَنْتُمْ إِلَّا تَكْذِبُونَ ﴿١٥﴾ قَالُوا رَبُّنَا يَعْلَمُ إِنَّا إِلَيْكُمْ لَمُرْسَلُونَ ﴿١٦﴾ وَمَا عَلَيْنَا إِلَّا الْبَلَاغُ الْمُبِينُ ﴿١٧﴾﴾

[1] التّوكيد في اللّغة شدّ السّرج على ظهر الدّابة بالسُّيور لئلّا يسقُط، وتسمّى هذه السّيور تواكيد وتآكيد، ثم استُعمل في توثيق الكلام فيقال وكّد الشّخص العهد إذا أوثقه وأحكمه، والتّوكيد والتّأكيد بمعنى واحد إلّا أنّ التوكيد أفصح كما في قوله تعالى ﴿وَلَا تَنْقُضُوا الْأَيْمَانَ بَعْدَ تَوْكِيدِهَا﴾

طُرُقُ التَّأْكِيْدِ

وللتّوكيد طرق مختلفة، منها:

١) إنّ، نحو: ﴿إِنَّ رَبَّكَ وَاسِعُ الْمَغْفِرَةِ﴾

٢) وأنّ، نحو: ﴿ذَٰلِكَ بِأَنَّ اللَّهَ نَزَّلَ الْكِتَابَ بِالْحَقِّ﴾، ولو قيل أنّ حرف مصدر فمن أين التّوكيد؟

نقول: أنّ المفتوحة آكد من المصدر، فقول الله ﴿ذَٰلِكَ بِأَنَّ اللَّهَ نَزَّلَ الْكِتَابَ بِالْحَقِّ﴾ آكد من قولك ذَلِكَ بِتنزيل اللهِ الْكِتَابَ بِالْحَقِّ.

٣) وإن المخفّفة من الثّقيلة، نحو: ﴿وَإِنْ كَانَتْ لَكَبِيرَةً إِلَّا عَلَى الَّذِينَ هَدَى اللَّهُ﴾ والمثقّلة آكد من المخفّفة.

٤) ولام الابتداء، نحو: ﴿لَأَنْتُمْ أَشَدُّ رَهْبَةً فِي صُدُورِهِمْ مِنَ اللَّهِ﴾

...

٥) واللّام المزحلقة وهي لام الابتداء حينما تُزحلَق عن صدر الكلام لأجل كراهية اجتماع التّوكيدين، نحو: ﴿وَإِنَّ اللّٰهَ لَسَمِيعٌ عَلِيمٌ﴾

٦) وأدوَات التّنبيه، نحو: ﴿أَلَآ إِنَّهُمْ هُمُ السُّفَهَآءُ﴾

٧) والقسم، نحو: ﴿وَالْعَصْرِ ۝١ إِنَّ الْإِنْسَانَ لَفِي خُسْرٍ ۝٢﴾

٨) ونونا التوكيد

الثّقيلة، نحو: ﴿لَتُسْـَٔلُنَّ يَوْمَئِذٍ عَنِ النَّعِيمِ﴾

والخفيفة، نحو: ﴿لَئِنْ لَّمْ يَنْتَهِ لَنَسْفَعًا بِالنَّاصِيَةِ﴾

٩) والحروف الزّائدة مثل

ما بعد إذا، نحو: ﴿وَإِذَا مَآ أُنْزِلَتْ سُورَةٌ فَمِنْهُمْ مَّنْ يَّقُولُ أَيُّكُمْ زَادَتْهُ هٰذِهٖٓ إِيمَانًا﴾

ومن الزّائدة – ويسمّى من الاستغراقية –، نحو: ﴿وَمَا تَسْقُطُ مِنْ وَّرَقَةٍ إِلَّا يَعْلَمُهَا﴾

والباء الزّائدة، نحو: ﴿وَكَفٰى بِاللّٰهِ حَسِيبًا﴾

وأن الزّائدة، نحو: ﴿فَلَمَّآ أَنْ جَآءَ الْبَشِيرُ﴾

فائدة: المراد بزيادة الحروف زيادتها من حيث الإعراب، أمّا من حيث المعنى فليست بزائدة.

١٠) التكرير ويقال له التكرار وكلاهما مصدر لفعل كرّر. ومثاله قوله تعالى ﴿كَلَّا سَوْفَ تَعْلَمُونَ ۝٣ ثُمَّ كَلَّا سَوْفَ تَعْلَمُونَ ۝٤﴾

١١) كلمة قد، نحو: ﴿قَدْ أَفْلَحَ مَنْ تَزَكّٰى﴾

١٢) أمّا الشّرطية، نحو: ﴿فَأَمَّا مَنْ ثَقُلَتْ مَوَازِينُهُ ۝٦ فَهُوَ فِي عِيشَةٍ رَّاضِيَةٍ ۝٧ وَأَمَّا مَنْ خَفَّتْ مَوَازِينُهُ ۝٨ فَأُمُّهُ هَاوِيَةٌ ۝٩﴾ وهي تفيد التّوكيد لأنّ قولك أمّا زيد فمنطلق آكد من قولك زيد منطلق لأنّ زيادة المَبْنَى تدلّ على زيادة المعنى.

١٣) تقديم ما هو الفاعل على الفعل، نحو: ﴿وَاللّٰهُ يَعْصِمُكَ مِنَ النَّاسِ﴾

١٤) ضمير الفصل، نحو: ﴿إِنَّهُ هُوَ التَّوَّابُ الرَّحِيمُ﴾

...

وَالتَّكْرِيْرِ وَقَدْ وَأَمَّا الشَّرْطِيَّةِ.[1]

الْكَلَامُ عَلى الْإِنْشَاءِ

الْإِنْشَاءُ إِمَّا طَلَبِيٌّ أَوْ غَيرُ طَلَبِيٍّ. فَالطَّلَبِيُّ مَا يَسْتَدْعِي مَطْلُوْبًا غَيْرَ حَاصِلٍ وَقْتَ الطَّلَبِ. وَغَيْرُ الطَّلَبِيِّ مَا لَيْسَ كَذَلِكَ[2]. وَالْأَوَّلُ يَكُوْنُ بِخَمْسَةِ أَشْيَاءَ: الْأَمْر وَالنَّهْي وَالْاِسْتِفْهَام والتَّمَنِّي وَالنِّدَاء.

[اَلْأَمْرُ]

أَمَّا الْأَمْرُ فَهُوَ طَلَبُ الْفِعْلِ عَلَى وَجْهِ الِاسْتِعْلَاءِ[3]،

---

١٥) السّين وسوف الدّاخلتان على وعد أو وعيد، نحو: ﴿وَسَيَجْزِى اللهُ الشّٰكِرِيْنَ﴾ ونحو: ﴿إِنَّ الَّذِيْنَ كَفَرُوْا بِاٰيٰتِنَا سَوْفَ نُصْلِيْهِمْ نَارًا﴾

١٦) لن، نحو: ﴿لَنْ تَنَالُوا الْبِرَّ حَتّٰى تُنْفِقُوْا مِمَّا تُحِبُّوْنَ﴾

[1] فحاصل ما جاء في الخبر كما يلي:

أَنْوَاعُ الْجُمَلِ	أَغْرَاضُ الْخَبَرِ الْأَصْلِيَّةُ	مِنْ أَغْرَاضِ الْخَبَرِ غَيْرِ الْأَصْلِيَّةِ	أَضْرُبُ الْخَبَرِ
جملة اسميّة	فائدة الخبر	استرحام	إبتدائي
ثبوت	لازم فائدة الخبر	إظهار الضعف	طلبي
جملة فعليّة		إظهار التّحسّر	إنكاري
حدوث		إظهار الفرح والسرور	
تجدد		التّوبيخ	

[2] والفرق بين الطّلبيّ وغير الطّلبيّ أنّ الطّلبيّ هو ما يتأخّر وجود معناه عن وجود لفظه، فقولك لابنك: قم، مقدّم على وجود قيامه، وكذلك النّهي والاستفهام والنّداء، أمّا غير الطّلبيّ فهو ما لا يتأخّر وجوده عن لفظه، فإذا قلت: والله، يوجد القسم مقترنا باللّفظ بدون تأخير.

[3] الاستعلاء عدّ الآمر نفسه عاليا سواء كان عاليا في الواقع أم لا.

[صِيَغُ الْأَمْرِ]

وَلَهُ أَرْبَعُ صِيَغٍ[1]

١) فِعْلُ الْأَمْرِ نَحْوُ: ﴿خُذِ الْكِتٰبَ بِقُوَّةٍ﴾

٢) وَالْمُضَارِعُ الْمَقْرُوْنُ بِاللَّامِ نَحْوُ: ﴿لِيُنْفِقْ ذُوْ سَعَةٍ مِّنْ سَعَتِهٖ﴾

٣) وَاسْمُ فِعْلِ الْأَمْرِ، نَحْوُ: حَيَّ عَلَى الْفَلَاحِ[2]

٤) وَالْمَصْدَرُ النَّائِبُ عَنْ فِعْلِ الْأَمْرِ، نَحْوُ: سَعْيًا فِي الْخَيْرِ[3]

[مَعَانِي الْأَمْرِ غَيْرُ الْأَصْلِيَّةِ]

وَقَدْ تَخْرُجُ صِيَغُ الْأَمْرِ عَنْ مَعْنَاهَا الْأَصْلِيِّ إِلَى مَعَانٍ أُخَرَ تُفْهَمُ مِنْ سِيَاقِ الْكَلَامِ وَقَرَائِنِ الْأَحْوَالِ:

١) كَالدُّعَاءِ، نَحْوُ: ﴿رَبِّ اَوْزِعْنِيْٓ اَنْ اَشْكُرَ نِعْمَتَكَ﴾[4]

٢) وَالِالْتِمَاسِ،[5] كَقَوْلِكَ لِمَنْ يُسَاوِيْكَ: أَعْطِنِي الْكِتَابَ

---

[1] ولو قيل لماذا لم يقل أربعة صيغ كما في قوله تعالى ﴿اَرْبَعَةَ اَشْهُرٍ﴾ إذ كلمة صيغ مذكر؟ يقال العبرة بالواحد وهو الصّيغة.

[2] ومن اسم فعل الأمر ﴿هَآؤُمُ اقْرَءُوْا كِتٰبِيَهْ﴾

[3] ومن المصدر النّائب عن الفعل ﴿وَبِالْوَالِدَيْنِ اِحْسَانًا﴾ ومنه قول النّبي ﷺ: «صبرًا يا آل ياسر فموعدكم الجنّة»

[4] ومن الدّعاء ﴿رَبَّنَا هَبْ لَنَا مِنْ اَزْوَاجِنَا وَذُرِّيّٰتِنَا قُرَّةَ اَعْيُنٍ وَّاجْعَلْنَا لِلْمُتَّقِيْنَ اِمَامًا﴾ وله نظائر كثيرة في القرآن والسنة.

[5] الأمر يكون من الأعلى إلى الأدنى، والالتماس ما يكون لمن يساويك أو لمن هو أعلى منك كرجل يريد من زميله شيئا. ومنه قول الصّحابي سُفْيَانَ بْنِ عَبْدِ اللهِ الثَّقَفِيِّ للنبي ﷺ: يَا رَسُولَ اللهِ، قُلْ لِي فِي الْإِسْلَامِ قَوْلًا لَا أَسْأَلُ عَنْهُ أَحَدًا بَعْدَكَ. فالظاهر أنّه ما من مسلم يعدّ نفسه أعلى من رسول الله ﷺ، فهو التماس.

٣) وَالتَّمَنِّي،[1] نَحْوُ:

أَلَا أَيُّهَا اللَّيْلُ الطَّوِيلُ أَلَا انْجَلِي بِصُبْحٍ وَمَا الْإِصْبَاحُ مِنْكَ بِأَمْثَلِ[2]

٤) وَالْإِرْشَادِ[3]، نَحْوُ: ﴿إِذَا تَدَايَنْتُمْ بِدَيْنٍ إِلَىٰ أَجَلٍ مُسَمًّى فَاكْتُبُوهُ ۚ وَلْيَكْتُبْ بَيْنَكُمْ كَاتِبٌ بِالْعَدْلِ ۚ﴾

٥) وَالتَّهْدِيْدِ، نَحْوُ: ﴿اعْمَلُوا مَا شِئْتُمْ﴾[4]

٦) التَّعْجِيزِ، نَحْوُ[5]:

يَا لَبَكْرٍ أَنْشِرُوا لِي كُلَيْبًا يَا لَبَكْرٍ أَيْنَ أَيْنَ الْفِرَارُ[6]

---

[1] ومن التّمنّي قول أصحاب النّار ﴿يَٰمَٰلِكُ لِيَقْضِ عَلَيْنَا رَبُّكَ﴾ وقولهم ﴿وَنَادَىٰٓ أَصْحَٰبُ النَّارِ أَصْحَٰبَ الْجَنَّةِ أَنْ أَفِيضُوا عَلَيْنَا مِنَ الْمَآءِ أَوْ مِمَّا رَزَقَكُمُ اللَّهُ﴾

[2] ألا حرف تنبيه، ويقال اِنْجَلَى القَمَرُ إذا ظَهَرَ مُكْتَمِلًا، وانْجَلَتِ الهُمومُ عَنْ قَلْبي إذا انْكَشَفَتْ، وانجلى اللَّيْلُ إذا ذهب، وَقَوْلُهُ انْجَلِي فعل أمر، وفاعله ضمير مستتر تقديره أنت والياء للإشباع وليست ضمير المخاطبة، وقوله بأمثل خبر ما النّافية، ومعناه أفضل، ومنه قوله تعالى ﴿قَالُوٓا إِنْ هَٰذَٰنِ لَسَٰحِرَٰنِ يُرِيدَانِ أَنْ يُخْرِجَاكُم مِّنْ أَرْضِكُم بِسِحْرِهِمَا وَيَذْهَبَا بِطَرِيقَتِكُمُ الْمُثْلَىٰ﴾، وقوله منك متعلق بأمثل. والشّعر لامرئ القيس.

[3] الإرشاد هو الطّلب على وجه المشورة دون الحتم، والإلزام على معنى النّصيحة والموعظة.

ومنه قول النّبي ﷺ: «يَا أَيُّهَا النَّاسُ، أَفْشُوا السَّلَامَ، وَصِلُوا الْأَرْحَامَ، وَأَطْعِمُوا الطَّعَامَ، وَصَلُّوا بِاللَّيْلِ وَالنَّاسُ نِيَامٌ»

[4] يقال هدّده إذا خوَّفه وتوعَّده بالعقوبة، ويقال له الوعيد، ويكون في مقام عدم الرّضا بالمأمور به،

ومنه قول النّبي ﷺ: «إِنَّ مِمَّا أَدْرَكَ النَّاسُ مِنْ كَلَامِ النُّبُوَّةِ: إِذَا لَمْ تَسْتَحِي فَاصْنَعْ مَا شِئْتَ»

ومثله ﴿فَمَن شَآءَ فَلْيُؤْمِن وَمَن شَآءَ فَلْيَكْفُرْ﴾

[5] يقال عجّزه إذا طلب منه شيئًا يعجز عنه، ومنه ﴿وَإِن كُنتُمْ فِي رَيْبٍ مِّمَّا نَزَّلْنَا عَلَىٰ عَبْدِنَا فَأْتُوا بِسُورَةٍ مِّن مِّثْلِهِۦ﴾ و﴿يَٰمَعْشَرَ الْجِنِّ وَالْإِنسِ إِنِ اسْتَطَعْتُمْ أَن تَنفُذُوا مِنْ أَقْطَارِ السَّمَٰوَٰتِ وَالْأَرْضِ فَانفُذُوا﴾.

[6] كانت بين القبيلتين بني بكر بن وائل و بني تغلب بن وائل حرب مشهورة سمّيت حرب البسوس، دامت ...

٧) وَالْإِهَانَةِ، نَحْوُ: ﴿كُونُوا حِجَارَةً أَوْ حَدِيدًا﴾[1]

٨) وَالْإِبَاحَةِ، نَحْوُ: ﴿كُلُوا وَاشْرَبُوا﴾[2]

٩) وَالِامْتِنَانِ، نَحْوُ: ﴿وَكُلُوا مِمَّا رَزَقَكُمُ اللَّهُ﴾[3]

١٠) وَالتَّخْيِيرِ، نَحْوُ: خُذْ هَذَا أَوْ ذَاكَ.[4]

أربعين سنة على ما قالوا. سببها أنّ امرأة يقال لها بسوس كانت لها ناقة فقتله كليب من بني تغلب حين وقعت في حماه، فاستغاثت بقبيلتها بكر بن وائل فتقل كليبًا جساسٌ، فأنشد أخو كليب مهلهل هذا البيت.

واللّام الدّاخلة على بكر لام الاستغاثة الّتي تجر ما بعدها، فالظاهر أنّه يستغيث ببني بكر بن وائل وليس الأمر كذلك لأنّه من تغلب وبنو بكر هم الذين قتلوا أخاه، إنّما يقول أدعوكم لأنفسكم مطالبا لكم في إنشار كليب يتوعدهم بذلك. وقيل أصله يا آل بكرٍ فخفّف بحذف الهمزة، فبكر مجرور على الإضافة. والنّشر بمعني الإحياء

[1] يكون الإهانة بتوجيه الأمر إلى المخاطب بقصد استصغاره والإقلال من شأنه والازدراء به،

ومنه قوله تعالى ﴿ذُقْ ۚ إِنَّكَ أَنتَ الْعَزِيزُ الْكَرِيمُ﴾ وهذه نزلت في أبي جهل.

ومثله قول السّحرة لفرعون بعد أن آمنوا ﴿قَالُوا لَن نُّؤْثِرَكَ عَلَىٰ مَا جَاءَنَا مِنَ الْبَيِّنَاتِ وَالَّذِي فَطَرَنَا فَاقْضِ مَا أَنتَ قَاضٍ ۖ إِنَّمَا تَقْضِي هَٰذِهِ الْحَيَاةَ الدُّنْيَا﴾

[2] يكون الأمر للإباحة ...

في أمر يتوهّم عدم جواز الفعل، كما في قول ابن عباس رضي الله عنهما: كُلْ مَا شِئْتَ، وَالبَسْ مَا شِئْتَ مَا أَخْطَأَتْكَ اثْنَتَانِ: سَرَفٌ، أَوْ مَخِيلَةٌ.

أو بعد نهيه كما في قوله تعالى ﴿يَا أَيُّهَا الَّذِينَ آمَنُوا إِذَا نُودِيَ لِلصَّلَاةِ مِن يَوْمِ الْجُمُعَةِ فَاسْعَوْا إِلَىٰ ذِكْرِ اللَّهِ وَذَرُوا الْبَيْعَ ۚ ذَٰلِكُمْ خَيْرٌ لَّكُمْ إِن كُنتُمْ تَعْلَمُونَ ﴿٩﴾ فَإِذَا قُضِيَتِ الصَّلَاةُ فَانتَشِرُوا فِي الْأَرْضِ وَابْتَغُوا مِن فَضْلِ اللَّهِ وَاذْكُرُوا اللَّهَ كَثِيرًا لَّعَلَّكُمْ تُفْلِحُونَ ﴿١٠﴾﴾. وفيه بحث في أصول الفقه.

[3] يقال اِمْتَنَّ عَلَيْهِ بِما صَنَعَ إذا عَدَّدَ لَهُ ما قَدَّمَهُ مِنَ الخَيْرِ، وامْتَنَّ عَلَيْهِ بِهَدِيَّةٍ إذا أَنْعَمَ عَلَيْهِ بِهَا.

[4] يقال خيّره إذا جعل له خَيارا بين أمرين ولا يجوز له الجمع بينها، ومنه قوله تعالى ﴿فَإِذَا بَلَغْنَ أَجَلَهُنَّ فَأَمْسِكُوهُنَّ بِمَعْرُوفٍ أَوْ فَارِقُوهُنَّ بِمَعْرُوفٍ﴾

١١) والتَّسْوِيَةِ، نَحْوُ: ﴿فَاصْبِرُوٓا أَوْ لَا تَصْبِرُوا﴾[1]

١٢) وَالْإِكْرَامِ نَحْوُ: ﴿ادْخُلُوهَا بِسَلَٰمٍ ءَامِنِينَ﴾[2]

[النَّهْيُ]

أَمَّا النَّهْيُ فَهُوَ طَلَبُ الْكَفِّ عَنِ الْفِعْلِ عَلَى وَجْهِ الِاسْتِعْلَاءِ،

---

[1] والمراد به أنّ كلا الأمرين سواء.

منه قوله تعالى ﴿وَأَسِرُّوا قَوْلَكُمْ أَوِ اجْهَرُوا بِهِۦٓ إِنَّهُۥ عَلِيمٌۢ بِذَاتِ الصُّدُورِ﴾ فالإسرار والجهر سواء فإنّ الله بهما عليم، ومثله ﴿اسْتَغْفِرْ لَهُمْ أَوْ لَا تَسْتَغْفِرْ لَهُمْ﴾ يريد به التّساوي بين الأمرين في عدم الإفادة لهم كما نصّ عليه بقوله ﴿إِن تَسْتَغْفِرْ لَهُمْ سَبْعِينَ مَرَّةً فَلَن يَغْفِرَ اللَّهُ لَهُمْ﴾.

[2] وقد يكون الأمر ...

للخبر: مِثْل قوله ﷺ «مَنْ كَذَبَ عَلَيَّ مُتعَمِّدًا فَلْيَتَبَوَّأْ مَقْعَدَهُ مِنَ النَّارِ» وَمِثْلُهُ ﴿فَلْيَضْحَكُوا قَلِيلًا وَلْيَبْكُوا كَثِيرًا﴾ أي سيضحكون قليلا في الدّنيا وسيبكون كثيرس في الآخرة.

والتّعجب ﴿أَسْمِعْ بِهِمْ وَأَبْصِرْ يَوْمَ يَأْتُونَنَا﴾

الزّمن الّذي يدلّ عليه الأمر

والأكثر في الأمر أن يدلّ على المستقبل، وقد يكون ...

لحدوث الفعل مرة واحدة، نحو: ﴿قَالَ خُذْهَا وَلَا تَخَفْ سَنُعِيدُهَا سِيرَتَهَا الْأُولَىٰ﴾

وقد يكون لاستمرار الفعل وذلك

إمَّا لأمر قد حصل كقوله تعالى ﴿يَٰٓأَيُّهَا النَّبِيُّ اتَّقِ اللَّهَ وَلَا تُطِعِ الْكَٰفِرِينَ وَالْمُنَٰفِقِينَ﴾ أي اثبت على التّقوى،

أَوْ لِمَا لم يحصل، نحو: ﴿وَاتَّخِذُوا مِن مَّقَامِ إِبْرَٰهِـۧمَ مُصَلًّى﴾.

واعلم أنّ أسماء الأفعال آكد وأبلغ من الفعل، فقولك صَهْ أو صَهٍ آكد من قولك اسكت.

واسم الفعل الّذي يدلّ على الخبر يفيد التّعجب مع التّأكيد، كقوله تعالى ﴿أَيَعِدُكُمْ أَنَّكُمْ إِذَا مِتُّمْ وَكُنتُمْ تُرَابًا وَعِظَٰمًا أَنَّكُم مُّخْرَجُونَ ۝٣٥ هَيْهَاتَ هَيْهَاتَ لِمَا تُوعَدُونَ ۝٣٦﴾

[صِيْغَةُ النَّهْيِ]

وَلَهُ صِيْغَةٌ وَاحِدَةٌ، وَهِيَ الْمُضَارِعُ مَعَ لَا النَّاهِيَةِ كَقَوْلِهِ تعَالَى ﴿وَلَا تُفْسِدُوْا فِى الْاَرْضِ بَعْدَ اِصْلَاحِهَا﴾

[مَعَانِي النَّهْيِ غَيرُ الأَصْلِيَّةِ]

وَقَدْ تَخْرُجُ صِيْغَتُهُ عَنْ مَعْنَاهَا الْأَصْلِيِّ إِلَى مَعَانٍ أُخَرَ تُفْهَمُ مِنَ الْمَقَامِ وَالسِّيَاقِ:

١) كَالدُّعَاءِ نَحْوُ: ﴿فَلَا تُشْمِتْ بِىَ الْاَعْدَآءَ﴾[١]

٢) وَالْالْتِمَاسِ كَقَوْلِكَ لِمَنْ يُسَاوِيْكَ: لَا تَبْرَحْ مِنْ مَكَانِكَ حَتَّى أَرْجِعَ إِلَيْكَ[٢]

٣) وَالتَّمَنِّيْ نَحْوُ: لَا تَطْلُعْ فِيْ قَوْلِهِ

يَا لَيْلُ طُلْ يَا نَوْمُ زُلْ   يَا صُبْحُ قِفْ لا تَطْلُعِ

٤) وَالتَّهْدِيْدِ كَقَوْلِكَ لِخَادِمِكَ: لَا تُطِعْ أَمْرِيْ.[٣]

[الِاسْتِفْهَامُ]

أَمَّا الِاسْتِفْهَامُ فَهُوَ طَلَبُ الْعِلْمِ بِشَيْءٍ.

[١] وفيه كونه دعاء نظر لأنّه من كلام هارون لأخيه عليهما السّلام، فالصّحيح أنّه التماس. ومن الدّعاء ﴿رَبَّنَا لَا تُؤَاخِذْنَآ اِنْ نَّسِيْنَآ اَوْ اَخْطَاْنَا ۚ رَبَّنَا وَلَا تَحْمِلْ عَلَيْنَآ اِصْرًا كَمَا حَمَلْتَهٗ عَلَى الَّذِيْنَ مِنْ قَبْلِنَا ۚ رَبَّنَا وَلَا تُحَمِّلْنَا مَا لَا طَاقَةَ لَنَا بِهٖ ۚ﴾

[٢] ومثله قول هارون لموسى عليهما السّلام، نحو: ﴿قَالَ ابْنَ اُمَّ اِنَّ الْقَوْمَ اسْتَضْعَفُوْنِيْ وَكَادُوْا يَقْتُلُوْنَنِيْ ۖ فَلَا تُشْمِتْ بِيَ الْاَعْدَآءَ وَلَا تَجْعَلْنِيْ مَعَ الْقَوْمِ الظّٰلِمِيْنَ﴾

[٣] ومن أغراض النّهي:

الإرشاد، نحو: ﴿وَلَا يَاْبَ الشُّهَدَآءُ اِذَا مَا دُعُوْا ۗ وَلَا تَسْـَٔمُوْٓا اَنْ تَكْتُبُوْهُ صَغِيْرًا اَوْ كَبِيْرًا اِلٰٓى اَجَلِهٖ ۗ﴾

والتّرهيب، نحو: ﴿وَلَا تَحْسَبَنَّ اللّٰهَ غَافِلًا عَمَّا يَعْمَلُ الظّٰلِمُوْنَ﴾

والتّوبيخ، نحو: ﴿يٰٓاَهْلَ الْكِتٰبِ لَا تَغْلُوْا فِيْ دِيْنِكُمْ وَلَا تَقُوْلُوْا عَلَى اللّٰهِ اِلَّا الْحَقَّ﴾

[أَدَوَاتُ الِاسْتِفْهَامِ]

وَأَدَوَاتُهُ[1]: الْهَمْزَةُ وَهَلْ وَمَا وَمَنْ وَمَتَى وَأَيَّانَ وَكَيْفَ وَأَيْنَ وَأَنَّى وَكَمْ وَأَيُّ.

١) فَالْهَمْزَةُ لِطَلَبِ التَّصَوُّرِ أَوِ التَّصْدِيْقِ[2].

وَالتَّصَوُّرُ هُوَ إِدْرَاكُ الْمُفْرَدِ كَقَوْلِكَ أَعَلِيٌّ مُسَافِرٌ أَمْ خَالِدٌ؟ تَعْتَقِدُ أَنَّ السَّفَرَ حَصَلَ مِنْ أَحَدِهِمَا وَلَكِنْ تَطْلُبُ تَعْيِيْنَهُ، وَلِذَا يُجَابُ بِالتَّعْيِيْنِ فَيُقَالُ عَلِيٌّ مَثَلًا.

وَالتَّصْدِيْقُ هُوَ إِدْرَاكُ النِّسْبَةِ نَحْوُ: أَسَافَرَ عَلِيٌّ؟ تَسْتَفْهِمُ عَنْ حُصُوْلِ السَّفَرِ وَعَدَمِهِ، وَلِذَا يُجَابُ بِنَعَمْ أَوْ لَا[3].

---

[1] أَدَاة هي آلة وما يُستعان به لإنجاز غَرَض من الأغراض وجمعه أَدَوات، والأدوات تشمل حرفي الاستفهام – وهما همزة الاستفهام وهل – وأسمائه.

[2] التصوّر إدراكُ المفرد أو الجزء من الجملة، فطلب التّصوّر هو طلب التّعيين بعد حصول التّصديق بأصل النّسبة. أمّا التّصديق فهو إدراك النِّسبة. فإذا قلتَ: من قام؟ فقد حصل لك حصول نسبة القيام، وإنّما تسئل عن تعيين القائم، وهو مفرد فهذا طلب تصوّر، وإذا قلت هل قام زيد فأنت في شكّ في نسبة القيام، فهذا طلب تصديق.

[3] واعلم أنّ للإيجاب حروف.

الأوّل: نعم، نحو: ﴿ فَلَمَّا جَآءَ السَّحَرَةُ قَالُوا لِفِرْعَوْنَ اَئِنَّ لَنَا لَاَجْرًا اِنْ كُنَّا نَحْنُ الْغٰلِبِيْنَ ﴿٤١﴾ قَالَ نَعَمْ وَاِنَّكُمْ اِذًا لَّمِنَ الْمُقَرَّبِيْنَ ﴿٤٢﴾﴾

وقد تكون نَعَمْ لوعد المخاطب بما يطلب، نحو: قوله ﷺ :«إِنَّ اللهَ تَعَالى خَلَقَ الخَلْقَ حَتَّى إِذَا فَرَغَ مِنْهُمْ قَامَتِ الرَّحِمُ، فَقَالَتْ: هَذَا مُقَامُ الْعَائِذِ بِكَ مِنَ الْقَطِيعَةِ، قَالَ: نَعَمْ أَمَا تَرْضِينَ أَنْ أَصِلَ مَنْ وَصَلَكِ، وَأَقْطَعَ مَنْ قَطَعَكِ؟ قَالَتْ: بَلَى.

الثّاني: أجل، وهي لتصديق المخاطب فيما قال ومثاله ما روي عن ابْن مسْعُود رضي الله عنه أنه قَالَ: دَخلْتُ عَلى النبيِّ ﷺ وَهُو يُوعَكُ فَقُلْتُ يَا رسُولَ الله إِنَّكَ تُوعكُ وَعْكاً شَدِيداً قَالَ: أَجَلْ إِنِّي أُوعَكُ كَمَا يُوعَكُ رَجُلانِ مِنْكُم

...

وَالْمَسْئُوْلُ عَنْهُ فِي التَّصَوُّرِ مَا يَلِي الْهَمْزَةَ[1] وَيَكُوْنُ لَهُ مُعَادِلٌ يُذْكَرُ بَعْدَ أَمْ، وَتُسَمَّى مُتَّصِلَةً[2]، فَتَقُوْلُ فِي الِاسْتِفْهَامِ

عَنِ الْمُسْنَدِ إِلَيْهِ[3]: أَأَنْتَ فَعَلْتَ هَذَا أَمْ يُوْسُفُ؟

وَعَنِ الْمُسْنَدِ: أَرَاغِبٌ أَنْت عَنِ الْأَمْرِ أَمْ رَاغِبٌ فِيْهِ؟

وَعَنِ الْمَفْعُوْلِ: أَإِيَّايَ تَقْصِدُ أَمْ خَالِدًا؟

وَعَنِ الْحَالِ: أَرَاكِبًا جِئْتَ أَمْ مَاشِيًا؟

الثّالث: إي، وهي لا تستعمل إلّا قبل القسم، نحو: ﴿وَيَسْتَنْبِـُٔونَكَ اَحَقٌّ هُوَ ۖ قُلْ اِيْ وَرَبِّيْٓ اِنَّهٗ لَحَقٌّ﴾

الرّابع: بلى، وهي لا تقع إلّا بعدَ النّفي فتجعلهُ إثباتا، نحو: قوله تعالى ﴿قَالَ اَوَلَمْ تُؤْمِنْ ۖ قَالَ بَلٰى﴾ أي آمنت.

الخامس: لا، نحو: قوله ﷺ: قالُوا أي الملائكة: ويسْتَجِيرُونكَ قال (الله تعالى): ومِمَّ يسْتَجِيرُوني؟ قالوا: منْ نارِكَ ياربِّ. قَالَ: وَهَلْ رَأَوْا نَارِي؟ قالوا: لا.

السّادس: كَلَّا، نحو: ﴿قَالَ اَصْحٰبُ مُوْسٰٓى اِنَّا لَمُدْرَكُوْنَ ۚ ﴿٦١﴾ قَالَ كَلَّا ۚ اِنَّ مَعِيَ رَبِّيْ سَيَهْدِيْنِ ﴿٦٢﴾﴾ وهي تفيد ردع المخاطب وزجره وكفّه عمّا هو فيه من الظنّ الخاطئ.

[1] فلا يجوز أن تقول أذَهَبَ زيد أم خالد، فإنّه لا بد أن تكون المسئول عنه بعد همزة الاستفهام فالصّحيح أزيد ذهب أم خالد، وكذلك لا يصحّ أن تقول أخالد ذهب أم جلس، فإنّ الصّحيح أذهب خالد أم جلس.

[2] واعلم – رحمك الله – أنّ أم المتّصلة حرف عطف والمعادل المذكور بعدها معطوف.

أَدَاةُ الاسْتِفْهَامِ	مُبْتَدَأٌ	خَبَرٌ		
	مَعْطُوْفٌ عَلَيْهِ		حَرْفُ عَطْفٍ	مَعْطُوْفٌ
أَ	أَنْتُمْ	أَعْلَمُ	أَمِ	اللهُ
	مَسْئُوْلٌ عَنْهُ		أَمْ مُتَّصِلَةٌ	مُعَادِلٌ

[3] ومن الاستفهام عن المسند إليه ﴿ءَاَنْتُمْ اَعْلَمُ اَمِ اللّٰهُ﴾ ومن الاستفهام عن المفعول به قوله تعالى ﴿ءٰۤالذَّكَرَيْنِ حَرَّمَ اَمِ الْاُنْثَيَيْنِ﴾

وَعَنِ الظَّرْفِ: أَيَوْمَ الْخَمِيْسِ قَدِمْتَ أَمْ يَوْمَ الْجُمُعَةِ؟

وَهَكَذَا.

وَقَدْ لَا يُذْكَرُ الْمُعَادِلُ[1] نَحْوُ: أَأَنْتَ فَعَلْتَ هَذَا؟ أَرَاغِبٌ أَنْتَ عَنِ الْأَمْرِ؟ أَإِيَّايَ تَقْصِدُ؟ أَرَاكِبًا جِئْتَ؟ أَيَوْمَ الْخَمِيْسِ قَدِمْتَ؟

وَالْمَسْئُوْلُ عَنْهُ فِي التَّصْدِيْقِ النِّسْبَةُ[2] وَلَا يَكُوْنُ لَهَا مُعَادِلٌ[3]، فَإِنْ جَاءَتْ أَمْ بَعْدَهَا قُدِّرَتْ مُنْقَطِعَةً وَتَكُوْنُ بِمَعْنَى بَلْ.[4]

---

[1] ويكون مقدّرًا. فمعنى قوله أأنت فعلت هذا، أأنت فعلت هذا أم فلان. ومعنى أراغب أنت عن الأمر؟ أراغب أنت عن الأمر أم راغب فيه؟

[2] نحو: ﴿اَتَقُوْلُوْنَ عَلَى اللّٰهِ مَا لَا تَعْلَمُوْنَ﴾ ونحو: ﴿وَاِذْ قَالَ اِبْرٰهِيْمُ لِاَبِيْهِ اٰزَرَ اَتَتَّخِذُ اَصْنَامًا اٰلِهَةً﴾

[3] لا يكون له معادل لأنّ المتكلّم لا يسأل فيه عن تعيين النّسبة، إنّما يسأل عن النّسبة نفسها.

فلو قيل ما الفرق بين الاستفهام عن التّصور إذا لم يذكر معها معادل والاستفهام عن التّصديق الّذي لا يكون معه معادل أصلًا؟ أقولك أَسَافَرَ عَلِيّ طلب تصور مع معادل مقدّر أي أم أقام، أَوْ طلب تصديق؟

نقول يعرف ذلك بالسّياق والمقام، فقول الله تعالى ﴿ءَاَنْتَ فَعَلْتَ هٰذَا بِاٰلِهَتِنَا يٰاِبْرٰهِيْمُ﴾ للتصوّر لأنّهم شاهدوا الأصنام محطّمة رأيَ العين، فعلموا أنّ الفعل قد تحقّق وإنّما كانوا مستفهمين عن الفاعل.

[4] وأم المنقطعة ليست عاطفة، وإنّما هي الّتي تفيد الإضراب – وهو الانتقال من شيء إلى ما هو أشد منه– مثل بل، نحو: ﴿تَنْزِيْلُ الْكِتٰبِ لَا رَيْبَ فِيْهِ مِنْ رَّبِّ الْعٰلَمِيْنَ ۝٢ اَمْ يَقُوْلُوْنَ افْتَرٰىهُ﴾

وجاءت أم المنقطعة بعد همزة التسوية:

ولستُ أبالي بعد فقدي مالكًا ... أَمَوْتِيَ نَاءٍ أم هو الآن واقع

ولا بد من ذكر فائدتين متعلّقتين بهمزة الاستفهام:

الأولى: لا بد لهمزة الاستفهام من صدر الكلام حتى أنّه يتقدم على حرف العطف، نحو: ﴿اَفَلَا تَعْقِلُوْنَ﴾ أمّا بقية أدواة الاستفهام فلها صدر الكلام غير أنها يتأخر عن حرف العطف، نحو: ﴿فَهَلْ اَنْتُمْ مُّنْتَهُوْنَ﴾

الثّانية: ويجوز حذف همزة الاستفهام دون بقية الأدوات، نحو: ﴿قَالَ فِرْعَوْنُ اٰمَنْتُمْ بِهٖ قَبْلَ اَنْ اٰذَنَ لَكُمْ﴾ أي آآمنتم.

٢) وَهَلْ[1] لِطَلَبِ التَّصْدِيْقِ فَقَطْ نَحْوُ: هَلْ جَاءَ صَدِيْقُكَ؟ وَالْجَوَابُ نَعَمْ أَوْ لَا. وَلِذَا يَمْتَنِعُ مَعَهَا ذِكْرُ الْمُعَادِلِ، فَلَا يُقَالُ هَلْ جَاءَ صَدِيْقُكَ أَمْ عَدُوُّكَ؟[2]

وَهَلْ تُسَمَّى

بَسِيْطَةً إِنِ اسْتُفْهِمَ بِهَا عَنْ وُجُوْدِ شَيْءٍ فِيْ نَفْسِهِ، نَحْوُ: هَلِ الْعَنْقَاءُ مَوْجُوْدَةٌ؟

وَمُرَكَّبَةً إِنِ اسْتُفْهِمَ بِهَا عَنْ وُجُوْدِ شَيْءٍ لِشَيْءٍ، نَحْوُ: هَلْ تَبِيْضُ الْعَنْقَاءُ وَتُفَرِّخُ.[3]

٣) وَمَا يُطْلَبُ[4] بِهَا

شَرْحُ الِاسْمِ نَحْوُ: مَا الْعَسْجَدُ أَوِ اللُّجَيْنُ[5]

---

[1] وهل تُخلّص المضارع للاستقبال في الغالب، نحو: ﴿قُلْ هَلْ أُنَبِّئُكُم بِشَرٍّ مِّن ذَٰلِكَ مَثُوبَةً عِندَ اللَّهِ﴾ وقد يكون للحال، نحو: ﴿هَلْ يَسْتَوِي الْأَعْمَىٰ وَالْبَصِيرُ﴾

وأمّا إذا دخل على الماضي أو جملة اسميّة فلا تجعلهما للاستقبال، نحو: ﴿فَهَلْ وَجَدتُّم مَّا وَعَدَ رَبُّكُمْ حَقًّا﴾.

[2] فإن ذكرت هل بعدها فهي للإضراب، نحو: ﴿هَلْ يَسْتَوِي الْأَعْمَىٰ وَالْبَصِيرُ أَمْ هَلْ تَسْتَوِي الظُّلُمَاتُ وَالنُّورُ أَمْ جَعَلُوا لِلَّهِ شُرَكَاءَ﴾

[3] الْعَنْقَاءُ طَائِرٌ وَهْمِيٌّ لَا وُجُودَ لَهُ إِلَّا فِي تَصَوُّرِ الإِنسَانِ وَخَيَالِهِ، وَيُقَالُ بَاضَتِ الدَّجَاجَةُ إِذَا أَلْقَتْ بَيْضَتَهَا مِنْ بَاضَ يَبِيض بَيْضًا، وَيُقَالُ فَرَّخَتْ أُنْثَى الطَّيْرِ إِذا صَارَتْ ذَاتَ فَرْخٍ، وَالْفَرْخُ وَلَدُ كلِّ بَائِضٍ.

فالبسيطة لا بّد لها من كلمة موجود أو مثلها، وأكثر ما تكون هل مركّبةً. وفيما يبدو لنا ليس في تقسيم هل إلى البسيطة والمركبة كثير فائدة. والله أعلم.

واعلم أن هل تكاد تتمحّض للجملة الفعليّة، فإذا دخلت على الجملة الاسميّة تدلّ على الثّبوت، نحو: قوله تعالى ﴿فَهَلْ أَنتُمْ شَاكِرُونَ﴾.

[4] والأصل في ما أنّه يطلب بها تعيين غير العقلاء، نحو: ﴿مَا تَعْبُدُونَ مِن بَعْدِي﴾ وقد يطلب بها شرح الإسم أو شرح حقيقته أو بيان حاله.

[5] العَسْجَد الذَّهَبُ، وَاللُّجَيْنُ الْفِضَّةُ. والمراد بشرح الاسم بيان معناه من حيث اللّغة، والغالب فيه أن يكون ...

أَوْ حَقِيْقَةُ الْمُسَمَّى نَحْوُ: مَا الإِنْسَانُ[١]

أَوْ حَالُ الْمَذْكُوْرِ مَعَهَا[٢] كَقَوْلِكَ لِقَادِمٍ عَلَيْكَ: مَا أَنْتَ

اللّفظ غريبًا غيرَ معروف. فانظر إلى سؤال الرّسول ﷺ في هذا الحديث الّذي رواه النسائي عن أبي موسى الأشعري أنّه قال بَعَثَنِي رَسُولُ اللهِ ﷺ إِلَى الْيَمَنِ قُلْتُ: يَا رَسُولَ اللهِ إِنّ بِهَا أَشْرِبَةٌ فَمَا أَشْرَبُ وَمَا أَدَعُ؟ قال: «وَمَا هِيَ؟» قُلْتُ: الْبِتْعُ، وَالْمِزْرُ، قال: «وَمَا الْبِتْعُ وَالْمِزْرُ؟» قُلْتُ: أَمَّا الْبِتْعُ فَنَبِيذُ الْعَسَلِ، وَأَمَّا الْمِزْرُ، فَنَبِيذُ الذُّرَةِ، فقال لَهُ رَسُولُ اللهِ ﷺ: «لَا تَشْرَبْ مُسْكِرًا فَإِنِّي حَرَّمْتُ كُلَّ مُسْكِرٍ»

ومثله ما روي عن رَسُولِ اللهِ ﷺ أنه قال: «أَلَا أُخْبِرُكُمْ بِأَبْغَضِكُمْ إِلَيَّ وَأَبعدِكُمْ مِنِّي؟» قَالُوا: بَلَى يَا رَسُولَ اللهِ، قال: «الثَّرْثَارُونَ الْمُتَشَدِّقُونَ الْمُتَفَيْهِقُونَ» قَالُوا: يَا رَسُولَ اللهِ، قَدْ عَرَفْنَا الثَّرْثَارُونَ الْمُتَشَدِّقُونَ، فَمَا الْمُتَفَيْهِقُونَ؟ قال: «الْمُتكَبِّرُونَ»

ومثله ما روى البخاري أنه ﷺ قال «يُقْبَضُ الْعِلْمُ، وَتَظْهَرُ الْفِتَنُ، وَيَكْثُرُ الْهَرْجُ» قِيلَ: يَا رَسُولَ اللهِ، وَمَا الْهَرْجُ؟ قال: الْقَتْلُ.

[١] المراد بحقيقة المسمّى حدّه، فيكون السّائل عالما بمعناه طالبا لحقيقته مثل قولك ما هو الاسم؟ ما هي النّواسخ؟ ما هو العام؟ ما هو الخاصّ؟ ما الحسد؟ وغيره.

ومثله ما روى البخاري في الأدب المفرد أنّ أَبَا هُرَيْرَةَ قال: سَمِعْتُ النَّبِيَّ ﷺ يَقُولُ: «لَا طِيَرَةَ، وَخَيْرُهَا الْفَأْلُ»، قَالُوا: وَمَا الْفَأْلُ؟ قال: «كَلِمَةٌ صَالِحَةٌ يَسْمَعُهَا أَحَدُكُمْ»

ومثله ما روي عَنْ أَبِي هُرَيْرَةَ قال: «إِيَّاكُمْ وَالْمَلَاعِنَ» . قَالُوا: وَمَا الْمَلَاعِنُ؟، قال: «الْجُلُوسُ عَلَى قَارِعَةِ الطَّرِيقِ أَوْ تَحْتَ شَجَرَةٍ يَسْتَظِلُّ تَحْتَهَا الرَّاكِبُ»

ومثله ما روى أبو داوود عَنِ ابْنِ عَبَّاسٍ قَالَ: قَالَ رَسُولُ اللهِ ﷺ: «مَنْ سَمِعَ الْمُنَادِيَ فَلَمْ يَمْنَعْهُ مِنَ اتِّبَاعِهِ، عُذْرٌ»، قَالُوا: وَمَا الْعُذْرُ؟، قَالَ: «خَوْفٌ أَوْ مَرَضٌ، لَمْ تُقْبَلْ مِنْهُ الصَّلَاةُ الَّتِي صَلَّى»

[٢] ومثله سؤال الصّحابي رَسُولَ اللهِ ﷺ: مَا الْحَاجُّ؟ فقال «الشَّعِثُ التَّفِلُ» فالظاهر أنّ ما هنا لطلب الصّفة، فإنّ السّائل كان يعرف معنى الحاجّ لغةً، وكان يعرف حقيقة الحاجّ، وهو من أحرم وأتى بأركان مخصوصة. والشَّعِثُ الْمُغْبَرُّ، التَّفِلُ الْمُتَغَيِّرَةُ الرَّائِحَةِ.

ومثله ما روى البخاري عن أبي سعيد رضي الله عنه أنه قال: قُلْنَا: يَا رَسُولَ اللهِ، وَمَا الْجَسْرُ؟ قال: «مَدْحَضَةٌ ...

٤) وَمَنْ يُطْلَبُ بِهَا تَعْيِيْنُ الْعُقَلَاءِ، كَقَوْلِكَ مَنْ فَتَحَ مِصْرَ؟[١]

٥) وَمَتَى يُطْلَبُ بِهَا تَعْيِيْنُ الزَّمَانِ مَاضِيًا كَانَ أَوْ مُسْتَقْبلًا، نَحْوُ: مَتَى جِئْتَ؟ وَمَتَى تَذْهَبُ؟[٢]

٦) وَأَيَّانَ يُطْلَبُ بِهَا تَعْيِيْنُ الزَّمَانِ الْمُسْتَقْبَلِ خَاصَّةً وَتَكُوْنُ فِي مَوْضِعِ التَّهْوِيْلِ، كَقَوْلِهِ تَعَالَى ﴿يَسْـَٔلُ اَيَّانَ يَوْمُ الْقِيٰمَةِ﴾[٣]

٧) وَكَيْفَ يُطْلَبُ بِهَا تَعْيِيْنُ الْحَالِ، نَحْوُ: كَيْفَ أَنْتَ؟[٤]

٨) وَأَيْنَ يُطْلَبُ بِهَا تَعْيِيْنُ الْمَكَانِ، نَحْوُ: أَيْنَ تَذْهَبُ؟[٥]

٩) وَأَنَّى تَكُوْنُ

بِمَعْنَى كَيْفَ، نَحْوُ: ﴿اَنّٰى يُحْيٖ هٰذِهِ اللّٰهُ بَعْدَ مَوْتِهَا﴾[٦]

وَبِمَعْنَى مِنْ أَيْنَ، نَحْوُ: ﴿يٰمَرْيَمُ اَنّٰى لَكِ هٰذَا﴾

مَزِلَّةٌ، عليه خَطَاطِيفُ وَكَلَالِيبُ، وَحَسَكَةٌ مُفَلْطَحَةٌ لَهَا شَوْكَةٌ عُقَيْفَاءُ»

ومثله ما روى أبو هُرَيْرَةَ أَنَّ رَسُولَ اللهِ ﷺ، قال: «أَتَدْرُونَ مَا الْمُفْلِسُ؟» قَالُوا: الْمُفْلِسُ فِينَا مَنْ لَا دِرْهَمَ لَهُ وَلَا مَتَاعَ، فقال: «إِنَّ الْمُفْلِسَ مِنْ أُمَّتِي يَأْتِي يَوْمَ الْقِيَامَةِ بِصَلَاةٍ، وَصِيَامٍ، وَزَكَاةٍ، وَيَأْتِي قَدْ شَتَمَ هَذَا، وَقَذَفَ هَذَا، وَأَكَلَ مَالَ هَذَا، وَسَفَكَ دَمَ هَذَا، وَضَرَبَ هَذَا، فَيُعْطَى هَذَا مِنْ حَسَنَاتِهِ، وَهَذَا مِنْ حَسَنَاتِهِ، فَإِنْ فَنِيَتْ حَسَنَاتُهُ قَبْلَ أن يقْضَى مَا عليه أُخِذَ مِنْ خَطَايَاهُمْ فَطُرِحَتْ عَلَيْهِ، ثُمَّ طُرِحَ فِي النَّارِ»

[١] ومثله قوله تعالى ﴿فَمَنْ رَّبُّكُمَا يٰمُوْسٰى﴾ و﴿مَنْ فَعَلَ هٰذَا بِاٰلِهَتِنَآ﴾

[٢] مثال متى في المستقبل – بفتح الباء وكسرها – قوله تعالى ﴿مَتٰى هٰذَا الْوَعْدُ﴾ ومثال متى المستعمل في الماضي قوله ﷺ «يَا عَائِشَةُ، مَتَى عَهِدْتِنِي فَحَّاشًا، أَنَّ شَرَّ النَّاس عِنْدَ اللهِ مَنْزِلَةً يَوْمَ الْقِيَامَةِ مَنْ تَرَكَهُ النَّاس اتِّقَاءَ شَرِّهِ».

[٣] إنّ هذه الكلمة قليلة الاستعمال، وردت ست مرات في النزيل ولم أقف على حديث وردت فيه.

[٤] ومثال كيف في التّنزيل ﴿وَاِذْ قَالَ اِبْرٰهٖمُ رَبِّ اَرِنِيْ كَيْفَ تُحْيِ الْمَوْتٰى﴾

[٥] ومثاله في التّنزيل ﴿يَقُوْلُ الْاِنْسَانُ يَوْمَئِذٍ اَيْنَ الْمَفَرُّ﴾

[٦] ومثال أنّى بمعنى كيف قوله تعالى ﴿قَالَ رَبِّ اَنّٰى يَكُوْنُ لِيْ غُلٰمٌ وَّقَدْ بَلَغَنِيَ الْكِبَرُ وَامْرَاَتِيْ عَاقِرٌ﴾

وَبِمَعْنَى مَتَى، نَحْوُ: زُرْ أَنَّى شِئْتَ[1]

١٠) وَكَمْ يُطْلَبُ بِهَا تَعْيِينُ عَدَدٍ مُبْهَمٍ، نَحْوُ: ﴿كَمۡ لَبِثۡتُمۡ﴾

١١) وَأَيُّ يُطْلَبُ بِهَا تَمْيِيزُ أَحَدِ الْمُتَشَارِكَيْنِ فِي أَمْرٍ يَعُمُّهُمَا، نَحْوُ: ﴿اَيُّ الۡفَرِيۡقَيۡنِ خَيۡرٌ مَّقَامًا﴾

وَيُسْأَلُ بِهَا عَنِ الزَّمَانِ وَالْمَكَانِ وَالْحَالِ وَالْعَدَدِ وَالْعَاقِلِ وَغَيْرِهِ حَسْبَ مَا تُضَافُ إِلَيْهِ.[2]

[مَعَانِي الِاسْتِفْهَامِ غَيْرُ الْأَصْلِيَّةِ]

وَقَدْ تَخْرُجُ أَلْفَاظُ الِاسْتِفْهَامِ عَنْ مَعْنَاهَا الْأَصْلِيِّ لِمَعَانٍ أُخَرَ تُفْهَمُ مِنْ سِيَاقِ الْكَلَامِ،[3] نَحْوُ:

١) كَالتَّسْوِيَةِ[4] نَحْوُ: ﴿سَوَآءٌ عَلَيۡهِمۡ ءَاَنۡذَرۡتَهُمۡ اَمۡ لَمۡ تُنۡذِرۡهُمۡ﴾.

٢) وَالنَّفْيِ[5]، نَحْوُ: ﴿هَلۡ جَزَآءُ الۡاِحۡسَانِ اِلَّا الۡاِحۡسَانُ﴾.

---

[1] وفي بعض النّسخ: نحو: أنَّى تكونُ زيادةُ النيلِ؟

[2] فإن كان المضاف إليه زمانا يسأل عن الزمان، نحو: ﴿لِاَيِّ يَوۡمٍ اُجِّلَتۡ﴾ وإن كان مكانا فالسؤال عن المكان، نحو: ﴿وَسَيَعۡلَمُ الَّذِيۡنَ ظَلَمُوۡۤا اَيَّ مُنۡقَلَبٍ يَّنۡقَلِبُوۡنَ﴾ إلي غير ذلك.

[3] وإياك أنّ تظنّ أنّ معاني الاستفهام منحصرة في هذه الأقسام، بل ذكر بعض أهل العلم أكثر من ثلاثين معنى للاستفهام. وكذلك يتداخل بعد الأغراض في الأخرى، فتحتمل صيغة واحدة معنيين فقول الله تعالى ﴿وَيَقُوۡلُوۡنَ يٰوَيۡلَتَنَا مَالِ هٰذَا الۡكِتٰبِ لَا يُغَادِرُ صَغِيۡرَةً وَّلَا كَبِيۡرَةً اِلَّاۤ اَحۡصٰهَا﴾ يحتمل أن يكون للتّعظيم والتّعجب.

[4] هو بيان أنّ شيئين متساويان في حكم واحد، وهمزة التسوية هي الواقعةُ بعد كلمة سواء، ولا بدّ لها من أم المتصلة ومعادل. ويلي همزةَ التسوية فعلٌ ماض. وهمزة التسوية لا تصدر الكلام إذا خرجت من معنى الاستفهام.

[5] فهو إنشاء لفظًا خبر معنى. ويصحّ حلول أداة نفي محل أداة الاستفهام، نحو: ﴿اَنُؤۡمِنُ لَكَ وَاتَّبَعَكَ الۡاَرۡذَلُوۡنَ﴾ أي لا نؤمن لك، وقد تكون بعدها أداة استثناء، نحو: ﴿هَلۡ يُهۡلَكُ اِلَّا الۡقَوۡمُ الظّٰلِمُوۡنَ﴾ ومنه قول النّبي ﷺ

هل أنْتَ إلّا إصبع دَمِيْتِ وفي سبيل الله ما لقيتِ

...

٣) وَالْإِنْكَارِ[1]، نَحْوُ: ﴿اَغَيْرَ اللّٰهِ تَدْعُوْنَ﴾، ﴿اَلَيْسَ اللّٰهُ بِكَافٍ عَبْدَهٗ﴾.

٤) وَالْأَمْرِ، نَحْوُ: ﴿فَهَلْ اَنْتُمْ مُّنْتَهُوْنَ﴾[2]، ونَحْوُ: ﴿ءَاَسْلَمْتُمْ﴾، بمعنى انتَهُوا وأَسْلِمُوا.

٥) وَالنَّهْيِ، نَحْوُ: ﴿اَتَخْشَوْنَهُمْ ۚ فَاللّٰهُ اَحَقُّ اَنْ تَخْشَوْهُ﴾.

٦) وَالتَّشْوِيْقِ، نَحْوُ: ﴿هَلْ اَدُلُّكُمْ عَلٰى تِجَارَةٍ تُنْجِيْكُمْ مِّنْ عَذَابٍ اَلِيْمٍ﴾[3].

٧) وَالتَّعْظِيْمِ، نَحْوُ: ﴿مَنْ ذَا الَّذِيْ يَشْفَعُ عِنْدَهٗٓ اِلَّا بِاِذْنِهٖ﴾.[4]

٨) وَالتَّحْقِيْرِ، نَحْوُ: أَهَذَا الَّذِي مَدَحْتَهُ كَثِيْرًا.[5]

واعلم -أرشدك الله- أنّ لكلمة إصبَع تسع صيغ بتثليث حركتي الهمزة والباء فيها.

فلو قيل ما الفرق بين النّفي الصّريح والنّفي في صورة الاستفهام؟ قلنا: له فائدتان: الأوّل أنّ المتكلم يلقى في الاستفهام كلامه كأنّه يطلب من المخاطَب أن يفكّر بنفسه حتى يجد نفسه على الخطأ، والثّاني أنّه على ثقة من نفسه حتى لو كان في كلامه أدنى ريبة لردّ المخاطب عليه. (البلاغة، فنونها وأفنانها)

[1] الإنكار أن تُنكر المتكلم على المخاطَب.

فإنِ ادّعى شيئا فالإنكار للتكذيب، نحو: ﴿اَلَآ اِنَّهُمْ مِّنْ اِفْكِهِمْ لَيَقُوْلُوْنَ ۝١٥١ وَلَدَ اللّٰهُ ۙ وَاِنَّهُمْ لَكٰذِبُوْنَ ۝١٥٢ اَصْطَفَى الْبَنَاتِ عَلَى الْبَنِيْنَ ۝١٥٣﴾

وإن فعل أو قال شيئًا غير مستحسن عند المتكلم فللتّوبيخ، نحو: ﴿كَيْفَ تَكْفُرُوْنَ بِاللّٰهِ وَكُنْتُمْ اَمْوَاتًا فَاَحْيَاكُمْ ۚ ثُمَّ يُمِيْتُكُمْ ثُمَّ يُحْيِيْكُمْ ثُمَّ اِلَيْهِ تُرْجَعُوْنَ﴾

[2] فحينما قُرِءتْ عَلَى عمر بن الخطاب ﴿فَهَلْ اَنْتُمْ مُّنْتَهُوْنَ﴾ قال: انتهينا انتهينا. وإنّما قال ذلك لأنّه فهم منه الأمر.

[3] التّشويق إحداث الرّغبة والشوق في نفس المخاطب،

[4] ومنه ومنه قوله تعالى ﴿اَلْحَاۤقَّةُ ۝١ مَا الْحَاۤقَّةُ ۝٢ وَمَآ اَدْرٰىكَ مَا الْحَاۤقَّةُ ۝٣﴾ و ﴿اَلْقَارِعَةُ ۝ مَا الْقَارِعَةُ ۝ وَمَا أَدْرَاكَ مَا الْقَارِعَةُ﴾

[5] ومثل قوله تعالى ﴿اَهٰذَا الَّذِيْ يَذْكُرُ اٰلِهَتَكُمْ﴾

٩) وَالتَّهَكُّمِ، نَحْوُ: أَعَقْلُكَ يُسَوِّغُ لَكَ أَنْ تَفعَلَ كَذَا.[١]

١٠) وَالتَّعَجُّبِ، نَحْوُ: ﴿مَالِ هٰذَا الرَّسُوْلِ يَاْكُلُ الطَّعَامَ وَيَمْشِىْ فِى الْاَسْوَاقِ﴾.

١١) وَالتَّنْبِيْهِ عَلَى الضَّلَالِ، نَحْوُ: ﴿فَاَيْنَ تَذْهَبُوْنَ﴾.[٢]

١٢) وَالْوَعِيْدِ،[٣] نَحْوُ: أَتَفْعَلُ كَذَا وَقَدْ أَحْسَنْتُ إِلَيْكَ.[٤]

[التَّمَنِّي]

وَأَمَّا التَّمَنِّي فَهُوَ طَلَبُ شَيْءٍ مَحْبُوْبٍ لَا يُرْجَى حُصُوْلُهُ لِكَوْنِهِ مُسْتَحِيْلًا أَوْ بَعِيْدَ الْوُقُوْعِ، كَقَوْلِهِ:

أَلَا لَيْتَ الشَّبَابَ يَعُوْدُ يَوْمًا ... فَأُخْبِرَهُ بِمَا فَعَلَ الْمَشِيْبُ[٥]

[١] وهو الاستهزاء والسخرية، نحو: ﴿قَالُوْا يٰشُعَيْبُ اَصَلٰوتُكَ تَاْمُرُكَ اَنْ نَّتْرُكَ مَا يَعْبُدُ اٰبَآؤُنَآ اَوْ اَنْ نَّفْعَلَ فِيْٓ اَمْوَالِنَا مَا نَشٰٓؤُا ۭ اِنَّكَ لَاَنْتَ الْحَلِيْمُ الرَّشِيْدُ﴾

[٢] والمراد بالضّلال الخطأ، ومنه قوله تعالى ﴿قَالَ اَتَسْتَبْدِلُوْنَ الَّذِىْ هُوَ اَدْنٰى بِالَّذِىْ هُوَ خَيْرٌ﴾.

[٣] الوعيد تهديد وتوعّد بالشّرّ، وإنذار بما سيحدث من دَمار ونكبات، ففي كون قولك أَتفعَلُ كذا وقدْ أَحْسَنْتُ إليكَ وعيدا نظر، ومن الوعيد قول الله تعالى ﴿اَلَمْ نُهْلِكِ الْاَوَّلِيْنَ﴾ أي قد أهلكناهم وإنّا لقادرون على إهلاككم.

[٤] ومما لم يذكر المصنفون من أغراض الخبر مما نرى في ذكرها فائدة:

التّقرير: وهو حمل المخاطب على اعتراف بأمر له به علم.، نحو: ﴿اَلَمْ يَجِدْكَ يَتِيْمًا فَاٰوٰى ۠ ﴿٦﴾ وَوَجَدَكَ ضَاۗلًّا فَهَدٰى ۠ ﴿٧﴾ وَوَجَدَكَ عَاۗىِٕلًا فَاَغْنٰى ۭ ﴿٨﴾﴾

التّرغيب، نحو: ﴿مَنْ ذَا الَّذِىْ يُقْرِضُ اللّٰهَ قَرْضًا حَسَنًا فَيُضٰعِفَهٗ لَهٗٓ اَضْعَافًا كَثِيْرَةً ۭ وَاللّٰهُ يَقْبِضُ وَيَبْصُۜطُ ۠ وَاِلَيْهِ تُرْجَعُوْنَ﴾

الدّعاء، نحو: ﴿اَتُهْلِكُنَا بِمَا فَعَلَ السُّفَهَاۗءُ مِنَّا﴾

العرض: وهو في الاستفهام بمنزلة الالتماس في الأمر، نحو: ﴿اِذْهَبْ اِلٰى فِرْعَوْنَ اِنَّهٗ طَغٰى ۠ ﴿١٧﴾ فَقُلْ هَلْ لَّكَ اِلٰٓى اَنْ تَزَكّٰى ۙ ﴿١٨﴾﴾

[٥] ألا حرف تنبيه، والشَّبَاب مصدر شبَّ مثل فرّ، يقال شبّ فلان إذا صار فتًى، والْمَشِيْب مصدر شاب، يقال شاب فلان إذا كَبُرَ وشَاخَ وصَارَ شَعْرُهُ أَبْيَض.

وَقَوْلِ الْمُعْسِرِ: لَيْتَ لِيْ أَلْفَ دِيْنَارٍ[1].

[التَّرَجِّيْ]

وَإِذَا كَانَ الْأَمْرُ مُتَوَقَّعَ الْحُصُوْلِ فَإِنَّ تَرَقُّبَهُ يُسَمَّى تَرَجِّيًا، وَيُعَبَّرُ عَنْهُ بِعَسَى[2] أَوْ لَعَلَّ، نَحْوُ: ﴿لَعَلَّ اللَّهَ يُحْدِثُ بَعْدَ ذَٰلِكَ أَمْرًا﴾

[أَدَاوَاتُ التَّمَنِّيْ]

وَلِلتَّمَنِّيْ أَرْبَعُ أَدَوَاتٍ، وَاحِدَةٌ أَصْلِيَّةٌ وَهِيَ لَيْتَ[3]، وَثَلَاثٌ[4] غَيْرُ أَصْلِيَّةٍ، وَهِيَ:

١) هَلْ،[5] نَحْوُ: ﴿فَهَل لَّنَا مِن شُفَعَاءَ فَيَشْفَعُوا لَنَا﴾

٢) وَلَوْ، نَحْوُ: ﴿فَلَوْ أَنَّ لَنَا كَرَّةً فَنَكُونَ مِنَ الْمُؤْمِنِينَ﴾

٣) وَلَعَلَّ، نَحْوُ: قَوْلِهِ

أَسِــرْبَ الْقَطَـا هَـلْ مَنْ يُعِيْرُ جَنَاحَـهُ   لَـعَـلِّـيْ إِلَـى مَـنْ قَـدْ هَـوِيْـتُ أَطِـيْـرُ[6]

---

[1] ومن التمنّي ﴿يَٰلَيْتَ لَنَا مِثْلَ مَآ أُوتِيَ قَٰرُونُ﴾

[2] ومثاله ﴿فَعَسَى اللَّهُ أَن يَأْتِيَ بِالْفَتْحِ أَوْ أَمْرٍ مِّنْ عِندِهِۦ﴾، وقد يترجى بكلمة هل وحرف لو فيما هو عزيز المنال مع إمكانه. وقد يكون المتوقّعُ أمرا محذورا فيسمّى إشفاقا، نحو: ﴿لَعَلَّ السَّاعَةَ قَرِيبٌ﴾

[3] وقد يتقدمه يا التّنبيه، نحو: ﴿يَٰلَيْتَ قَوْمِي يَعْلَمُونَ﴾

[4] وفي بعض النّسخ ثلاثة والصّحيح – والعلم عند الله – ثلاث لأنّه على تقدير مضاف إليه أي أداة واحدة أصلية ... وثلاث أدوات غير أصلية. والأصل في هل الاستفهام، وفي لو الشّرط، وفي لعل الترجي.

[5] خرجت هذه الثّلاثة عن أصلها، فهل حرف استفهام ولو حرف امتناع ولعلّ حرف ترج. وتستعمل هذه الثّلاثة لإبراز المتمنّى في صورة الممكن، ومثال هل في التّمنّي قوله تعالى ﴿قَالُوا رَبَّنَآ أَمَتَّنَا اثْنَتَيْنِ وَأَحْيَيْتَنَا اثْنَتَيْنِ فَاعْتَرَفْنَا بِذُنُوبِنَا فَهَلْ إِلَىٰ خُرُوجٍ مِّن سَبِيلٍ﴾

نحو: ﴿وَقَالَ فِرْعَوْنُ يَٰهَٰمَٰنُ ابْنِ لِي صَرْحًا لَّعَلِّيٓ أَبْلُغُ الْأَسْبَٰبَ ۝٣٦ أَسْبَٰبَ السَّمَٰوَٰتِ﴾ أبرز فرعون التّمنّي في صورة التّرجيّ ليُلبِسَ على السّامعين أمره.

[6] الهمزة للنداء، والسِّرْب فريق مِن الطيرِ والحيوان والجمع أَسْرَاب، والقطاة نوع من الطّير يقال له ...

وَلِاسْتِعْمَالِ هَذِهِ الْأَدَوَاتِ فِي التَّمَنِّيْ يُنْصَبُ الْمُضَارِعُ الْوَاقِعُ فِي جَوَابِهَا.[١]

[النِّدَاءُ]

وَأَمَّا النِّدَاءُ فَهُوَ طَلَبُ الْإِقْبَالِ بِحَرْفٍ نائِبٍ مَنَابَ أَدْعُوْ.

[أَدَوَاتُ النِّدَاءِ]

وَأَدَوَاتُهُ ثَمَانٍ: يَا[٢] وَالْهَمْزَةُ وَأَيْ وَآ وَآيْ وَأَيَا وَهَيَا[٣] وَوَا[٤]. فَالْهَمْزَةُ وَأَيْ لِلْقَرِيْبِ وَغَيْرُهُمَا لِلْبَعِيْدِ.[٥]

Sandgrouse والجمع قَطًا، ويقال أعارَه يعير إعارةً إذا أعطاه إيَّاه على أن يعيدَه إليه، ويقال هوِيَ يَهوَى هَوًى إذا أحبَّ ويقال هوَى يَهوِي هَوِيًّا وهَوَاءً إذا سقط أو هلك، نحو: ﴿وَالنَّجۡمِ اِذَا هَوٰى﴾ ونحو: ﴿وَمَنۡ يَّحۡلِلۡ عَلَيۡهِ غَضَبِىۡ فَقَدۡ هَوٰى﴾

فكلّ من هل ولعل يستخدمان في معنى التّمنّي. والبيت للعباس بن الأحنف وقيل لمجنون ليلى وهو بتمامه:

بكيتُ على سِربِ القطا إذْ مَرَرْنَ بي ... فقلتُ وَمِثْلِي بِالبُكَاءِ جَدِيْرُ

أَسِربَ القطا هل من يُعِيْرُ جَنَاحَه ... لعلّي إلى من قد هَوِيت أَطِيرُ

[١] ينصب الفعل المضارع الواقع بعد الفاء في جواب ليت كما مرّ في قواعد النّحو، نحو: ﴿يٰلَيۡتَنِىۡ كُنۡتُ مَعَهُمۡ فَاَفُوۡزَ فَوۡزًا عَظِيۡمًا﴾ وإن استعمل واحد من هل ولو ولعلّ في معنى التّمنّي ينصب المضارع الواقع بعد الفاء في جوابه كما في ﴿فَهَلۡ لَّنَا مِنۡ شُفَعَآءَ فَيَشۡفَعُوۡا لَنَآ﴾ و﴿فَلَوۡ اَنَّ لَنَا كَرَّةً فَنَكُوۡنَ مِنَ الۡمُؤۡمِنِيۡنَ﴾.

[٢] ويا هي الأصل في النّداء، ولا يدخل حرفُ نداء على اسم الله إلّا يا. وقد تحذف أداة النداء وتقدّر يا، نحو: ﴿يُوۡسُفُ اَعۡرِضۡ عَنۡ هٰذَا﴾ ولا سيّما في نداء الرّب ودعائه، نحو: ﴿وَاِذۡ قَالَ اِبۡرٰهٖمُ رَبِّ اَرِنِىۡ كَيۡفَ تُحۡىِ الۡمَوۡتٰى﴾.

[٣] هيا وآ وآي أقلهنّ استعمالا.

[٤] وأكثر ما تستعمل وا في النُّدْبَة -بضم النون وإسكان الدال وفتح الباء- وهي نداء المتفجع عليه أو المتوجع منه، ومنه قول فاطمة رضي الله عنها عند موته ﷺ: وَا كَرْبَ أَبَاهُ. ومنه قوله ﷺ وا رأساه. وقد تستعمل يا للنّدبة.

[٥] اختلفوا في يا، فمن قائل بأنّه للبعيد، ففي قوله تعالى ﴿وَنَادٰى نُوۡحُ اۨبۡنَهٗ وَكَانَ فِىۡ مَعۡزِلٍ يّٰبُنَىَّ ارۡكَبۡ مَّعَنَا وَلَا ...

[نِدَاءُ الْقَرِيْبِ وَالْبَعِيْدِ]

وَقَدْ يُنَزَّلُ الْبَعِيْدُ مَنْزِلَةَ الْقَرِيْبِ فَيُنَادَى بِالْهَمْزَةِ وَأَيْ إِشَارَةً إِلَى أَنَّهُ لِشِدَّةِ اسْتِحْضَارِهِ فِي ذِهْنِ الْمُتَكَلِّمِ صَارَ كَالْحَاضِرِ مَعَهُ، كَقَوْلِ الشَّاعِرِ

أَسُكَّانَ نَعْمَانِ الْأَرَاكِ تَيَقَّنُوْا ... بِأَنَّكُمْ فِي رَبْعِ قَلْبِيْ سُكَّانُ[1]

وَقَدْ يُنَزَّلُ الْقَرِيْبُ مَنْزِلَةَ الْبَعِيْدِ فَيُنَادَى بِأَحَدِ الْحُرُوْفِ الْمَوْضُوْعَةِ لَهُ

إِشَارَةً إِلَى أَنَّ الْمُنَادَى عَظِيْمُ الشَّأْنِ رَفِيْعُ الْمَرْتَبَةِ حَتَّى كَأَنَّ بُعْدَ دَرَجَتِهِ فِي الْعِظَمِ عَنْ دَرَجَةِ الْمُتَكَلِّمِ بُعْدٌ فِي الْمَسَافَةِ، كَقَوْلِكَ أَيَا مَوْلَايَ وَأَنْتَ مَعَهُ.[2]

أَوْ إِشَارَةً إِلَى انْحِطَاطِ دَرَجَتِهِ، كَقَوْلِكَ: أَيَا هَذَا، لِمَنْ هُوَ مَعَكَ.[3]

أَوْ إِشَارَةً إِلَى أَنَّ السَّامِعَ غَافِلٌ لِنَحْوِ نَوْمٍ أَوْ ذُهُوْلٍ، كَأَنَّهُ غَيْرُ حَاضِرٍ فِي الْمَجْلِسِ، كَقَوْلِكَ لِلسَّاهِيْ: أَيَا فَلَانُ.

[مَعَانِي النِّدَاءِ غَيْرُ الْأَصْلِيَّةِ]

وَقَدْ تَخْرُجُ أَلْفَاظُ النِّدَاءِ عَنْ مَعْنَاهَا الْأَصْلِيِّ لِمَعَانٍ أُخَرَ تُفْهَمُ مِنَ الْقَرَائِنِ:

١) كَالْإِغْرَاءِ[4]، نَحْوُ: قَوْلِكَ لِمَنْ أَقْبَلَ يَتَظَلَّمُ: يَا مَظْلُوْمُ.

٢) وَالزَّجْرِ، نَحْوُ:

تَكُنْ مَّعَ الْكٰفِرِيْنَ﴾ نادى نوح ابنه بأداة يا إذ كان بعيدا عنه في معزل عنه. ومن قائل أنّ يا مشتركة بين القريب والبعيد. والأوّل راجح.

[1] الهمزة للنداء، وسُكَّان جمع ساكن، ونَعْمَان الأَرَاكِ بفَتْحِ النونِ وادٍ بينَ مَكَّةَ والطائفِ، أمّا نُعْمَان بالضمة فموضع آخر والصحيح هنا نَعْمَان الأراك، والرَّبْعُ الموضع الّذي يُنْزَلُ فيه زمن الرَّبيع، والدَّار وما حول الدّار.

[2] ومنه قول الصّحابة رضي الله عنهم يا رسول الله ﷺ، ومنه قولهم يَا أَمِيرَ الْمُؤْمِنِينَ.

[3] ولك أن تقول إنّ منه قوله تعالى ﴿قُلْ يٰعِبَادِيَ الَّذِيْنَ اَسْرَفُوْا عَلٰٓى اَنْفُسِهِمْ لَا تَقْنَطُوْا مِنْ رَّحْمَةِ اللّٰهِ ۗ اِنَّ اللّٰهَ يَغْفِرُ الذُّنُوْبَ جَمِيْعًا ۗ اِنَّهٗ هُوَ الْغَفُوْرُ الرَّحِيْمُ﴾

[4] يقال أغراه إذا حمله عليه. يقال تَظَلَّمَ فلان إذا شَكَا مِنْ ظُلْمِهِ.

أَفُـؤَادِيْ مَـتَـى الْـمَـتَـابُ أَلَـمَّـا ... تَـصْـحُ وَالشَّـيْـبُ فَـوقَ رَأْسِـي أَلَـمَّـا[1]

٣) وَالتَّحَيُّرِ وَالتَّضَجُّرِ[2]، نَحْوُ:

أَيَا مَنَازِلَ سَلْمَى أَيْنَ سَلْمَاكِ

وَيَكْثُرُ هَذَا فِيْ نِدَاءِ الْأَطْلَالِ وَالْمَطَايَا وَنَحْوِهَا[3].

٤) وَالتَّحسُّرِ وَالتَّوَجُّعِ، كَقَوْلِهِ:

أَيَـا قَـبْـرَ مَـعْـنٍ كَـيْـفَ وَارَيْـتَ جُـوْدَهُ ... وَقَـدْ كَـانَ مِـنْـهُ الْـبَرُّ وَالْـبَحْـرُ مُـتْـرَعَـا[4]

٥) وَالتَّذَكُّرِ، نَحْوُ:

أَيَـا مَـنْـزِلَـيْ سَــلْـمَى سَــلَامٌ عَـلَيْـكُـمَـا ... هَـلِ الْأَزْمُـنُ الـلَّاتِـي مَضَـيْـنَ رَوَاجِـعُ[5]

---

[1] الزجر المَنْعُ والنهيُ والانْتِهارُ، والمتاب مصدر ميمي من تاب، وأَلَمَّا همزة استفهام ولَمَّا النافية، وتصح فعل مضارع مجزوم من صحَا يَصحُو صَحْوًا، يقال صحا النَّائمُ إذا استيقظ وتنبَّه، وصحا السَّكرانُ إذا أفاق، وصحا القلبُ إذا تيقَّظ من غفلته. وأَلَمَّ من الإلمام، يقال أَلَمَّ الشّيءُ إذا قَرُبَ، والألف للوزن.

[2] يقال تضجر منه إذا تضايق منه. ويقال تحير إذا وَقَعَ فِي حَيْرَةٍ منه.

[3] الأطلال جمع الطَّلَلُ وهو ما بقي شَاخصًا من آثار الدِّيار ونحوها. والمطايا جمع مطية وهي ما يُركب ويمتطى كالبعير والنَّاقة.

[4] واريتَ من المؤاراة يقال واراه إذا أخْفَاه وفي التّنزيل ﴿قَدْ أَنزَلْنَا عَلَيْكُمْ لِبَاسًا يُوَارِى سَوْءَٰتِكُمْ﴾ ويقال وَارَاهُ التُّرَابَ إذا دَفَنَهُ كما قالت أمّ سليم: وَارُوا الصَّبِيَّ. ومُترع أي مملوء، يقال أَترَعَ الإِنَاءَ أو الكَأْسَ إذا مَلَأَهُ. ومن التّحسّر قوله تعالى ﴿قَالُوا۟ يَٰحَسْرَتَنَا عَلَىٰ مَا فَرَّطْنَا فِيهَا﴾ ومنه قوله تعالى ﴿يَٰحَسْرَةً عَلَى ٱلْعِبَادِ﴾

[5] منزلي تثنية من منزل سقطت منه النون للإضافة، والأَزْمُنُ جمع زمان، ورواجع جمع راجعة.

وممّا لم يذكر من أغراض النّداء غير الأصليّة:

الاختصاص: وهو ذكر اسم ظاهر بعد ضمير لبيانه، وقد يكون بأيها، نحو: قول كعب بن مالك في حديث تخلفه عن تبوك: وَنَهَى رَسُولُ اللهِ ﷺ الْمُسْلِمِينَ عَنْ كَلَامِنَا أَيُّهَا الثَّلَاثَةُ. ومنه ما روى مسلم من قول النّبي ﷺ: «إِنَّ لِكُلِّ أُمَّةٍ أَمِينًا، وَإِنَّ أَمِينَنَا أَيَّتُهَا الْأُمَّةُ أَبُو عُبَيْدَةَ بْنُ الْجَرَّاحِ»

...

[الْإِنْشَاءُ غَيْرُ الطَّلَبِيِّ]

وَغَيْرُ الطَّلَبِيِّ يَكُوْنُ بِالتَّعَجُّبِ[1] وَالْقَسَمِ وَصِيَغِ الْعُقُوْدِ، كَبِعْتُ وَاشْتَرَيْتُ، وَيَكُوْنُ بِغَيْرِ ذَلِكَ[2]. وَأَنْوَاعُ الْإِنْشَاءِ غَيْرِ الطَّلَبِيِّ لَيْسَتْ مِنْ مَبَاحِثِ عِلْمِ الْمَعَانِي؛ فَلِذَا ضَرَبْنَا صَفْحًا عَنْهَا.

وقد تحذف حرف يا كما في قوله تعالى ﴿رَحْمَتُ اللَّهِ وَبَرَكَٰتُهُۥ عَلَيْكُمْ أَهْلَ الْبَيْتِ﴾ ونحو: قوله ﷺ «إِنَّا مَعْشَرَ الأَنْبِيَاءِ لَا نُورَثُ، مَا تَرَكْتُ بَعْدَ مَئُونَةِ عَامِلِي، وَنَفَقَةِ نِسَائِي، صَدَقَةٌ»

وفي إعرابه وجه آخر، وهو أنّه منصوب على الاختصاص بفعل محذوف، نحو: أخصّ.

الاستغاثة: وهي نداء للنّصر من المنادى مثل ما روى أنّ رَجُلا مِنَ الْمُهَاجِرِينَ كَسَع -ضرب دُبُره بيده أو بصدر قدمه- رَجُلًا مِنَ الأنصارِ، فقال: الأنْصارِيُّ يا لَلأنصارِ، وقال الْمُهاجِرِيُّ: يا لَلْمُهاجِرِينَ.

التّوبيخ: ﴿يَٰٓأُخْتَ هَٰرُونَ مَا كَانَ أَبُوكِ امْرَأَ سَوْءٍ وَمَا كَانَتْ أُمُّكِ بَغِيًّا﴾ خاطَبُوهَا بِالْإِضَافَةِ إِلَيْهِ زِيَادَةً فِي التَّوْبِيخِ، أَيْ مَا كَانَ لِأُخْتِ مِثْلِهِ أَنْ تَفْعَلَ فِعْلَتَكَ.

التعجب: نحو: قوله تعالى ﴿كُلَّمَا دَخَلَ عَلَيْهَا زَكَرِيَّا الْمِحْرَابَ وَجَدَ عِندَهَا رِزْقًا ۖ قَالَ يَٰمَرْيَمُ أَنَّىٰ لَكِ هَٰذَا ۖ﴾

وذكر بعضهم التّلطّف والمزاح، ومنه قول النّبيّ ﷺ لعَلِيّ رضي الله عنه «اجْلِسْ يَا أَبَا تُرَابٍ!» حين غَاضَبَ يَوْمًا فَاطِمَةَ فَخَرَجَ ووَجَده النّبيّ ﷺ في المسجِد وعلى ظَهْره تُراب.

ومنه قول النّبي ﷺ لحُذَيْفة رضي الله عنه لَيْلَةَ الأَحْزَاب «قُمْ يَا نَوْمَانُ» -وهو فعلان من نام ينام-.

ومثله قول إبراهيم عليه السلام لأبيه ﴿يَٰٓأَبَتِ﴾ وقول نوح عليه السلام لبنيه ﴿يَٰبُنَيَّ﴾، وقال بعضهم إنّ منه قولَه تعالى ﴿يَٰٓأَيُّهَا الْمُزَّمِّلُ﴾

[1] ومن التّعجب ما هو القياسي وهو ما جاء على وزن ما أفعله، نحو: قوله تعالى ﴿فَمَآ أَصْبَرَهُمْ عَلَى النَّارِ﴾ وما جاء على وزن أفعل به، نحو: ﴿أَسْمِعْ بِهِمْ وَأَبْصِرْ﴾، منه ما هو سماعي كقولهم سبحان الله، نحو: ﴿سُبْحَٰنَكَ هَٰذَا بُهْتَٰنٌ عَظِيمٌ﴾ وقوله: لله درُّه.

[2] كالمدح، نحو: ﴿فَاعْلَمُوٓا أَنَّ اللَّهَ مَوْلَىٰكُمْ ۚ نِعْمَ الْمَوْلَىٰ وَنِعْمَ النَّصِيرُ﴾ والذّمّ، نحو: ﴿كَالْمُهْلِ يَشْوِى الْوُجُوهَ ۚ بِئْسَ الشَّرَابُ ۚ﴾ وأفعال الرّجاء، نحو: ﴿عَسَى اللَّهُ أَن يَعْفُوَ عَنْهُمْ﴾.

الْبَابُ الثَّانِيْ فِي الذِّكْرِ وَالْحَذْفِ

إِذَا أُرِيْدَ إِفَادَةُ السَّامِعِ حُكْمًا فَأَيُّ لَفْظٍ يَدُلُّ عَلَى مَعْنًى فِيْهِ فَالْأَصْلُ ذِكْرُه، وَأَيُّ لَفْظٍ عُلِمَ مِنَ الْكَلَامِ لِدَلَالَةِ بَاقِيْهِ عَلَيْهِ فَالْأَصْلُ حَذْفُهُ، وَإِذَا تَعَارَضَ هَذَانِ الْأَصْلَانِ فَلَا يُعْدَلُ عَنْ مُقْتَضَى أَحَدِهِمَا إِلَى مُقْتَضَى الْآخَرِ إِلَّا لِدَاعٍ.[1]

[دَوَاعِي الذِّكْرِ]

فَمِنْ دَوَاعِي الذِّكْرِ

١) زِيَادَةُ التَّقْرِيرِ وَالْإِيْضَاحِ[2]، نَحْوُ: ﴿أُولَٰٓئِكَ عَلَىٰ هُدًى مِّن رَّبِّهِمْ ۖ وَأُولَٰٓئِكَ هُمُ الْمُفْلِحُونَ﴾

٢) وَقِلَّةُ الثِّقَةِ بِالْقَرِيْنَةِ لِضَعْفِهَا أَوْ ضَعْفِ فَهْمِ السَّامِعِ، نَحْوُ: زَيْدٌ نِعْمَ الصَّدِيْقُ، تَقُوْلُ ذَلِكَ إِذَا سَبَقَ ذِكْرُ زَيْدٍ وَطَالَ عَهْدُ السَّامِعِ بِهِ، أَوْ ذُكِرَ مَعَهُ كَلَامٌ فِيْ شَأْنِ غَيْرِهِ.[3]

٣) وَالتَّعْرِيْضُ بِغَبَاوَةِ السَّامِعِ، نَحْوُ: عَمْرٌو قَالَ كَذَا، فِيْ جَوَابِ: مَاذَا قَالَ عَمْرٌو؟[4]

٤) وَالتَّسْجِيْلُ عَلَى السَّامِعِ حَتَّى لَا يَتَأَتَّى لَهُ الْإِنْكَارُ، كَمَا إِذَا قَالَ الْحَاكِمُ لِشَاهِدٍ: هَلْ أَقَرَّ زَيْدٌ هَذَا بِأَنَّ عَلَيْهِ كَذَا؟ فَيَقُوْلُ الشَّاهِدُ: نَعَمْ، زَيْدٌ هَذَا أَقَرَّ بِأَنَّ عَلَيْهِ كَذَا.[5]

---

[1] واعلم أنّ للبلاغيّين أسلوبَين في كتبهم، الأوّل ما سلك أصحاب كتابنا هذا من تبويب أبواب للذّكر والحذف، والتّقديم والتّأخير، والتّعريف والتّنكير. والأسلوب الثّاني تبويب بابين، باب في المسند إليه وباب في المسند، ثم ذكر الذّكر والحذف والتّقديم والتّأخير وغير ذلك تحت كلٍ من البابين.

[2] التّقرير التّوضيح، فذُكِر أولئك في الجملة الثّانية تقريرًا. ومثله ﴿قُلْ هُوَ اللَّهُ أَحَدٌ ۝١ اللَّهُ الصَّمَدُ ۝٢﴾ و﴿وَمَا تَدْرِي نَفْسٌ مَّاذَا تَكْسِبُ غَدًا ۖ وَمَا تَدْرِي نَفْسٌ بِأَيِّ أَرْضٍ تَمُوتُ ۚ﴾

[3] فالغالب في فعلي المدح والذّم ذكر الفاعل بعد الممدوح أو المذموم، وقلّما يُذكر معها المخصوص لدلالة السّابق عليه كما في قوله تعالى ﴿فَاعْلَمُوا أَنَّ اللَّهَ مَوْلَاكُمْ ۚ نِعْمَ الْمَوْلَىٰ وَنِعْمَ النَّصِيرُ﴾

[4] ولنا أن نقول مثله قوله تعالى ﴿قَالُوا أَأَنتَ فَعَلْتَ هَٰذَا بِآلِهَتِنَا يَا إِبْرَاهِيمُ ۝٦٢ قَالَ بَلْ فَعَلَهُ كَبِيرُهُمْ هَٰذَا فَاسْأَلُوهُمْ إِن كَانُوا يَنطِقُونَ ۝٦٣﴾ فلو قال كَبِيرُهُمْ أو قال هذا لكفى للقرينة في السّؤال، وإنّما ذكر الفعل تعريضًا لغباوتهم.

[5] والتّسجيل هو إثبات الأمر على شخص ما، والتّأتّي التهيّأ يعني لا يحصل له فرصة الإنكار.

٥) وَالتَّعَجُّبُ إِذَا كَانَ الحُكْمُ غَرِيْبًا، نَحْوُ: عَلِيٌّ يُقَاوِمُ الْأَسَدَ، تَقُوْلُ ذَلِكَ مَعَ سَبْقِ ذِكْرِهِ.

٦) وَالتَّعْظِيْمُ وَالْإِهَانَةُ إِذَا كَانَ اللَّفْظُ يُفِيْدُ ذَلِكَ، كَأَنْ يَسْأَلَكَ سَائِلٌ: هَلْ رَجَعَ الْقَائِدُ؟ فَتَقُوْلُ: رَجَعَ الْمَنْصُوْرُ أَوِ الْمَهْزُوْمُ.[١]

[دَوَاعِي الْحَذْفِ][٢]

وَمِنْ دَوَاعِي الْحَذْفِ:

---

[١] ومن أغراض الذّكر:

الرّدّ على المخاطَب، نحو: ﴿قَالَ مَنْ يُّحْيِ الْعِظَامَ وَهِيَ رَمِيْمٌ ۝٧٨ قُلْ يُحْيِيْهَا الَّذِيْٓ اَنْشَاَهَآ اَوَّلَ مَرَّةٍ ۗ وَهُوَ بِكُلِّ خَلْقٍ عَلِيْمٌ ۝٧٩﴾ فذكر يُحْيِيهَا ردّ على المخاطَب ولك أن تقول إنّه لزيادة التقرير.

والتّلذّذ، نحو: ﴿قَالَ فَمَا بَالُ الْقُرُوْنِ الْاُوْلٰى ۝٥١ قَالَ عِلْمُهَا عِنْدَ رَبِّيْ فِيْ كِتٰبٍ ۚ لَا يَضِلُّ رَبِّيْ وَلَا يَنْسَى ۝٥٢﴾ فذكر ربي ثانيًا للتّلذذ.

[٢] قد مرّ أنّ الأصل في الكلمة حذفها إذا دلّ عليها باقي الكلام. وذلك يكون لعدّة أمور:

إذا وقع جوابا لسؤال ودل السّؤال على المحذوف، نحو: ﴿وَلَىِٕنْ سَاَلْتَهُمْ مَّنْ خَلَقَ السَّمٰوٰتِ وَالْاَرْضَ وَسَخَّرَ الشَّمْسَ وَالْقَمَرَ لَيَقُوْلُنَّ ـــ اللّٰهُ﴾ أي خلقهنّ الله.

إذا كان أمرا ظاهرا، نحو: ﴿كَلَّآ اِذَا بَلَغَتِ ـــ التَّرَاقِيَ﴾ أي إذا بلغت الرّوح التراقي. ونحو: ﴿اِذْ عُرِضَ عَلَيْهِ بِالْعَشِيِّ الصّٰفِنٰتُ الْجِيَادُ ۝٣١ فَقَالَ اِنِّيْٓ اَحْبَبْتُ حُبَّ الْخَيْرِ عَنْ ذِكْرِ رَبِّيْ ۚ حَتّٰى تَوَارَتْ ـــ بِالْحِجَابِ ۝٣٢﴾ أي توارت الشّمس.

ومنه الاكتفاء، مثل قوله تعالى ﴿يٰٓاَيُّهَا النَّاسُ اتَّقُوْا رَبَّكُمُ الَّذِيْ خَلَقَكُمْ مِّنْ نَّفْسٍ وَّاحِدَةٍ وَّخَلَقَ مِنْهَا زَوْجَهَا وَبَثَّ مِنْهُمَا رِجَالًا كَثِيْرًا وَّنِسَاۤءً ـــ﴾ لم يوصف النِّساء بِكَثِيرٍ لِدَلالَةِ وصْفِ الرِّجالِ بِهِ.

ومنه المفعول لفعل المشيئة، نحو: ﴿وَلَوْ شَاۤءَ اللّٰهُ ـــ لَجَمَعَهُمْ عَلَى الْهُدٰى﴾ أي لو شاء الله جمْعَهم على الهدى، يحذف المفعول لدلالة جواب لو عليه. اللّهم إلّا أنه إذا كان أمرا غريبا يذكر مع فعل المشيئة وما في معناه

وقد يحذف المفعول لفعل إذا دلّ باقي الكلام عليه، نحو: سَأَلَ رَجُلُ النَّبِيَّ ـــ ﷺ فَأَعْطَاهُ غَنَمًا بَيْنَ جبلَيْنِ، فحذف المفعول لسأل لدلالة الجملة الثّانية عليه.

...

١) إخْفاءُ الْأَمْرِ عَنْ غَيْرِ الْمُخاطَبِ، نَحْوُ: أَقْبَلَ ـ، تُرِيْدُ عَلِيًّا مَثَلًا.[١]

٢) وَتَأَتِّي الْإِنْكارِ عِنْدَ الْحاجَةِ، نَحْوُ: ـ لَئِيْمٌ خَسِيْسٌ، بَعْدَ ذِكْرِ شَخْصٍ مُعَيَّنٍ.

٣) وَالتَّنْبِيْهُ عَلَى تَعْيِيْنِ الْمَحْذُوْفِ وَلَو ادِّعاءً، نَحْوُ: ﴿ـ خَالِقُ كُلِّ شَيْءٍ﴾ وَ ـ وَهّابُ الْأُلُوْفِ.[٢]

٤) وَاخْتِبارُ تَنَبُّهِ السّامِعِ أَوْ مِقْدارِ تَنَبُّهِهِ، نَحْوُ: نُوْرُهُ مُسْتَفادٌ مِنْ نُوْرِ الشَّمْسِ وَواسِطَةُ عِقْدِ الْكَواكِبِ.[٣]

٥) وَضِيْقُ الْمَقامِ

إِمّا لِتَوَجُّعٍ، نَحْوُ:

قَالَ لِيْ كَيْفَ أَنْتَ قُلْتُ ـ عَلِيْلُ　　سَهَرٌ دائِمٌ وَحُزْنٌ طَوِيْلُ[٤]

ومنه فعل القول، نحو: ﴿وَيَوْمَ يُعْرَضُ الَّذِيْنَ كَفَرُوْا عَلَى النَّارِ ـ أَلَيْسَ هٰذَا بِالْحَقِّ قَالُوْا بَلٰى وَرَبِّنَا قَالَ فَذُوْقُوا الْعَذَابَ بِمَا كُنْتُمْ تَكْفُرُوْنَ﴾ أي قال لهم: أَلَيْسَ هَذَا بِالْحَقِّ،

[١] ومنه قول سعد بن معاذ وسعد بن عبادة رضي الله عنهما: عَضَلٌ وَالْقَارَةُ، والقصّة بتمامها كما تلي من رواية بن هشام: بَعَثَ رَسُولُ اللهِ ﷺ سَعْدَ بْنَ مُعَاذٍ وَسَعْدَ ابْنَ عُبَادَةَ وَمَعَهُمَا عَبْدُ اللهِ بْنُ رَوَاحَةَ وَخَوَّاتُ بْنُ جُبَيْرٍ فَقَالَ ﷺ: انْطَلِقُوا حَتَّى تَنْظُرُوا، أَحَقٌّ مَا بَلَغَنَا عَنْ هَؤُلَاءِ الْقَوْمِ (أي بني قريظة) أَمْ لَا؟ يعني نقض العهد، فَإِنْ كَانَ حَقًّا فَالْحَنُوا لِي لَحْنًا أَعْرِفُهُ، وَلَا تَفُتُّوا فِي أَعْضَادِ النَّاسِ، وَإِنْ كَانُوا عَلَى الْوَفَاءِ فِيمَا بَيْنَنَا وَبَيْنَهُمْ فَاجْهَرُوا بِهِ لِلنَّاسِ. قَالَ: فَخَرَجُوا حَتَّى أَتَوْهُمْ، فَوَجَدُوهُمْ عَلَى أَخْبَثِ مَا بَلَغَهُمْ عَنْهُمْ، نَالُوا مِنْ رَسُولِ اللهِ ﷺ وَقَالُوا: مَنْ رَسُولُ اللهِ؟ لَا عَهْدَ بَيْنَنَا وَبَيْنَ مُحَمَّدٍ وَلَا عَقْدَ. فَشَاتَمَهُمْ سَعْدُ ابْنُ مُعَاذٍ وَشَاتَمُوهُ، وَكَانَ رَجُلًا فِيهِ حِدَّةٌ، فَقَالَ لَهُ سَعْدُ بْنُ عُبَادَةَ: دَعْ عَنْكَ مُشَاتَمَتَهُمْ، فَمَا بَيْنَنَا وَبَيْنَهُمْ أَرْبَى مِنَ الْمُشَاتَمَةِ. ثُمَّ أَقْبَلَ سَعْدٌ وَسَعْدٌ وَمَنْ مَعَهُمَا، إِلَى رَسُولِ اللهِ ﷺ فَسَلَّمُوا عَلَيْهِ، ثُمَّ قَالُوا: عَضَلٌ وَالْقَارَةُ، أَيْ كَغَدْرِ عَضَلٍ وَالْقَارَةِ بِأَصْحَابِ الرَّجِيعِ، خُبَيْبٍ وَأَصْحَابِهِ، فَقَالَ رَسُولُ اللهِ ﷺ: اللهُ أَكْبَرُ، أَبْشِرُوا يَا مَعْشَرَ الْمُسْلِمِينَ.

[٢] ومنه قوله تعالى ﴿ـ عٰلِمُ الْغَيْبِ وَالشَّهَادَةِ الْكَبِيْرُ الْمُتَعَالِ﴾ حذف المبتدأ لتعيينه.

[٣] المراد به نور القمر، وإنّما لم يذكره ليختبر السّامع.

[٤] العليل المريض، والسّهَر بفتح الهاء مصدر سهِر يسهر وهو عَدَمُ النَّوْمِ لَيْلًا. ومن الحذف لأجل ضيق المقام ...

وَإِمَّا لِخَوْفِ فَوَاتِ فُرْصَةٍ، نَحْوُ: قَوْلِ الصَّيَّادِ: ــ غَزَال[1]

٦) وَالتَّعْظِيمُ وَالتَّحْقِيرُ لِصَوْنِهِ عَنْ لِسَانِكَ، أَوْ صَوْنِ لِسَانِكَ عَنْهُ، فَالْأَوَّلُ نَحْوُ: ــ نُجُومُ سَمَاءٍ.

وَالثَّانِي، نَحْوُ: ــ قَوْمٌ إِذَا أَكَلُوْا أَخْفَوْا حَدِيْثَهُمْ.[2]

قوله تعالى ﴿فَأَقْبَلَتِ امْرَأَتُهُ فِي صَرَّةٍ فَصَكَّتْ وَجْهَهَا وَقَالَتْ ــ عَجُوزٌ عَقِيمٌ﴾ وكذلك قول يعقوب عليه السلام ﴿فَــ ــ صَبْرٌ جَمِيلٌ﴾ منه قول الشّاعر الحارث بن وعلة الذهلي:

قَوْمِي هُمْ قَتَلُوْا أُمَيْمَ أَخِي — فَإِذَا رَمَيْتُ يُصِيْبُنِي سَهْمِي

يقول يا أميمة، قومي هم الذين قتلوا أخي، فلوجعه حذف أداة النداء والتاء من المنادي.

[1] ويكثر ذلك في التّحذير، مثل قولك إياك والحَسَدَ ونحو: قوله تعالى ﴿فَقَالَ لَهُمْ رَسُوْلُ اللهِ ــ نَاقَةَ اللهِ وَسُقْيٰهَا﴾ وقريب من فوات الفرصة ما يُعبّر عنه بقولهم إسراع الجواب، نحو: قوله تعالى ﴿وَلَا تَنْفَعُ الشَّفَاعَةُ عِنْدَهٗٓ اِلَّا لِمَنْ اَذِنَ لَهٗ ۭ حَتّٰٓى اِذَا فُزِّعَ عَنْ قُلُوْبِهِمْ قَالُوْا مَاذَا ۙ قَالَ رَبُّكُمْ ۭ قَالُوا ــ الْحَقَّ ۚ وَهُوَ الْعَلِيُّ الْكَبِيْرُ﴾ أي قالوا قال ربكم القول الحق.

[2] قد لا يَذكر المتكلّم شخصًا أو قومًا بعينهم أو بأسمائهم، وذلك قد يكون لغرض التّحقير أي إنّهم في غاية الدّناءة فلا يحبّ أن يأتي على لسانه ذكر اسمهم،

وقد يكون للتّعظيم أي إنّهمْ في غاية العظَمة حتى لا يليق ذكر اسمه. ويكثر هذا في المدح في الشّعر، يذكر الشّاعر الممدوح في بيت ثم إذا أتى على ذكره ثانيا لا يذكره، نحو: قول قريط بن أنيف

لو كنت من مازن لم تستبح إبلي — بنو اللّقيطة من ذهل بن شيبانا

إذن لقام بنصري معشر خشن — عند الكريهة إن ذو لوثة لانا

ــ قومٌ إِذَا الشّر أبدى نَاجِزَيْه لهم — طَارُوا إِلَيْه زرافات ووحدانا

أي هم قوم، ويقال أبدى إذا كَشَفَه وأَظْهره، والناجزان سِنّان، زَرافة بفتح الزاء والجمع : زَرافات جماعةٌ من الناس.

ولك أن تقول أنّ منه قوله تعالى ﴿اَفَمَنْ هُوَ قَاۗىِٕمٌ عَلٰي كُلِّ نَفْسٍۢ بِمَا كَسَبَتْ ــ ۚ وَجَعَلُوْا لِلّٰهِ شُرَكَاۗءَ ۭ﴾ أي أَفَمَنْ هُوَ قَائِمٌ عَلَى كُلِّ نَفْسٍ بِمَا كَسَبَتْ كمن ليس كذلك.

٧) وَالْمُحَافَظَةُ عَلَى وَزْنٍ أَوْ سَجعٍ[1]، فَالْأَوَّلُ نَحْوُ:

نَحْنُ بِمَا عِنْدَنَا ـــ وَأَنْتَ بِمَا ... عِنْدَكَ رَاضٍ وَالرَّأْيُ مُخْتَلِفُ

وَالثَّانِي، نَحْوُ: ﴿مَا وَدَّعَكَ رَبُّكَ وَمَا قَلَىٰ ـــ﴾[2]

٨) وَالتَّعْمِيْمُ بِاخْتِصَارٍ، نَحْوُ: ﴿وَاللَّهُ يَدْعُوٓا ـــ إِلَىٰ دَارِ السَّلَٰمِ﴾ أَيْ جَمِيعَ عِبَادِهِ لِأَنَّ حَذْفَ الْمَعْمُوْلِ يُؤْذِنُ بِالْعُمُوْمِ.[3]

٩) وَالْأَدَبُ، نَحْوُ: قَوْلِ الشَّاعِرِ:

قَدْ طَلَبْنَا ـــ فَلَمْ نَجِدْ لَكَ فِي السُّؤْ ... دَدِ وَالْمَجْدِ وَالْمَكَارِمِ مَثَلًا[4]

١٠) وَتَنْزِيْلُ الْمُتَعَدِّي مَنْزِلَةَ اللَّازِمِ لِعَدَمِ تَعَلُّقِ الْغَرَضِ بِالْمَعْمُوْلِ، نَحْوُ: ﴿هَلْ يَسْتَوِى الَّذِينَ

---

[1] الوزن في الكلام مُوافِقته لِبَحْرٍ مِنْ بُحُورِ الشِّعْرِ العَرَبِيِّ فيكون البيتان موافقا في عدد الحروف والحركات والسّكنات.

والسجْع مصدر سجع يقل سَجَعَتِ الحَمَامَةُ إذا رَدَّدَتْ صَوْتَهَا عَلَى نَغْمَةٍ وَاحِدَةٍ، ويقال سَجَعَ في سَيْرِهِ إذا اِسْتَوَى واسْتَقَامَ لا يَمِيلُ عَنِ القَصْدِ، والكلام المسجع ما تَوافَقَ فيه الحَرْفُ الأخير أو الأحْرُف الأخيرَة.

[2] والأصل فيهما نحنُ بما عندنَا راضون، وَمَا قَلَاك.

[3] ومنه قوله تعالى ﴿فَمِنَ النَّاسِ مَن يَقُولُ رَبَّنَآ ءَاتِنَا فِى الدُّنْيَا ـــ﴾ حذف المفعول لأنّهم أرادوا كلّ شيء في الدّنيا حلالًا كان أو حرامًا، طيبًا كان أو خبيثًا، أمّا المؤمنون فقالوا ﴿رَبَّنَآ ءَاتِنَا فِى الدُّنْيَا حَسَنَةً وَفِى الْءَاخِرَةِ حَسَنَةً﴾ وذكر لفظ حسنة يشير إلى أنّهم إنّما أرادوا الحلال الطيب. ومنه قوله ﷺ «يَا أَيُّهَا النَّاسُ، أَفْشُوا السَّلَامَ، وَأَطْعِمُوا الطَّعَامَ ـــ ، وَصِلُوا الْأَرْحَامَ، وَصَلُّوا وَالنَّاسُ نِيَامٌ تَدْخُلُوا الْجَنَّةَ بِسَلَامٍ» فحذف المفعول الثّاني من قوله أطعموا الطعام يشير إلى أنّ الحضّ لعموم الإطعام.

[4] السُّؤدَد السِّيادةُ، والْمَجْدُ الشَّرَف، والمكارم جمع مَكرَمة وهو فعل الخير، لم يقل قدْ طَلَبْنا لك مثلًا في أوّل الأمر، إنّما ذكره بعد عدم الوجدان تأدبًا.

ومن هذا القبيل قوله تعالى ﴿عَبَسَ ـــ وَتَوَلَّىٰٓ﴾ لم يذكر الفاعل، وهو النّبي ﷺ تعظيما له وتوقّيا عن نسبة فعل غير مستحسَن إليه ﷺ، ولك أن تقول أنّ مثله قوله تعالى ﴿مَا وَدَّعَكَ رَبُّكَ وَمَا قَلَىٰ ـــ﴾ حيث احترز من نسبة القلى إليه. ومنه قوله عائشة رضي الله عنها «مَا رَأَيْتُ ـــ منه ولا رأى مِنِّي»

يَعْلَمُوْنَ ـــ وَالَّذِيْنَ لَا يَعْلَمُوْنَ ـــ ﴾[1].

وَيُعَدُّ مِنَ الْحَذْفِ إِسْنَادُ الْفِعْلِ إِلَى نَائِبِ الْفَاعِلِ، فَيُقَالُ حُذِفَ الْفَاعِلُ لِلْخَوْفِ مِنْهُ أَوْ عَلَيْهِ، أَوْ لِلْعِلْمِ بِهِ، أَوِ الْجَهْلِ، نَحْوُ: سُرِقَ الْمَتَاعُ، وَ﴿خُلِقَ الْإِنْسَانُ ضَعِيفًا﴾[2].

---

[1] ومنه قوله تعالى ﴿وَلَمَّا وَرَدَ مَآءَ مَدْيَنَ وَجَدَ عَلَيْهِ أُمَّةً مِّنَ النَّاسِ يَسْقُوْنَ ـــ وَوَجَدَ مِنْ دُوْنِهِمُ امْرَاَتَيْنِ تَذُوْدٰنِ ـــ قَالَ مَا خَطْبُكُمَا قَالَتَا لَا نَسْقِيْ ـــ حَتّٰى يُصْدِرَ الرِّعَآءُ وَاَبُوْنَا شَيْخٌ كَبِيْرٌ ﴿٢٣﴾ فَسَقٰى ـــ لَهُمَا ثُمَّ تَوَلّٰٓى اِلَى الظِّلِّ فَقَالَ رَبِّ اِنِّيْ لِمَآ اَنْزَلْتَ اِلَيَّ مِنْ خَيْرٍ فَقِيْرٌ ﴿٢٤﴾﴾ لم يذكر المفعول لفعل يسقون أو تذودان أو لا نسقي أو سقى لهما.

[2] ومنه قوله تعالى ﴿وَقِيْلَ يٰٓاَرْضُ ابْلَعِيْ مَآءَكِ وَيٰسَمَآءُ اَقْلِعِيْ وَغِيْضَ الْمَآءُ وَقُضِيَ الْاَمْرُ﴾ لم يذكر الفاعل لفعل قيل أو قضي للعلم به.

الْبَابُ الثَّالِثُ فِي التَّقْدِيمِ وَالتَّأْخِيرِ

مِنَ الْمَعْلُوْمِ أَنَّهُ لَا يُمْكِنُ النُّطْقُ بِأَجْزَاءِ الْكَلَامِ دَفْعَةً وَاحِدَةً، بَلْ لَا بُدَّ مِنْ تَقْدِيْمِ بَعْضِ الْأَجْزَاءِ وَتَأْخِيرِ الْبَعْضِ، وَلَيْسَ شَيْءٌ مِنْهَا فِي نَفْسِهِ أَوْلَى بِالتَّقَدُّمِ مِنَ الْآخَرِ لِاشْتِرَاكِ جَمِيْعِ الْأَلْفَاظِ مِنْ حَيْثُ هِيَ أَلْفَاظٌ فِي دَرَجَةِ الِاعْتِبَارِ، فَلَا بُدَّ مِنْ تَقْدِيْمِ هَذَا عَلَى ذَاكَ مِنْ دَاعٍ يُوْجِبُهُ.[1]

[1] للتّقديم والتّأخير وجهان، تقديم على نيّة التّأخير وتقديم على غير نيّة التأخير، فإيّاك في قوله تعالى ﴿إِيَّاكَ نَعْبُدُ﴾ مقدّم على نيّة التّأخير حيث يُعرَب مفعولا به ومقامه الأصلي بعد الفاعل. ومحمد في قوله تعالى ﴿مُحَمَّدٌ رَّسُوْلُ اللّٰهِ﴾ مقدم على غير نيّة التّأخير حيث هو مبتدأ ومقامه الأصلي قبل الخبر.

واعلم أنّ التّقديم والتّأخير يكونان في المسند إليه والمسند، وكذلك يكونان في العطف ومتعلّقات الفعل وبين الجمل. وذكر في الكتاب تسعة وجوه للتّقديم والتأخير، ولم يفرّقوا بين تقديم المسند إليه والمسند ومتعلّقات الفعل والمعطوف والجملة. ولما فيه من فوائد كثيرة نفصّل هذا البحث فنقول:

تقديم المسند إليه

الأصل في الجملة الاسميّة أن يكون المسند إليه – المبتدأ – مقدّمًا، نحو: ﴿مُحَمَّدٌ رَّسُوْلُ اللّٰهِ﴾ ومع ذلك قد يفيد:

١) التشويق إن كان في المسند إليه ما يشوّق المخاطب إلى معرفة المسند، نحو: ﴿إِنَّ أَكْرَمَكُمْ عِندَ اللّٰهِ أَتْقَىٰكُمْ﴾ فعند سَماع قوله تعالى ﴿إِنَّ أَكْرَمَكُمْ عِندَ اللّٰهِ﴾ يتشوّق المخاطبُ إلى معرفة من هو. ومثله ما رواه مالك في المؤطأ أنّ عمر بن الخطاب كتب إلى عماله: إنّ أهمّ أمرِكم عندي الصّلاة.

٢) التّخصيص

٣) تقوية الحكم

واعلم – رحمك الله – إذا قُدّم المسند إليه على المسند، والمسند فعل أو ما في معناه أعني اسمي فاعل ومفعول فهو لا يخلو عن ثلاث صور:

...

الأوّل أن يكون أداة النّفي قبل المسند إليه فهذا يفيد تخصيص النّفي عن المسند إليه يعني نفي صدور الفعل عن المسند إليه مع صدوره من فاعل آخر.

فانظر إلى قوله تعالى ﴿إِنَّ اللَّهَ يُسْمِعُ مَنْ يَشَاءُ ۖ وَمَا أَنْتَ بِمُسْمِعٍ مَنْ فِي الْقُبُورِ﴾ ففيه نفي الإسماع للموتى منه ﷺ، وإثباته لله تعالى.

ومنه قوله تعالى ﴿لَئِنْ بَسَطْتَ إِلَيَّ يَدَكَ لِتَقْتُلَنِي مَا أَنَا بِبَاسِطٍ يَدِيَ إِلَيْكَ لِأَقْتُلَكَ﴾ ففيه نفي بسط اليد من نفسه مع إشارة إلى احتمال وجوده من غيره.

وانظر قوله تعالى ﴿إِنِّي وَجَّهْتُ وَجْهِيَ لِلَّذِي فَطَرَ السَّمَاوَاتِ وَالْأَرْضَ حَنِيفًا وَمَا أَنَا مِنَ الْمُشْرِكِينَ﴾ فتقديم أداة النّفي تفيد التخصيص.

وانظر إلى قوله تعالى ﴿وَمَا أَنَا بِظَلَّامٍ لِلْعَبِيدِ﴾ ففيه تخصيص لنفي الظلم عن ذاته تعالى، وهذا يلائم قوله تعالى ﴿وَمَا ظَلَمَهُمُ اللَّهُ وَلَٰكِنْ أَنْفُسَهُمْ يَظْلِمُونَ﴾

الثّاني أن يكون المسند إليه قبل أداة النفي فهذا تفيد تقوية الحكم لتكرار الإسناد، إسناد المبتدأ إلى الخبر وإسناد الفاعل ضمير المسند إليه إلى الفعل، ولا يكون فيه تعريض بأنّ أحدا غير المسند إليه صدر منه الفعل.،

نحو: ﴿وَالَّذِينَ هُمْ بِرَبِّهِمْ لَا يُشْرِكُونَ﴾ ففيه تقوية لنفي حكم الشّرك عنهم.

وانظر إلى هذين الحديثين الذين رواهما أحمد: قالت عَائِشَةُ كَانَ رَسُولُ اللهِ ﷺ سَأَلَ زَيْنَبَ بِنْتَ جَحْشٍ عَنْ أَمْرِي (حين وقع عليها ما وقع من أمر الإفك): مَا عَلِمْتِ؟ قالتْ: يَا رَسُولَ اللهِ أَحْمِي سَمْعِي وَبَصَرِي، وَأَنَا مَا عَلِمْتُ إِلَّا خَيْرًا. فقولها أنا ما علمت تقوية للحكم دون التّخصيص فإنّها لو قالت ما أنا علمت إلّا خيرا لكان تخصيصًا لنفي العلم عنها وإثباته لغيرها.

الثالث أن يكون مثبتًا فهذا تفيد تقوية الحكم، نحو: ﴿وَإِنَّ فَرِيقًا مِنْهُمْ لَيَكْتُمُونَ الْحَقَّ وَهُمْ يَعْلَمُونَ﴾

واعلم أنّ هذه القاعدة –وغيرها من قواعد علم المعاني – ينبغي حمله على الغالب والأكثر، لا على القطع والإطلاق، فإنّك قد تجد أداة النفي المقدّمة على المسند إله تفيد تقوية الحكم دون التّخصيص،

وقد يقع المسند إليه قبل أداة النفي وتفيد التخصيص عند القرائن، نحو: ﴿إِنَّ اللَّهَ لَا يَخْفَىٰ عَلَيْهِ شَيْءٌ فِي الْأَرْضِ وَلَا فِي السَّمَاءِ﴾ ففي هذه الآية تقوية لنفي الخفاء عن الله تعالى، ومع ذلك يدلّ على تخصيص نفي الخفاء عن الله للقرينة.

...

وقد يقع المسند إليه قبل المسند ويفيد التّخصيص عند القرائن، نحو: ﴿وَاللَّهُ خَلَقَكُمْ ثُمَّ يَتَوَفَّكُمْ﴾

فائدة: تقوية الحكم من لوازم التّخصيص، فإذا كان التّقديم للتخصيص يدلّ على تقوية الحكم لا محالة.

٤) عُمومُ السَّلب

٥) سلْب العُمُوم

واعلم – رحمك الله – قد يجتمع في جملة واحدة أداةُ نفي وكلمةٌ دالّة على العموم –مثل كلّ أو جميع أو عامة أو حرف من حروف الزائدة.

فإن كانت كلمة العموم في المسند إليه ...

فإن وقع المسند إليه قبل المسند تفيد الجملةُ عمومَ السّلب يعني نفي وقوع الحكم عن كلّ فرد من المسند إليه.

وإن وقع المسند قبل المسند إليه تفيد سلب العموم يعني نفي وقوع الحكم عن بعض أفراد المسند إليه دون البعض.

وَإن كان كلمة العموم في غير المسند إليه تفيد سلب العموم.

ومن عموم السّلب ما روى مسلم عن أَبِي هُرَيْرَةَ أَنّ رَسُولَ اللهِ ﷺ صَلى صَلَاةَ الْعَصْرِ، فَسَلَّمَ فِي رَكْعَتَيْنِ، فَقَامَ ذُو الْيَدَيْنِ فَقَالَ: أَقُصِرَتِ الصَّلَاةُ يَا رَسُولَ اللهِ أَمْ نَسِيتَ؟ فَقَالَ رَسُولُ اللهِ ﷺ: «كُلُّ ذَلِكَ لَمْ يَكُنْ» فَقَالَ: قَدْ كَانَ بَعْضُ ذَلِكَ، يَا رَسُولَ اللهِ فَأَقْبَلَ رَسُولُ اللهِ ﷺ عَلَى النَّاسِ فَقَالَ: «أَصَدَقَ ذُو الْيَدَيْنِ؟» فَقَالُوا: نَعَمْ، يَا رَسُولَ اللهِ فَأَتَمَّ رَسُولُ اللهِ ﷺ مَا بَقِيَ مِنَ الصَّلَاةِ.

ومن عموم السّلب قول النّبي ﷺ: «كُلُّ أَمْرٍ ذِي بَالٍ لَا يُبْدَأُ فِيهِ بِالْحَمْدِ، أَقْطَعُ» ففيه أداة للعموم وهو كلّ، وفيه معنى السّلب وإن لم يكن لفظه، وقدم المسند إليه على المسند. وهذه قاعدة مُطَّرِدَة لا تخلف.

ومثله قول المحدث كُلُّهُمْ لَا يُؤْخَذُ عَنْهُ الْحَدِيثُ، فِيه عموم السّلب، فإن معناه أنّ كلّ واحد منهم لا يؤخذ عنه بلا استثناء،

أما قوله لا يؤخذ الحديث عن كلهم، ففيه سلب العموم فإنّ معناه أنه يؤخذ عن بعضهم دون البعض.

ومثله

مَا كُلُّ مَا يَتَمَنَّى الْمَرْءُ يُدرِكُه ... تَجْرِي الرِّيَاحُ بِمَا لا تَشْتَهِي السُّفُن

...

معناه أنّ المرء يدرك بعض ما تمناه ولا يدرك بعضه. ومثله

فَمَا كُلُّ مَنْ تَهْوَاهُ يَهْوَاكَ قَلْبُهُ ... وَلَا كُلُّ مَنْ صَافَيْتَهُ لَكَ قَدْ صَفَا

وقاعدة سلب العموم غير مطّردة –ويقال اطّردت القاعدة إذا عمّت وخلت من الشّذوذ– بل هي خاضعةٌ للسّياق، فقوله تعالى ﴿وَاللَّهُ لَا يُحِبُّ كُلَّ كَفَّارٍ أَثِيمٍ﴾ لعموم السّلب وإن كانت كلمة كلّ في غير المسند إليه.

تقديم المسند

وتقديم المسند في الاسميّة يفيد:

١) التّخصيص، نحو: ﴿لِلَّهِ الْأَمْرُ﴾ ونحو: ﴿لَكُمْ دِينُكُمْ وَلِيَ دِينِ﴾

٢) والتّشويق إلى المتأخّر، نحو: ﴿إِنَّ فِي خَلْقِ السَّمَاوَاتِ وَالْأَرْضِ وَاخْتِلَافِ اللَّيْلِ وَالنَّهَارِ وَالْفُلْكِ الَّتِي تَجْرِي فِي الْبَحْرِ بِمَا يَنْفَعُ النَّاسَ وَمَا أَنْزَلَ اللَّهُ مِنَ السَّمَاءِ مِنْ مَاءٍ فَأَحْيَا بِهِ الْأَرْضَ بَعْدَ مَوْتِهَا وَبَثَّ فِيهَا مِنْ كُلِّ دَابَّةٍ وَتَصْرِيفِ الرِّيَاحِ وَالسَّحَابِ الْمُسَخَّرِ بَيْنَ السَّمَاءِ وَالْأَرْضِ لَآيَاتٍ لِقَوْمٍ يَعْقِلُونَ﴾

ومثله قول النّبي ﷺ: «كلِمَتَانِ حَبِيبَتَانِ إِلَى الرَّحْمَنِ، خَفِيفَتَانِ عَلَى اللِّسَانِ، ثَقِيلَتَانِ فِي المِيزَانِ: سُبْحَانَ اللهِ وَبِحَمْدِهِ، سُبْحَانَ اللهِ العَظِيمِ»

تقديم القيود

يقدَّم المفعول وبقيّةُ القيود لغرَض من الأغراض الآتية:

١) للتّخصيص، نحو: ﴿إِيَّاكَ نَعْبُدُ وَإِيَّاكَ نَسْتَعِينُ﴾

٢) وقد يكون للعِناية والاهتمام، نحو: ﴿فَأَمَّا الْيَتِيمَ فَلَا تَقْهَرْ ۝٩ وَأَمَّا السَّائِلَ فَلَا تَنْهَرْ ۝١٠﴾

٣) وقد يكون توقّيا من إخلال المعنى، نَحْو: ﴿وَقَالَ رَجُلٌ مُؤْمِنٌ مِنْ آلِ فِرْعَوْنَ يَكْتُمُ إِيمَانَهُ﴾ فقوله مِنْ آلِ فِرْعَوْنَ مقدّم على يكتم إيمانه لئلّا يوهم أنّ الكتمان كان من آل فرعون فإنّ المقصود أنّه من آل فرعون.

تقديم أحد المتعاطفين على الآخر

ولا بدّ من تقديم أحد المتعاطِفين على الآخر فيُقدّم للأغراض الآتية:

١) سلوك سبيل الترقّي، نحو: ﴿رَبِّ اغْفِرْ لِي وَلِوَالِدَيَّ وَلِمَنْ دَخَلَ بَيْتِيَ مُؤْمِنًا وَلِلْمُؤْمِنِينَ ...

فَمِنَ الدَّوَاعِي:

١) التَّشْوِيْقُ إِلَى الْمُتَأَخِّرِ إِذَا كَانَ الْمُتَقَدِّمُ مُشْعِرًا بِغَرَابَةٍ، نَحْوُ:

وَالَّـــذِيْ حَـــارَتِ الْبَرِيَّـــةُ فِيْـــهِ حَيَـــوَانٌ مُسْـــتَحْدَثٌ مِـــنْ جَمَـــادِ[1]

٢) وَتَعْجِيْلُ الْمَسَرَّةِ أَوِ الْمَسَاءَةِ، نَحْوُ: الْعَفْوُ عَنْكَ صَدَرَ بِهِ الْأَمْرُ، أَوِ الْقِصَاصُ حَكَمَ بِهِ

وَالْمُؤْمِنٰتِ﴾

٢) تعجيل المَسرّة، نحو: ﴿إِذْ قَالَ اللّٰهُ يٰعِيسٰى اِنّ۪ي مُتَوَفّ۪يكَ وَرَافِعُكَ اِلَيَّ وَمُطَهِّرُكَ مِنَ الَّذ۪ينَ كَفَرُوا﴾ قُدّم الوفاة ليَعلمَ أنّه غير مقتول.

٣) مراعاة التّرتيب ...

الوجوديّ، نحو: ﴿لَا تَأْخُذُهُ سِنَةٌ وَلَا نَوْمٌ﴾

أو الزّمانيّ، نَحْوُ: ﴿اِنَّ اَوْلَى النَّاسِ بِاِبْرٰه۪يمَ لَلَّذ۪ينَ اتَّبَعُوهُ وَهٰذَا النَّبِيُّ﴾

٤) الأدب والتّعظيم، نحو: ﴿وَمَنْ يُطِعِ اللّٰهَ وَالرَّسُولَ﴾

٥) الاهتمام، نحو: ﴿وَاعْلَمُوا اَنَّمَا اَمْوَالُكُمْ وَاَوْلَادُكُمْ فِتْنَةٌ﴾ قُدّم الأموال لأنّ في اكتسابه شغلا شاغلا.

تقديم جملة على جملة

وقد تقدّم الجملة على الأخرى لغرض، نحو:

١) تعجيل المسرّة، نحو: ﴿عَفَا اللّٰهُ عَنْكَۚ لِمَ اَذِنْتَ لَهُمْ﴾

٢) العظَمة والاهتمام، نحو: ﴿اَط۪يعُوا اللّٰهَ وَاَط۪يعُوا الرَّسُولَ﴾ ونحو: ﴿يَهَبُ لِمَنْ يَشَاءُ اِنَاثًا وَيَهَبُ لِمَنْ يَشَاءُ الذُّكُورَ﴾ قُدّم الإناث حثّا لهم على الإحسان إليهنّ.

[1] يقال حارَ يَحار حَيْرةً وحَيَرانًا إذا تردّد واضطرب، والبَرِيّة الْخَلْق جمعها بَرايا، وفي التّنزيل ﴿اُولٰٓئِكَ هُمْ شَرُّ الْبَرِيَّةِ﴾، ويقال اسْتَحْدَثَهُ إذا أَحْدثه أي أوجده، والجماد ما لا حياة فيه.

والمراد بالحيوان الإنسان الخارج من الجدث يوم البعث كما يدلّ عليه البيت الّذي قبله

بَـــانَ أَمْـــرُ الْإِلَـــهِ وَاخْتَلَـــفَ النَّـــا سُ فَـــدَاعٍ إِلَـــى ضَـــلَالٍ وَهَـــادِي

الْقَاضِيْ.

٣) وَكَوْنُ الْمُتَقَدِّمِ مَحطَّ الْإِنْكَارِ وَالتَّعَجُّبِ، نَحْوُ: أَبَعْدَ طُوْلِ التَّجْرِبَةِ تَنْخَدِعُ بِهَذِهِ الزَّخَارِفِ.

٤) وَسُلُوْكُ سَبِيْلِ التَّرَقِّيْ أَيْ الْإِتْيَانُ بِالْعَامِّ أَوَّلًا ثُمَّ الْخَاصِّ بَعْدَهُ، لِأَنَّ الْعَامَّ إِذَا ذُكِرَ بَعْدَ الْخَاصِّ لَا يَكُوْنُ لَهُ فَائِدَةٌ، نَحْوُ: هَذَا الْكَلَامُ صَحِيْحٌ فَصِيْحٌ بَلِيْغٌ. فَإِذَا قُلْتَ فَصِيْحٌ بَلِيْغٌ، لَا تَحْتَاجُ إِلَى ذِكْرِ صَحِيْحٍ. وَإِذَا قُلْتَ بَلِيْغٌ، لَا تَحْتَاجُ إِلَى ذِكْرِ صَحِيْحٍ وَلَا فَصِيْحٍ.

٥) وَمُرَاعَاةُ التَّرْتِيْبِ الْوُجُوْدِيِّ، نَحْوُ: ﴿لَا تَأْخُذُهُ سِنَةٌ وَلَا نَوْمٌ﴾.

٦) وَالنَّصُّ عَلَى عُمُوْمِ السَّلْبِ، أَوْ سَلْبِ الْعُمُوْمِ.

فَالْأَوَّلُ يَكُوْنُ بِتَقْدِيْمِ أَدَاةِ الْعُمُوْمِ عَلَى أَدَاةِ النَّفْيِ، نَحْوُ: كُلُّ ذَلِكَ لَمْ يَكُنْ، أَيْ لَمْ يَقَعْ هَذَا وَلَا ذَاكَ.

وَالثَّانِي يَكُوْنُ بِتَقْدِيْمِ أَدَاةِ النَّفْيِ عَلَى أَدَاةِ الْعُمُوْمِ، نَحْوُ: لَمْ يَكُنْ كُلُّ ذَلِكَ، أَيْ لَمْ يَقَعِ الْمَجْمُوْعُ، فَيَحْتَمِلُ ثُبُوْتَ الْبَعْضِ، وَيَحْتَمِلُ نَفْيَ كُلِّ فَرْدٍ.

٧) وَتَقْوِيَةُ الْحُكْمِ إِذَا كَانَ الْخَبَرُ فِعْلًا، نَحْوُ: الْهِلَالُ ظَهَرَ. وَذَلِكَ لِتَكْرَارِ الْإِسْنَادِ.

٨) وَالتَّخْصِيْصُ، نَحْوُ: مَا أَنَا قُلْتُ، وَ﴿إِيَّاكَ نَعْبُدُ﴾.

٩) وَالْمُحَافَظَةُ عَلَى وَزْنٍ أَوْ سَجعٍ، فَالْأَوَّلُ نَحْوُ:

إِذَا نَطَقَ السَّفِيْهُ فَلَا تُجِبْهُ ... فَخَيْرٌ مِنْ إِجَابَتِهِ السُّكُوْتُ[1]

وَالثَّانِي، نَحْوُ: ﴿خُذُوهُ فَغُلُّوهُ ۝٣٠ ثُمَّ الْجَحِيمَ صَلُّوهُ ۝٣١ ثُمَّ فِي سِلْسِلَةٍ ذَرْعُهَا سَبْعُونَ ذِرَاعًا فَاسْلُكُوهُ ۝٣٢﴾.

وَلَمْ يُذْكَرْ لِكُلٍّ مِنَ التَّقْدِيْمِ وَالتَّأْخِيْرِ دَوَاعٍ خَاصَّةٌ لِأَنَّهُ إِذَا تَقَدَّمَ أَحدُ رُكْنَي الْجُمْلَةِ تَأَخَّرَ الْآخَرُ،

---

[1] والشّعر للشّافعيّ رَحِمَهُ اللهُ وتمامه كما يلي:

إذا نَطَقَ السَّفِيْهُ فلا تُجِبْهُ ... فَخَيْرٌ مِنْ إجابَتِهِ السُّكُوْتُ

فَإِنْ كَلَّمْتَهُ فَرَّجْتَ عَنْهُ ... وَإِنْ خَلَّيْتَهُ كَمَدًا يَمُوْتُ

فَهُمَا مُتَلَازِمَانِ.

الْبَابُ الرَّابِعُ فِي التَّعْرِيْفِ وَالتَّنْكِيرِ

إِذَا تَعَلَّقَ الْغَرَضُ بِتَفْهِيْمِ الْمُخَاطَبِ ارْتِبَاطَ الْكَلَامِ بِمُعَيَّنٍ فَالْمَقَامُ لِلتَّعْرِيْفِ، وَإِذَا لَمْ يَتَعَلَّقِ الْغَرَضُ بِذَلِكَ فَالْمَقَامُ لِلتَّنْكِيْرِ.

[الْمَعَارِفُ]

وَلِتَفْصِيلِ هَذَا الْإِجْمَالِ نَقُوْلُ مِنَ الْمَعْلُوْمِ أَنَّ الْمَعَارِفَ الضَّمِيْرُ، وَالْعَلَمُ، وَاسْمُ الْإِشَارَةِ، وَالِاسْمُ الْمَوْصُوْلُ، وَالْمُحَلَّى بِأَلْ، وَالْمُضَافُ لِوَاحِدٍ مِمَّا ذُكِرَ، وَالْمُنَادَى.

[الضَّمِيْرُ]

أَمَّا الضَّمِيرُ، فَيُؤْتَى بِهِ لِكَوْنِ الْمَقَامِ لِلتَّكَلُّمِ أَوِ الْخِطَابِ أَوِ الْغَيْبَةِ[١] مَعَ الِاخْتِصَارِ، نَحْوُ: أَنَا رَجَوْتُكَ فِي هَذَا الْأَمْرِ، وَأَنْتَ وَعَدْتَنِي بِإِنْجَازِهِ.

وَالْأَصْلُ فِي الْخِطَابِ أَنْ يَكُوْنَ لِمُشَاهَدٍ مُعَيَّنٍ،

وَقَدْ يُخَاطَبُ ...

غَيْرُ الْمُشَاهَدِ إِذَا كَانَ مُسْتَحْضَرًا فِي الْقَلْبِ، نَحْوُ: ﴿إِيَّاكَ نَعْبُدُ﴾.

وَغَيْرُ الْمُعَيَّنِ إِذَا قُصِدَ تَعْمِيْمُ الْخِطَابِ لِكُلِّ مَنْ يُمْكِنُ خِطَابُهُ[٢]، نَحْوُ: اللَّئِيْمُ مَنْ إِذَا أَحْسَنْتَ إِلَيْهِ

---

[١] نحو: ﴿أَنَا اللّٰهُ﴾ ونحو: ﴿أَنْتَ مَوْلٰنَا﴾ ونحو: ﴿هُوَ عَلٰى كُلِّ شَىْءٍ قَدِيْرٌ﴾

[٢] أي قد يخاطَب غير المعيّن، ومثله ﴿وَلَوْ تَرٰى اِذْ وُقِفُوْا عَلَى النَّارِ﴾، ونحو: ﴿اَلَمْ تَرَوْا كَيْفَ خَلَقَ اللّٰهُ سَبْعَ سَمٰوٰتٍ طِبَاقًا﴾ ومنه قول النبي ﷺ: «إِذَا لَمْ تَسْتَحْيِ، فَاصْنَعْ مَا شِئْتَ» فالخطاب متوجّه إلى كلّ من يصلح له الخطاب ولكن على سبيل البدليّة، لا على أنّه يتناول المخاطبين جميعًا.

واعلم أنّه لا بدّ للضّمير الغائب من مرجع، نَحْوُ ﴿اَللّٰهُ لَآ اِلٰهَ اِلَّا هُوَ﴾ إلّا في موضعين:

الأوّل أن يكون واضحًا، نحو: ﴿كُلُّ مَنْ عَلَيْهَا فَانٍ﴾ فالمراد به الأرض ولم يسبق لها ذكر.

والثّاني أن يكون ضمير شأن، نحو: ﴿قُلْ هُوَ اللّٰهُ اَحَدٌ﴾

واعلم أن من عادة العرب أنّهم قد يقدّمون على الجملة ضميرا تفسّره الجملة بعده، ويسمّى ضمير الشّأن، ...

أَسَاءَ إِلَيْكَ.

[الْعَلَمُ]

وَأَمَّا الْعَلَمُ[1] فَيُؤْتَى بِهِ لِإِحْضَارِ مَعْنَاهُ فِي ذِهْنِ السَّامِعِ بِاسْمِهِ الْخَاصِّ، نَحْوُ: ﴿وَإِذْ يَرْفَعُ إِبْرَٰهِيمُ الْقَوَاعِدَ مِنَ الْبَيْتِ وَإِسْمَٰعِيلُ﴾

وَقَدْ يُقْصَدُ بِهِ مَعَ ذَلِكَ أَغْرَاضٌ أُخْرَى:

كَالتَّعْظِيمِ فِي نَحْوِ: رَكِبَ سَيْفُ الدَّوْلَةِ،

وَالْإِهَانَةِ فِي نَحْوِ: ذَهَبَ صَخْرٌ،

وَالْكِنَايَةِ عَنْ مَعْنًى يَصْلُحُ اللَّفْظُ لَهُ فِي نَحْوِ ﴿تَبَّتْ يَدَا أَبِي لَهَبٍ﴾[2].

[اِسْمُ الْإِشَارَةِ]

وَأَمَّا اسْمُ الْإِشَارَةِ فَيُؤْتَى بِهِ إِذَا تَعَيَّنَ طَرِيقًا لِإِحْضَارِ مَعْنَاهُ، كَقَوْلِكَ بِعْنِي هَذَا مُشِيرًا إِلَى شَيْءٍ لَا تَعْرِفُ لَهُ اسْمًا وَلَا وَصْفًا.[3]

أَمَّا إِذَا لَمْ يَتَعَيَّنْ طَرِيقًا لِذَلِكَ فَيَكُونُ لِأَغْرَاضٍ أُخْرَى:

١) كَإِظْهَارِ الِاسْتِغْرَابِ، نَحْوُ:

ويسمّيه الكوفيون ضمير المجهول، وذلك في مواضع التّفخيم والتّعظيم.

منه قوله تعالى ﴿وَمَنْ أَظْلَمُ مِمَّنِ افْتَرَىٰ عَلَى اللَّهِ كَذِبًا أَوْ كَذَّبَ بِآيَاتِهِ ۗ إِنَّهُ لَا يُفْلِحُ الظَّالِمُونَ ﴿٢١﴾﴾

وقد يكون في فعل المدح أو الذم ضمير مبهم يفسره التمييز بعده، نحو: ﴿وَسَاءَتْ مَصِيرًا﴾

[1] أصل العَلَم الجبل ويستعمل للعلامة والأثر واللّواء.

[2] فقوله تعالى أبا لهب لم يذكر لإحضار معناه فحسب، بل ذكر لفائدة أخرى وهو أنّ اسمه يلائم مأواه، فإنّ اللّهب ما يرتفع من النّار.

وهبْ أنّ امرأة اسمها هدى، فخرج من البيت، أو تزوج وترك بيت أبيها، لو قال أحد: ذهب بنتك، ذلك لا يؤتي الفائدة كما في قوله ذهب عنك الهدى.

[3] مثاله قوله تعالى ﴿وَعَلَّمَ آدَمَ الْأَسْمَاءَ كُلَّهَا ثُمَّ عَرَضَهُمْ عَلَى الْمَلَائِكَةِ فَقَالَ أَنبِئُونِي بِأَسْمَاءِ هَٰؤُلَاءِ إِن كُنتُمْ صَادِقِينَ﴾ كانت الملائكة جاهلين عن أسماء ما عرض الله عليهم فتعين اسم الإشارة طريقا لإحضار المعنى.

كَمْ عَاقِلٍ عَاقِلٍ أَعْيَتْ مَذَاهِبُهُ ... وَجَاهِلٍ جَاهِلٍ تَلْقَاهُ مَرْزُوْقًا

هَذَا الَّذِيْ تَرَكَ الْأَوْهَامَ حَائِرَةً ... وَصَيَّرَ الْعَالِمَ النِّحْرِيْرَ زِنْدِيْقًا[1]

٢) وَكَمَالِ الْعِنَايَةِ بِهِ، نَحْوُ:

هَذَا الَّذِيْ تَعْرِفُ الْبَطْحَاءُ وَطْأَتَهُ ... وَالْبَيْتُ يَعْرِفُهُ وَالْحِلُّ وَالْحَرَمُ[2]

٣) وَبَيَانِ حَالِهِ فِي الْقُرْبِ وَالْبُعْدِ، نَحْوُ: هَذَا يُوْسُفُ، وَذَاكَ أَخُوْهُ، وَذَلِكَ غُلَامُهُ.

٤) وَالتَّعْظِيمِ، نَحْوُ: ﴿إِنَّ هَٰذَا الْقُرْآنَ يَهْدِي لِلَّتِي هِيَ أَقْوَمُ﴾ و﴿ذَٰلِكَ الْكِتَابُ لَا رَيْبَ ۛ فِيهِ ۛ﴾[3]

٥) وَالتَّحْقِيرِ، نَحْوُ: ﴿أَهَٰذَا الَّذِي يَذْكُرُ آلِهَتَكُمْ﴾، ﴿فَذَٰلِكَ الَّذِي يَدُعُّ الْيَتِيمَ﴾[4]

---

[1] كم خبريّة وعاقل كرر للتأكيد، وكم مع مجرورها مبتدأ، وأَعْيَا الرّجلُ أو البعِيرُ في سَيْرِه تَعِبَ تَعَبًا شديدًا وأعْيَا عليه الأمرُ أعجزه فلم يهتدِ لوجهه، والأوهام جمع الوهْم وهو ما يقع في الذِّهن من الخاطر، والنِّحرير بكسر النون الفاطن الحذق العاقل، والزنديق من ينكر الدين.

الشاهد في قوله هذا، فقد عبر عن المسند إليه باسم الإشارة وكان ظاهر الحال يقتضي أن يعبر عنه بالضمير أعني هما. وإنّما عدل عن الضمير لكمال العناية.

[2] البطحاء المكان المتَّسع يمرّ به السّيل، وهنا المقصود بطحاء مكة، والوطأة أثَرُ القَدمِ. والشّاعر هو الفرزدق والممدوح زيد العابدين علي بن الحسين بن علي بن أبي طالب رضي الله عنه.

كان المقتضي أن يقول هو الذي، وعدل عنه للدلالة على كمال العناية، ومثله قوله تعالى ﴿مَثَلُ الْجَنَّةِ الَّتِي وُعِدَ الْمُتَّقُونَ ۖ تَجْرِي مِن تَحْتِهَا الْأَنْهَارُ ۖ أُكُلُهَا دَائِمٌ وَظِلُّهَا ۚ تِلْكَ عُقْبَى الَّذِينَ اتَّقَوا ۖ وَّعُقْبَى الْكَافِرِينَ النَّارُ﴾ وقوله ﴿وَمَا كُنتُمْ تَسْتَتِرُونَ أَن يَشْهَدَ عَلَيْكُمْ سَمْعُكُمْ وَلَا أَبْصَارُكُمْ وَلَا جُلُودُكُمْ وَلَٰكِن ظَنَنتُمْ أَنَّ اللَّهَ لَا يَعْلَمُ كَثِيرًا مِّمَّا تَعْمَلُونَ ﴿٢٢﴾ وَذَٰلِكُمْ ظَنُّكُمُ الَّذِي ظَنَنتُم بِرَبِّكُمْ أَرْدَاكُمْ فَأَصْبَحْتُم مِّنَ الْخَاسِرِينَ ﴿٢٣﴾﴾

[3] ومنه قول امرأة العزيز ﴿قَالَتْ فَذَٰلِكُنَّ الَّذِي لُمْتُنَّنِي فِيهِ﴾ أرادت أنّ تدل على رفعة شأن يوسف فجاءت باسم الإشارة للبعيد، ومنه

[4] منه قوله تعالى ﴿إِنَّ هَٰؤُلَاءِ لَشِرْذِمَةٌ قَلِيلُونَ﴾

[اِسْمُ الْمَوْصُوْلِ]

وَأَمَّا الْمَوْصُوْلُ فَيُؤْتَى بِهِ إِذَا تعَيَّنَ طَرِيْقًا لِإِحْضَارِ مَعْنَاهُ، كَقَوْلِكَ الَّذِيْ كَانَ مَعَنَا أَمْسِ مُسَافِرٌ، إِذَا لَمْ تكُنْ تَعرِفُ اسمَهُ[1]. أَمَّا إِذَا لَمْ يَتعَيَّنْ طَرِيْقًا لِذَلِكَ فَيَكُوْنُ لِأَغْرَاضٍ أُخْرَى:

١) كَالتَّعْلِيْلِ، نَحْوُ: ﴿إِنَّ الَّذِينَ آمَنُوا وَعَمِلُوا الصَّالِحَاتِ كَانَتْ لَهُمْ جَنَّاتُ الْفِرْدَوْسِ نُزُلًا﴾[2]

٢) وَإِخْفَاءِ الْأَمْرِ عَنْ غَيرِ الْمُخَاطَبِ، نَحْوُ:

وأَخَـذْتُ مَـا جَـادَ الْأَمِـيْـرُ بِـهِ   وَقَضَـيْتُ حَاجَـاتِي كَمَـا أَهْـوَى[3]

٣) وَالتَّنْبِيْهِ عَلَى الْخَطَأِ، نَحْوُ:

إِنَّ الَّـذِيْـنَ تَـرَوْنَـهُـمْ إِخْـوَانَـكُـمْ   يَشْـفِيْ غَلِيْلَ صُـدُوْرِهِمْ أَنْ تُصْـرَعُوا[4]

٤) وَتَفْخِيْمِ شَأْنِ الْمَحْكُوْمِ بِهِ، نَحْوُ:

إِنَّ الَّـذِيْ سَـمَـكَ السَّـمَـاءَ بَنَى لَنَا   بَـيْـتًـا دَعَـائِـمُـهُ أَعَـزُّ وَأَطْـوَلُ[5]

٥) وَالتَّهْوِيْلِ تَعْظِيْمًا وَتَحْقِيْرًا نَحْوُ: ﴿فَغَشِيَهُمْ مِنَ الْيَمِّ مَا غَشِيَهُمْ﴾[6] وَنَحْوُ: مَنْ لَمْ يَدْرِ حَقِيْقَةَ

---

[1] منه قوله تعالى ﴿فَأَصْبَحَ فِي الْمَدِينَةِ خَائِفًا يَتَرَقَّبُ فَإِذَا الَّذِي اسْتَنْصَرَهُ بِالْأَمْسِ يَسْتَصْرِخُهُ ۚ قَالَ لَهُ مُوسَىٰ إِنَّكَ لَغَوِيٌّ مُبِينٌ﴾ تعين الموصول طريقًا لإحضار المعنى لأنّ السّامعين لا يعرفون له اسم.

[2] ومثله ﴿إِنَّ الَّذِينَ يَسْتَكْبِرُونَ عَنْ عِبَادَتِي سَيَدْخُلُونَ جَهَنَّمَ دَاخِرِينَ﴾

[3] يقال جاد فلان به إذا سخا به وبذله، وقريب منه ما يُستهجن ذكره، نحو: قوله ﷺ «مَنْ يَضْمَنْ لِي مَا بَيْنَ لَحْيَيْهِ وَمَا بَيْنَ رِجْلَيْهِ أَضْمَنْ لَهُ الْجَنَّةَ»

[4] شَفَى يَشْفِي شِفَاءً، والغَلِيْل الحِقْد والضِّغْن مثل الغِلِّ وفي التّنزيل ﴿وَنَزَعْنَا مَا فِي صُدُورِهِمْ مِنْ غِلٍّ﴾، ويقال صرَع الشَّخصَ إذا طرحه على الأرض، وصَرَعَ الرَّجُلُ عَدُوَّهُ إذا أَرْدَاهُ قَتِيلاً.

[5] يقال سَمَكَ البِنَاءَ إذا رَفَعَهُ وأَعْلاَهُ من سمك يسمُك سَمْكًا وسُمُوكًا، والدعائم جمع دِعَامة بالكسر وهو العمود. ومن تفخيم الشّأن ﴿وَاتَّقُوا الَّذِي خَلَقَكُمْ وَالْجِبِلَّةَ الْأَوَّلِينَ﴾ ومنه قوله تعالى ﴿أَأَمِنْتُمْ مَنْ فِي السَّمَاءِ﴾

[6] ومثله ﴿إِذْ يَغْشَى السِّدْرَةَ مَا يَغْشَىٰ﴾

الْحَالِ قَالَ مَا قَالَ.

٦) وَالتَّهَكُّمِ، نَحْوُ: ﴿يَاأَيُّهَا الَّذِي نُزِّلَ عَلَيْهِ الذِّكْرُ إِنَّكَ لَمَجْنُونٌ﴾[١].

[اَلْمُحَلَّى بِاللَّامِ]

وَأَمَّا الْمُحَلَّى بِأَلْ[٢]، فَيُؤْتَى بِهِ إِذَا كَانَ الْغَرَضُ

---

[١] ومن أغراض اسم الموصول زيادة تقرير الغرض الّذي سيق الكلام لأجله مثل ﴿وَرَاوَدَتْهُ الَّتِي هُوَ فِي بَيْتِهَا عَنْ نَفْسِهِ﴾ فسيق الكلام لبيان عفّة يوسف عليه السّلام، فكونه في بيتها معها عهد وليس بينهما حجاب آكد وأبلغ في الغرَض. ولو قال روادته امرأة العزيز ما حصل ذلك. ومنها استهجان الذّكر، نحو: ﴿يَاأَيُّهَا الَّذِينَ آمَنُوا لَا تَكُونُوا كَالَّذِينَ آذَوْا مُوسَى فَبَرَّأَهُ اللهُ مِمَّا قَالُوا وَكَانَ عِنْدَ اللهِ وَجِيهًا﴾

[٢] هل الأصل الألف مع اللّام أو اللّام وحدها فقولان، وتفصيل معنى اللّام كما يلي:

لام العهد

إن كانت اللّام الدّاخلة على الاسم تُشعِر بمعرفة السّامع لها فهي لام العهد. والعهد يكون

- بتقدم ذكره، نحو: ﴿إِنَّا أَرْسَلْنَا إِلَيْكُمْ رَسُولًا شَاهِدًا عَلَيْكُمْ كَمَا أَرْسَلْنَا إِلَى فِرْعَوْنَ رَسُولًا ﴿١٥﴾ فَعَصَى فِرْعَوْنُ الرَّسُولَ﴾ ويسمّى عهدا ذِكريّا.
- أو بمعرفة السّامع له وإن لم يتقدّم ذكره، نحو: ﴿إِذْ هُمَا فِي الْغَارِ﴾ لم يتقدّم ذكر الغار ولكن كلٌّ يعرف المراد منه. ويسمّى عهدا ذِهْنيًّا
- أو بالحضور، نحو: ﴿الْيَوْمَ أَكْمَلْتُ لَكُمْ دِينَكُمْ وَأَتْمَمْتُ عَلَيْكُمْ نِعْمَتِي﴾ ويسمّى عهدا حضوريّا

لام الجنس

الجنس ما دلّ على أفراد كثيرين،

- وقد يكون المقصود الجنسَ دون النّظر إلى أفراده، نحو: ﴿وَجَعَلْنَا مِنَ الْمَاءِ كُلَّ شَيْءٍ حَيٍّ﴾
- وقد يكون المقصود فردًا غير معيّن من أفراد الجنس، نحو: قوله تعالى ﴿مَثَلُ الَّذِينَ حُمِّلُوا التَّوْرَاةَ ثُمَّ لَمْ يَحْمِلُوهَا كَمَثَلِ الْحِمَارِ يَحْمِلُ أَسْفَارًا﴾، ونحو: ﴿قَالَ إِنِّي لَيَحْزُنُنِي أَنْ تَذْهَبُوا بِهِ وَأَخَافُ أَنْ يَأْكُلَهُ الذِّئْبُ وَأَنْتُمْ عَنْهُ غَافِلُونَ﴾ ومنه قوله ﷺ «فَرَأَيْتُ النَّبِيَّ وَمَعَهُ الرَّهْطَ، وَالنَّبِيَّ وَمَعَهُ الرَّجُلَ، وَالنَّبِيَّ وَلَيْسَ مَعَهُ

...

الْحِكَايَةَ عَنِ الْجِنْسِ نَفْسِهِ، نَحْوُ: الْإِنْسَانُ حَيَوَانٌ نَاطِقٌ، وَتُسَمَّى أَلْ جِنْسِيَّةً؛

أَوِ الْحِكَايَةَ عَنْ مَعْهُودٍ مِنْ أَفْرَادِ الْجِنْسِ، وَعَهْدُهُ:

إِمَّا بِتَقَدُّمِ ذِكْرِهِ، نَحْوُ: ﴿كَمَآ أَرۡسَلۡنَآ إِلَىٰ فِرۡعَوۡنَ رَسُولٗا ١٥ فَعَصَىٰ فِرۡعَوۡنُ ٱلرَّسُولَ﴾

وَإِمَّا بِحُضُوْرِهِ بِذَاتِهِ نَحْوُ: ﴿ٱلۡيَوۡمَ أَكۡمَلۡتُ لَكُمۡ دِينَكُمۡ﴾

وَإِمَّا بِمَعْرِفَةِ السَّامِعِ لَهُ، نَحْوُ: ﴿إِذۡ يُبَايِعُونَكَ تَحۡتَ ٱلشَّجَرَةِ﴾، وَتُسَمَّى أَلْ عَهْدِيَّةً؛

أَوِ الْحِكَايَةَ عَنْ جَمِيعِ أَفْرَادِ الْجِنْسِ نَحْوُ: ﴿إِنَّ ٱلۡإِنسَٰنَ لَفِي خُسۡرٍ﴾، وَتُسَمَّى أَلْ اسْتِغْرَاقِيَّةً؛

وَقَدْ يُرَادُ بِأَلْ الْإِشَارَةُ إِلَى الْجِنْسِ فِيْ فَرْدٍ مَا، نَحْوُ:

وَلَقَدْ أَمُرُّ عَلَى اللَّئِيمِ يَسُبُّنِيْ　　فَمَضَيْتُ ثَمَّتَ قُلْتُ لَا يَعْنِيْنِيْ[1]

وَإِذَا وَقَعَ الْمُحَلَّى بِأَلْ خَبَرًا أَفَادَ الْقَصْرَ، نَحْوُ: ﴿وَهُوَ ٱلۡغَفُورُ ٱلۡوَدُودُ﴾.

[الْمُضَافُ لِمَعْرِفَةٍ]

وَأَمَّا الْمُضَافُ لِمَعْرِفَةٍ، فَيُؤْتَى بِهِ إِذَا تَعَيَّنَ طَرِيْقًا لِإِحْضَارِ مَعْنَاهُ أَيْضًا، كَكِتَابِ سِيْبَوَيْهِ، وَسَفِيْنَةِ نُوْحٍ. أَمَّا إِذَا لَمْ يَتَعَيَّنْ لِذَلِكَ فَيَكُوْنُ لِأَغْرَاضٍ أُخْرَى:

١) كَتَعَذُّرِ التَّعْدَادِ أَوْ تَعَسُّرِهِ، نَحْوُ: أَجْمَعَ أَهْلُ الْحَقِّ عَلَى كَذَا، وَأَهْلُ الْبَلَدِ كِرَامٌ.[2]

٢) وَالْخُرُوْجِ مِنْ تَبِعَةِ[3] تَقْدِيْمِ الْبَعْضِ عَلَى الْبَعْضِ، نَحْوُ: حَضَرَ أُمَرَاءُ الْجُنْدِ.

أَحَدٌ»

- وقد يكون المقصود جميعَ أفراد الجنس، وهو الاستغراق، وهو على قسمين
  - حقيقي، وهو ما يشمُل جميع الأفراد، نحو: ﴿إِنَّ ٱلۡإِنسَٰنَ لَفِي خُسۡرٍ﴾
  - عرفي، وهو ما يدلّ على جميع الأفراد من حيث العرف، نحو: ﴿وَأَرۡسِلۡ فِي ٱلۡمَدَآئِنِ حَٰشِرِينَ ١١١ يَأۡتُوكَ بِكُلِّ سَٰحِرٍ عَلِيمٖ ١١٢ وَجَآءَ ٱلسَّحَرَةُ فِرۡعَوۡنَ﴾

[1] ثَمَّ اِسْمٌ يُشارُ بِهِ إلى الْمَكانِ البَعيدِ بِمَعْنَى هُناكَ وتَتَّصِلُ بِها تاءُ التَّأْنيثِ فَيُقالُ ثَمَّةَ.

[2] ومنه قولهم أهل السّنّة والجماعة.

[3] التَّبِعَة الضرر. فلو قدّم اسم أمير على آخر لعله يستوجب العتاب من الثّاني ذكره لتأخيره إياه.

٣) وَالتَّعْظِيمِ

لِلْمُضَافِ، نَحْوُ: كِتَابُ السُّلْطَانِ حَضَرَ،

أَوِ الْمُضَافِ إِلَيْهِ، نَحْوُ: هَذَا خَادِمِي

أَوْ غَيرِهِما نَحْوُ: أَخُو الْوَزِيْرِ عِنْدِيْ.[١]

٤) وَالتَّحْقِيْرِ

لِلْمُضَافِ، نَحْوُ: هَذَا ابْنُ اللِّصِّ،

أَوِ الْمُضَافِ إِلَيْهِ نَحْوُ: اللِّصُّ رَفِيْقُ هَذَا،

أَوْ غَيْرِهِمَا، نَحْوُ: أَخُو اللِّصِّ عِنْدَ عَمْرٍو.[٢]

٥) وَالِاخْتِصَارِ لِضِيْقِ الْمَقَامِ، نَحْوُ:

هَوايَ مع الرَّكْبِ اليَمانِينَ مُصْعِدُ جَنِيبٌ وجُثْمَانِيْ بِمَكَّةَ مُوثَقُ[٣]

بَدَلَ أَنْ يُقَالَ: الَّذِيْ أَهْوَاهُ.

[الْمُنَادَى]

وَأَمَّا الْمُنَادَى، فَيُؤْتَى بِهِ إِذَا لَمْ يُعْرَفْ لِلْمُخَاطَبِ عُنْوَانٌ خَاصٌّ، نَحْوُ: يَا رَجُلُ، وَيَا فَتَى.

وَقَدْ يُؤْتَى بِهِ لِلْإِشَارَةِ إِلَى عِلَّةِ مَا يُطْلَبُ مِنْهُ، نَحْوُ: يَا غُلَامُ! أَحْضِرِ الطَّعَامَ، وَيَا خَادِمُ! أَسْرِجِ الْفَرَسَ. أَوْ لِغَرَضٍ يُمْكِنُ اعْتِبَارُهُ هَهُنَا مِمَّا ذُكِرَ فِي النِّدَاءِ.

---

[١] منه قوله تعالى ﴿إِنَّ عِبَادِي لَيْسَ لَكَ عَلَيْهِمْ سُلْطَٰنٌ﴾ إضافة العباد إلى الله تعالى تشريف لهم، ومنه قوله تعالى ﴿هَٰذِهِۦ نَاقَةُ ٱللَّهِ﴾ الملك كله لله، فالإضافة ليس للملك بل للتشريف.

[٢] ومنه قوله ﷺ «وَلاَ تَكُونُوا مِنْ أَبْنَاءِ الدُّنْيَا» وقوله ﷺ «لُعِنَ عَبْدُ الدِّينَارِ، وَلُعِنَ عَبْدُ الدِّرْهَمِ»

[٣] يقال هوِي فلان فلانةَ إذا أحبَّها من هوِيَ يَهوَى هَوًى والمرادبهواي الّذي أهواه، ويقال أصعَدَ في الأرضِ إذا ارتقى في أرض وأبعد، وفي التّنزيل ﴿إِذْ تُصْعِدُونَ وَلَا تَلْوُۥنَ عَلَىٰٓ أَحَدٍ﴾

واليمانون جمع يمانٍ والنّسبة إلى يمنٍ يمنيٌّ، لكنه حذف ياء النّسبة وأتي بالألف عوضًا منه، وجنيب منقاد، والجثمان الجسد، يقال أَوْثَقَ فلانا إذا جعله وثيقًا.

[النَّكِرَةُ]

وَأَمَّا النَّكِرَةُ فَيُؤْتَى بِهَا إِذَا لَمْ يُعْلَمْ لِلْمَحْكِيِّ عَنْهُ جِهَةُ تَعْرِيفٍ، كَقَوْلِكَ: جَاءَ هَهُنَا رَجُلٌ، إِذَا لَمْ يُعْرَفْ مَا يُعَيِّنُهُ مِنْ عَلَمٍ أَوْ صِلَةٍ أَوْ نَحْوِهِمَا. وَقَدْ يُؤْتَى بِهَا لِأَغْرَاضٍ أُخْرَى:

١) كَالتَّكْثِيرِ وَالتَّقْلِيلِ، نَحْوُ: لِفَلَانٍ مَالٌ، وَ﴿رِضْوَانٌ مِّنَ اللهِ أَكْبَرُ﴾ أَيْ مَالٌ كَثِيرٌ وَرِضْوَانٌ قَلِيلٌ.[١]

٢) وَالتَّعْظِيمِ وَالتَّحْقِيرِ، نَحْوُ:

لَـهُ حَاجِـبٌ عَـنْ كُـلِّ أَمْـرٍ يَشِـيْنُهُ ... وَلَيْسَ لَهُ عَنْ طَالِبِ الْعُرْفِ حَاجِبُ[٢]

٣) وَالْعُمُوْمِ بَعْدَ النَّفْيِ نَحْوُ: ﴿مَا جَآءَنَا مِنۢ بَشِيرٍ﴾ فَإِنَّ النَّكِرَةَ فِي سِيَاقِ النَّفْيِ تَعُمُّ.[٣]

٤) وَقَصْدِ فَرْدٍ مُعَيَّنٍ أَوْ نَوْعٍ كَذَلِكَ نَحْوُ: ﴿وَاللهُ خَلَقَ كُلَّ دَآبَّةٍ مِّن مَّآءٍ﴾.

٥) وَإِخْفَاءِ الْأَمْرِ نَحْوُ: قَالَ رَجُلٌ: إِنَّكَ انْحَرَفْتَ عَنِ الصَّوَابِ. تُخْفِي اسْمَهُ حَتَّى لَا يَلْحَقَهُ أَذًى.[٤]

---

[١] إنّما يعرف التّكثير والتّقليل من السّياق،

ومن التّكثير قوله تعالى ﴿وَلَقَدْ كُذِّبَتْ رُسُلٌ مِّن قَبْلِكَ﴾ ومثله ﴿وَأَمْطَرْنَا عَلَيْهِم مَّطَرًا﴾

ومن التّقليل قوله تعالى ﴿وَلَئِن مَّسَّتْهُمْ نَفْحَةٌ مِّنْ عَذَابِ رَبِّكَ لَيَقُولُنَّ يَٰوَيْلَنَآ إِنَّا كُنَّا ظَٰلِمِينَ﴾ وقوله تعالى ﴿وَلَنَبْلُوَنَّكُم بِشَيْءٍ مِّنَ الْخَوْفِ وَالْجُوعِ وَنَقْصٍ مِّنَ الْأَمْوَالِ وَالْأَنفُسِ وَالثَّمَرَٰتِ ۗ وَبَشِّرِ الصَّٰبِرِينَ﴾

[٢] حاجب اسم فاعل من حجبه إذا منعه أو حال بينه وبين مُرامه، والحاجب البوّاب، ويقال شأنه إذا شوّهه من شأن يشين شَيْنًا، والعُرف بضمّ العين ما يعطيه الأنسان. والحاجب الأوّل للتّعظيم والثّاني للتّحقير،

ومن التّعظيم قوله تعالى ﴿فَإِن لَّمْ تَفْعَلُوا فَأْذَنُوا بِحَرْبٍ مِّنَ اللهِ وَرَسُولِهِ﴾ وقوله تعالى ﴿يَٰٓأَبَتِ إِنِّيٓ أَخَافُ أَن يَمَسَّكَ عَذَابٌ مِّنَ الرَّحْمَٰنِ﴾

ومن التّحقير قوله تعالى ﴿إِن نَّظُنُّ إِلَّا ظَنًّا﴾

[٣] ومثله قوله تعالى ﴿وَمَا تَدْرِي نَفْسٌ مَّاذَا تَكْسِبُ غَدًا﴾

[٤] ومثله قوله ﷺ «يَا عَبْدَ اللهِ، لاَ تَكُنْ مِثْلَ فلان كَانَ يَقُومُ اللَّيْلَ، فَتَرَكَ قِيَامَ اللَّيْلِ» ومثله قولهم: كَانَ فِينَا رَجُلٌ خَطَبَ امْرَأَةً يُقَالُ لَهَا أُمُّ قَيْسٍ فَأَبَتْ أَنْ تَتَزَوَّجَهُ حَتَّى يُهَاجِرَ...

الْبَابُ الْخَامِسُ فِي الْإِطْلَاقِ وَالتَّقْيِيدِ

إِذَا اقْتُصِرَ فِي الْجُمْلَةِ عَلَى ذِكْرِ الْمُسْنَدِ وَالْمُسْنَدِ إِلَيْهِ فَالْحُكْمُ مُطْلَقٌ، وَإِذَا زِيدَ عَلَيْهِمَا شَيْءٌ مِمَّا يَتَعَلَّقُ بِهِمَا أَوْ بِأَحَدِهِمَا فَالْحُكْمُ مُقَيَّدٌ.

وَالْإِطْلَاقُ يَكُوْنُ حَيْثُ لَا يَتَعَلَّقُ الْغَرَضُ بِتَقْيِيدِ الْحُكْمِ بِوَجْهٍ مِنَ الْوُجُوْهِ لِيَذْهَبَ السَّامِعُ فِيْهِ كُلَّ مَذْهَبٍ مُمْكِنٍ.

وَالتَّقْيِيدُ حَيْثُ يَتَعَلَّقُ الْغَرَضُ بِتَقْيِيدِهِ بِوَجْهٍ مَخْصُوْصٍ لَوْ لَمْ يُرَاعَ تَفُوْتُ الْفَائِدَةُ الْمَطْلُوْبَةُ.[1]

وَلِتَفْصِيلِ هَذَا الْإِجْمَالِ نَقُوْلُ: إِنَّ التَّقْيِيدَ يَكُوْنُ بِالْمَفَاعِيلِ وَنَحْوِهَا وَالنَّوَاسِخِ وَالشَّرْطِ وَالنَّفْيِ وَالتَّوَابِعِ وَغَيْرِ ذَلِكَ.

[الْمَفَاعِيْلُ]

أَمَّا الْمَفَاعِيْلُ وَنَحْوُهَا فَالتَّقْيِيدُ بِهَا يَكُوْنُ لِبَيَانِ نَوْعِ الْفِعْلِ، أَوْ مَا وَقَعَ عَلَيْهِ، أَوْ فِيْهِ، أَوْ لِأَجْلِهِ، أَوْ بِمُقَارَنَتِهِ، أَوْ بَيَانِ الْمُبْهَمِ مِنَ الْهَيْئَةِ وَالذَّاتِ، أَوْ بَيَانِ عَدَمِ شُمُوْلِ الْحُكْمِ[2].

---

[1] إياك أنّ تظن أنّه لا يضرّ حذف القيود إذ هي ليست من من عمدة الكلام أي من المسند إليه والمسند. كلّا، بل المقصود من الكلام هو القيد، فلو قال قائل أكلتُ فإنّما المقصود من كلامه حصول الأكل منه فحسب بدون النّظر إلى المأكول، ولو قال أكلت تمرة فالمقصود هو القيد أعني المفعول به. فالمقصود في قوله تعالى ﴿هَلْ يَسْتَوِى الَّذِيْنَ يَعْلَمُوْنَ وَالَّذِيْنَ لَا يَعْلَمُوْنَ﴾ هو حصول العلم للمسند إليه لا المعلوم، والمقصود في قوله ﴿وَمَا خَلَقْنَا السَّمٰوٰتِ وَالْاَرْضَ وَمَا بَيْنَهُمَا لٰعِبِيْنَ﴾ هو الحال، فلو حذف لكان الكلام مَا خَلَقْنَا السَّمَاوَاتِ وَالْأَرْضَ وَمَا بَيْنَهُمَا، وهذا ظاهر الفساد.

[2] فالتّقييد بها يكون لبيان نوع الفعل إن كان مفعولا مطلقا، نحو: ﴿فَقَدْ فَازَ فَوْزًا عَظِيْمًا﴾

أَوْ ما وَقَعَ عليهِ الفعل إن كان مفعولا به، نحو: ﴿لَقَدْ اَرْسَلْنَا نُوْحًا﴾

أَوْ ما وقع فيهِ الفعل إن كان ظرفا، نحو: ﴿يَّصْلَوْنَهَا يَوْمَ الدِّيْنِ﴾

أَوْ ما وقع لأجْلِه الفعل إن كان مفعولا لأجله، نحو: ﴿وَلَا تَقْتُلُوْٓا اَوْلَادَكُمْ خَشْيَةَ اِمْلَاقٍ﴾

أَوْ ما وقع بمقارنَتِه الفعل إن كان مفعولا معه، نحو: قول عائشة رضي الله عنها كنت أغتسل أنا ورسولَ الله ...

وَتكُوْنُ القُيُوْدُ مَحطَّ الْفَائِدَةِ، وَالْكَلَامُ بِدُوْنِهَا كَاذِبًا أَوْ غَيْرَ مَقْصُوْدٍ بِالذَّاتِ، نَحْوُ: ﴿وَمَا خَلَقْنَا السَّمَآءَ وَالْأَرْضَ وَمَا بَيْنَهُمَا لَٰعِبِينَ﴾

[النَّوَاسِخُ]

وَأَمَّا النَّوَاسِخُ فَالتَّقْيِيْدُ بِهَا يَكُوْنُ لِلْأَغْرَاضِ الَّتِيْ تُؤَدِّيْهَا مَعَانِيْ أَلْفَاظِ النَّوَاسِخِ كَالِاسْتِمْرَارِ وَالْحِكَايَةِ عَنِ الزَّمَنِ فِيْ كَانَ، وَالتَّوْقِيْتِ بِزَمَنٍ مُعَيَّنٍ فِيْ ظَلَّ، وَبَاتَ، وَأَصْبَحَ، وَأَمْسَى، وَأَضْحَى، أَوْ بِحَالَةٍ مُعَيَّنَةٍ فِيْ دَامَ، وَالْمُقَارَبَةِ فِيْ كَادَ وَكَرَبَ وَأَوْشَكَ[1]، وَالْيَقِيْنِ فِيْ وَجَدَ وَأَلْفَى

ﷺ.

أوْ لبيانِ المبهم من الهيئةِ والذاتِ إن كان حال، نحو: ﴿وَجَآءُوٓ أَبَاهُمْ عِشَآءً يَبْكُونَ﴾ أو تمييزا، نحو: ﴿وَقُل رَّبِّ زِدْنِى عِلْمًا﴾ ونحو: ﴿إِنِّى رَأَيْتُ أَحَدَ عَشَرَ كَوْكَبًا﴾

أوْ بيانِ عدمِ شمولِ الحكْمِ إن كان مستثنًى، نحو: ﴿فَسَجَدُوٓا۟ إِلَّآ إِبْلِيسَ﴾

[1] فكلمة كان ...

تفيد الاستمرار إن كان خبره جملة فعليّة فيها فعل مضارع، نحو: ﴿مَا ٱلْمَسِيحُ ٱبْنُ مَرْيَمَ إِلَّا رَسُولٌ قَدْ خَلَتْ مِن قَبْلِهِ ٱلرُّسُلُ وَأُمُّهُۥ صِدِّيقَةٌ كَانَا يَأْكُلَانِ ٱلطَّعَامَ﴾،

وتفيد توقيت المسند إليه والمسند في الزّمن الماضي إن كان خبره اسمًا، نحو: ﴿إِنَّهُۥ كَانَ صِدِّيقًا نَّبِيًّا﴾

وظلّ تفيد معنى البقاء، نحو: ﴿وَإِذَا بُشِّرَ أَحَدُهُم بِمَا ضَرَبَ لِلرَّحْمَٰنِ مَثَلًا ظَلَّ وَجْهُهُۥ مُسْوَدًّا﴾،

وبات تفيد التّوقيت بالليل، نحو: ﴿يَبِيتُونَ لِرَبِّهِمْ سُجَّدًا وَقِيَامًا﴾

أصبح تفيد التّوقيت في الصباح، نحو: ﴿فَأَصْبَحَ فِى ٱلْمَدِينَةِ خَآئِفًا يَتَرَقَّبُ﴾،

وأمسى تفيد التّوقيت بالمساء، نحو: «وَأَمْسَى الْمُلْكُ لِلَّهِ»

وأضحى تفيد التّوقيت بوقت الضّحى، نحو: أضحى الرّجل نائمًا،

ومادام تفيد التّوقيت بحال معيّنة، نحو: ﴿لَن نَّدْخُلَهَآ أَبَدًا مَّا دَامُوا۟ فِيهَا﴾ قيدوا عدم الدخول بحال بقاء أعدائهم فيه،

...

وَدَرَى وتَعَلَّمْ وهَلُمَّ جَرًّا[1].

فَالْجُمْلَةُ فِي هَذَا تَنْعَقِدُ مِنَ الِاسْمِ وَالْخَبَرِ، أَوْ مِنَ الْمَفْعُوْلَيْنِ فَقَطْ، فَإِذَا قُلْتَ: ظَنَنْتُ زَيْدًا قَائِمًا، فَمَعْنَاهُ: زَيْدٌ قَائِمٌ عَلَى وَجْهِ الظَّنِّ.

[الشَّرْطُ]

وَأَمَّا الشَّرْطُ فَالتَّقْيِيْدُ بِهِ يَكُوْنُ لِلْأَغْرَاضِ الَّتِي تُؤَدِّيْهَا مَعَانِي أَدَوَاتِ الشَّرْطِ، كَالزَّمَانِ فِي مَتَى وَأَيَّانَ، وَالْمَكَانِ فِي أَيْنَ وَأَنَّى وَحَيْثُمَا، وَالْحَالِ فِي كَيْفَمَا.

وَاسْتِيْفَاءُ ذَلِكَ وَتَحْقِيْقُ الْفَرْقِ بَيْنَ الْأَدَوَاتِ يُذْكَرُ فِي عِلْمِ النَّحْوِ.

وَإِنَّمَا يُفَرَّقُ هَهُنَا بَيْنَ إِنْ وَإِذَا وَلَوْ لِاخْتِصَاصِهَا بِمَزَايَا تُعَدُّ مِنْ وُجُوْهِ الْبَلَاغَةِ.

[الْفَرْقُ بَيْنَ إِنْ وَإِذَا وَلَوْ]

فَإِنْ وَإِذَا لِلشَّرْطِ فِي الِاسْتِقْبَالِ، وَلَوْ لِلشَّرْطِ فِي الْمُضِيِّ.

وَالْأَصْلُ فِي اللَّفْظِ أَنْ يَتْبَعَ الْمَعْنَى ...

فَيَكُوْنَ فِعْلًا مُضَارِعًا مَعَ إِنْ وَإِذَا، وَمَاضِيًا مَعَ لَوْ، نَحْوُ: ﴿وَإِن يَسْتَغِيثُوا يُغَاثُوا بِمَآءٍ كَالْمُهْلِ﴾، وَإِذَا تُرَدُّ إِلَى قَلِيْلٍ تَقْنَعُ، ﴿فَلَوْ شَآءَ لَهَدَىٰكُمْ أَجْمَعِينَ﴾.

وَالْفَرْقُ بَيْنَ إِنْ وَإِذَا أَنَّ الْأَصْلَ

عَدَمُ الْجَزْمِ بِوُقُوْعِ الشَّرْطِ مَعَ إِنْ،

وَالْجَزْمُ بِوُقُوْعِهِ مَعَ إِذَا،

وَلِهَذَا غَلَبَ اسْتِعْمَالُ الْمَاضِي مَعَ إِذَا، فَكَأَنَّ الشَّرْطَ وَاقِعٌ بِالْفِعْلِ بِخِلَافِ إِنْ، فَإِذَا قُلْتَ إِنْ أَبْرَأْ مِنْ مَرَضِي أَتَصَدَّقْ بِأَلْفِ دِيْنَارٍ، كُنْتَ شَاكًّا فِي الْبُرْءِ. وَإِذَا قُلْتَ إِذَا بَرِئْتُ مِنْ مَرَضِي تَصَدَّقْتُ،

وكاد وكرب وأوشك -وهي أفعال المقاربة- تفيد معنى التّقريب، نحو: ﴿تَكَادُ السَّمَٰوَٰتُ يَتَفَطَّرْنَ مِنْهُ وَتَنشَقُّ الْأَرْضُ وَتَخِرُّ الْجِبَالُ هَدًّا ۝٩٠ أَن دَعَوْا لِلرَّحْمَٰنِ وَلَدًا ۝٩١﴾ ونحو: قوله ﷺ «أَوْشَكَ أن يكُونَ خَيْرُ مَالِ الْمُسْلِمِ غُنَيْمَةً يَتْبَعُ بِهَا سَعَفَ الْجِبَالِ وَمَوَاضِعَ الْقَطْرِ يَفِرُّ بِدِينِهِ من الفتن»،

[1] هَلُمَّ اسم فعل أمر مُتعدٍّ مبنيّ على الفتح بمعنى أَحْضِرْ، وَهَلُمَّ جَرًّا: على هذا المنوال، وهكذا إلى آخره.

كُنتَ جَازِمًا بِهِ أَوْ كَالْجَازِمِ.[1]

وَعَلَى ذَلِكَ فَالْأَحْوَالُ النَّادِرَةُ تُذْكَرُ فِي حَيِّزِ إِنْ، وَالْكَثِيرَةُ فِي حَيِّزِ إِذَا. وَمِنْ ذَلِكَ قَوْلُهُ تَعَالَى ﴿فَإِذَا جَآءَتْهُمُ الْحَسَنَةُ قَالُوا لَنَا هَٰذِهِۦ ۖ وَإِن تُصِبْهُمْ سَيِّئَةٌ يَطَّيَّرُوا بِمُوسَىٰ وَمَن مَّعَهُۥٓ ۗ﴾ فَلِكَوْنِ مَجِيْءِ الْحَسَنَةِ مُحَقَّقًا -إِذِ الْمُرَادُ بِهَا مُطْلَقُ الْحَسَنَةِ الشَّامِلِ لِأَنْوَاعٍ كَثِيرَةٍ كَمَا يُفْهَمُ مِنَ التَّعْرِيفِ

---

[1] والحاصل كما يلي:

	الْفِعْلُ الَّذِيْ يَلِيْهَا	الزَّمَنُ	الْمَعْنَى
لَوْ	الماضي	المضي	انتفاء الجواب لانتفاء الشّرط
إِنْ	المضارع	المستقبل	الشّكّ في الوقوع
إِذَا	الماضي	المستقبل	الجزم بالوقوع

فقوله تعالى ﴿وَلَوْ شَآءَ اللَّهُ لَأَعْنَتَكُمْ﴾ يدلّ على عدم الإعنات في المضي لانتفاء المشيئة ويليها الفعل الماضي. ومثله ﴿وَلَوْ كُنتَ فَظًّا غَلِيظَ الْقَلْبِ لَانفَضُّوا مِنْ حَوْلِكَ﴾

وقوله تعالى ﴿وَإِن تُخَالِطُوهُمْ فَإِخْوَانُكُمْ﴾ يدلّ على الشّكّ في الوقوع في المستقبل ويليها المضارع،

وقوله تعالى ﴿إِذَا تَدَايَنتُم بِدَيْنٍ إِلَىٰٓ أَجَلٍ مُّسَمًّى فَاكْتُبُوهُ﴾ يدلّ على الجزم بالوقوع في المستقبل ويليها الفعل الماضي،

وهنا أمور لا بد من ذكرها،

الأوّل أنّ المجزوم بالوقوع يلائم ما يكثُر وقوعه فالأحوال الّتي تكثُر وقوعه تذكر مع إذا، والأحوال الّتي تندُر وقوعها تذكر مع أنّ وبيّن لها المصنفون مثالا واضحا.

والثّاني أنّه قد يقع إنْ موقع إذا وعكسه، وذلك لفائدة بلاغية مثل تنزيل المرتاب منزلة غير المرتاب إشارة إلى أنّه لا ينبغي الشّكّ، نحو: ﴿وَإِن كُنتُمْ فِي رَيْبٍ مِّمَّا نَزَّلْنَا عَلَىٰ عَبْدِنَا فَأْتُوا بِسُورَةٍ مِّن مِّثْلِهِۦ﴾

والثّالث أنّ الأصل في لو أن يليها الفعل الماضي، وقد يعدل عنه لغرض، نحو: الاستمرار، نحو: ﴿وَاعْلَمُوٓا أَنَّ فِيكُمْ رَسُولَ اللَّهِ ۚ لَوْ يُطِيعُكُمْ فِي كَثِيرٍ مِّنَ الْأَمْرِ لَعَنِتُّمْ﴾

والأصل في إنْ أن يليها الفعل المضارع وقد يعدل عنه لأغراض، نحو: والتّنبيه إلى قوّة الأسباب الدّاعية لها، نحو: ﴿وَلَا تُكْرِهُوا فَتَيَاتِكُمْ عَلَى الْبِغَآءِ إِنْ أَرَدْنَ تَحَصُّنًا﴾ والتّفاؤل، نحو: ما روي عن رسول الله ﷺ «لَإِنْ بَقِيتُ لَآمُرَنَّ بِصِيَامِ يَوْمٍ قَبْلَهُ أَوْ يَوْمٍ بَعْدَهُ» وغيرهما.

بأل الجِنْسِيَّةِ- ذُكِرَ مَعَ إِذَا وَعُبِّرَ عَنْهُ بِالْمَاضِيْ، وَلِكَوْنِ مَجِيْءِ السَّيِّئَةِ نَادِرًا - إِذِ الْمُرَادُ بِهَا نَوْعٌ مَخْصُوْصٌ كَمَا يُفْهَمُ مِنَ التَّنْكِيْرِ، وَهُوَ الْجَدْبُ- ذُكِرَ مَعَ إِنْ وَعُبِّرَ عَنْهُ بِالْمُضَارِعِ. فَفِي الْآيَةِ مِنْ وَصْفِهِمْ بِإِنْكَارِ النِّعَمِ وَشِدَّةِ التَّحَامُلِ عَلَى مُوْسَى عَلَيْهِ السَّلَامُ مَا لَا يَخْفَى.

وَلَوْ لِلشَّرْطِ فِي الْمُضِيِّ، وَلِذَا يَلِيْهَا الْفِعْلُ الْمَاضِيْ، نَحْوُ: ﴿وَلَوْ عَلِمَ اللَّهُ فِيهِمْ خَيْرًا لَّأَسْمَعَهُمْ﴾.

وَمِمَّا تَقَدَّمَ يُعْلَمُ أَنَّ الْمَقْصُوْدَ بِالذَّاتِ مِنَ الْجُمْلَةِ الشَّرْطِيَّةِ هُوَ الْجَوَابُ، فَإِذَا قُلْتَ إِنِ اجْتَهَدَ زَيْدٌ أَكْرَمْتُهُ، كُنْتَ مُخْبِرًا بِأَنَّكَ سَتُكْرِمُهُ، وَلَكِنْ فِيْ حَالِ حُصُوْلِ الِاجْتِهَادِ لَا فِي عُمُوْمِ الْأَحْوَالِ.

وَيَتَفَرَّعُ عَلَى هَذَا أَنَّهَا تُعَدُّ خَبَرِيَّةً أَوْ إِنْشَائِيَّةً بِاعْتِبَارِ جَوَابِهَا.

[النَّفْيُ]

وَأَمَّا النَّفْيُ فَالتَّقْيِيْدُ بِهِ يَكُوْنُ بِسَلْبِ النِّسْبَةِ عَلَى وَجْهٍ مَخْصُوْصٍ مِمَّا تُفِيْدُهُ أَحْرُفُ النَّفْيِ، وَهِيَ سِتَّةٌ: لَا، وَمَا، وَإِنْ، وَلَنْ، وَلَمْ، وَلَمَّا.

لَا لِلنَّفْيِ مُطْلَقًا[1]،

---

[1] **أحكام لا النافية**

واعلم أنّ كلمة لا هي تدخل على المفرد والجملة ،

فإن دخل على مفرد تتكرّر، مثاله في الخبر نحو: هو لا شاعر ولا كاتب، ومثاله في النّعت، نحو: ﴿وَظِلٍّ مِّن يَحْمُومٍ ۝٤٣ لَّا بَارِدٍ وَلَا كَرِيمٍ ۝٤٤﴾ ومثاله في الحال، نحو: جاء زيد لا راكبا ولا ماشيًا.

فإن دخلت على الجملة الاسميّة ...

فإن كان مدخولها نكرة تكون

لنفي الجنس، نحو: ﴿لَا رَيْبَ فِيهِ﴾

أو حرفا مشبهة بليس، نحو: لا رجل حاضرا.

وإن دخلت على المعرفة يجب تكرارها، نحو: ﴿لَا الشَّمْسُ يَنبَغِي لَهَا أَن تُدْرِكَ الْقَمَرَ وَلَا اللَّيْلُ سَابِقُ النَّهَارِ﴾ ...

وإن دخلت على فعليّة فعلها مضارع

تفيد الحال، نحو: ﴿مَا لَكُمْ لَا تَنْطِقُونَ﴾

أو الاستقبال، نحو: ﴿إِنَّ اللّٰهَ لَا يَغْفِرُ اَنْ يُشْرَكَ بِهٖ﴾

أو الاستمرار عند القرينة، نحو: ﴿اَللّٰهُ لَآ اِلٰهَ اِلَّا هُوَۚ اَلْحَيُّ الْقَيُّومُۚ لَا تَاْخُذُهُ سِنَةٌ وَلَا نَوْمٌۜ﴾

وإن دخل على فعليّة فعلها فعل ماض يجب تكرارها، نحو: ﴿فَلَا صَدَّقَ وَلَا صَلّٰى﴾ إلّا إذا كان للدّعاء، نحو: لا قدّر الله.

وَمَا[1] وَإِنْ[2] لِنَفْيِ الْحَالِ إِنْ دَخَلَا عَلَى الْمُضَارِعِ، وَلَنْ لِنَفْيِ الِاسْتِقْبَالِ[3]،

---

[1] **أَحْكَامُ مَا النَّافِيَةِ**

وتدخل ما النّافية على الجملة الاسميّة، وتنفيها في

- الحال ﴿وَمَآ أَنتَ بِمُؤْمِنٍ لَّنَا وَلَوْ كُنَّا صَٰدِقِينَ﴾

أو الاستقبال عند القرينة، نحو: ﴿وَمَا هُم بِخَٰرِجِينَ مِنَ النَّارِ﴾

وتدخل على المضارع وتخلّصه للحال، نحو: ﴿يَٰشُعَيْبُ مَا نَفْقَهُ كَثِيرًا مِّمَّا تَقُولُ﴾،

وتدخل على الماضي وتنفيه في المضيّ، نحو: ﴿وَمَا قَتَلُوهُ وَمَا صَلَبُوهُ﴾

وتدخل على جواب الشّرط وتنفيه في المستقبل، نحو: ﴿وَلَئِنْ أَتَيْتَ الَّذِينَ أُوتُوا الْكِتَٰبَ بِكُلِّ ءَايَةٍ مَّا تَبِعُوا قِبْلَتَكَ﴾

[2] **أَحْكَامُ إِنْ النَّافِيَةِ**

كلمة إن تدخل على الجملة الاسميّة وتنفيها،

والغالب نفيه في الحال، نحو: ﴿إِنْ هَٰذَآ إِلَّا سِحْرٌ مُّبِينٌ﴾

وعند القرينة يكون

لنفي الاستقبال، نحو: ﴿وَإِن مِّنكُمْ إِلَّا وَارِدُهَا ۚ كَانَ عَلَىٰ رَبِّكَ حَتْمًا مَّقْضِيًّا ﴿٧١﴾﴾

أو نفي المضي، نحو: ﴿وَإِن مِّنْ أُمَّةٍ إِلَّا خَلَا فِيهَا نَذِيرٌ﴾

وتدخل على الجملة الفعليّة

والغالب نفيها للحال، نحو: ﴿وَإِنْ أَدْرِيٓ أَقَرِيبٌ أَم بَعِيدٌ مَّا تُوعَدُونَ﴾

وعند القرينة تدل على المضيّ، نحو: ﴿إِنْ أَرَدْنَآ إِلَّآ إِحْسَٰنًا وَتَوْفِيقًا﴾

وتدل على الاستقبال قليلًا، نحو: ﴿إِن كَانَتْ إِلَّا صَيْحَةً وَٰحِدَةً فَإِذَا هُمْ جَمِيعٌ لَّدَيْنَا مُحْضَرُونَ﴾

ولَا ترد كلمة إن إلّا أن يكون في خبرها إلّا أو لمّا، نحو: ﴿وَإِن كُلٌّ لَّمَّا جَمِيعٌ لَّدَيْنَا مُحْضَرُونَ﴾

وإن النافية آكد من ما النّافية.

[3] **أَحْكَامُ لَنْ**

وتفيد التّوكيد مع النّفي،

...

وَلَمْ وَلَمَّا لِنَفْيِ الْمُضِيِّ، إِلَّا أَنَّهُ بِلَمَّا يَنْسَحِبُ عَلَى زَمَنِ التَّكَلُّمِ وَيَخْتَصُّ بِالْمُتَوَقَّعِ. وَعَلَى هَذَا فَلَا يُقَالُ: لَمَّا يَقُمْ زَيْدٌ ثُمَّ قَامَ، وَلَا لَمَّا يَجْتَمِعِ النَّقِيضَانِ، كَمَا يُقَالُ: لَمْ يَقُمْ ثُمَّ قَامَ، وَلَمْ يَجْتَمِعَا، فَلَمَّا فِي النَّفْيِ تُقَابِلُ قَدْ فِي الْإِثْبَاتِ، وَحِينَئِذٍ يَكُونُ مَنْفِيُّهَا قَرِيبًا مِنَ الْحَالِ، فَلَا يَصِحُّ: لَمَّا يَجِئْ مُحَمَّدٌ فِي الْعَامِ الْمَاضِيْ.[1]

والغالب فيه التّأبيد، نحو: ﴿لَنْ تَنَالُوا الْبِرَّ حَتّٰى تُنْفِقُوْا مِمَّا تُحِبُّوْنَ﴾

وقد يكون لمجرّد التّوكيد دون التّأبيد، نحو: ﴿اِنِّيْ نَذَرْتُ لِلرَّحْمٰنِ صَوْمًا فَلَنْ اُكَلِّمَ الْيَوْمَ اِنْسِيًّا﴾

[1] **لَاتَ**

أن كلمة لات كلمة نفي مخصوصة بالزّمان، نحو: قوله تعالى ﴿وَّلَاتَ حِيْنَ مَنَاصٍ﴾ يكون اسمها – وهو الحين أو ما في معناه – مقدرا أي ولات الحين حين مناص.

غَيْر

وكلمة غير تنفي المفرد، مثاله في النّعت ﴿لَهُمْ اَجْرٌ غَيْرُ مَمْنُوْنٍ﴾،

ومثاله في الخبر ﴿وَهُوَ فِى الْخِصَامِ غَيْرُ مُبِيْنٍ﴾،

ومثاله في الحال ﴿فَمَنِ اضْطُرَّ غَيْرَ بَاغٍ وَّلَا عَادٍ فَلَآ اِثْمَ عَلَيْهِ﴾

ومثاله في الظرف ﴿فَمَكَثَ غَيْرَ بَعِيْدٍ﴾

وقد تكون غير لمجرد المغايرة، نحو: ﴿وَلَوْ كَانَ مِنْ عِنْدِ غَيْرِ اللّٰهِ لَوَجَدُوْا فِيْهِ اخْتِلَافًا كَثِيْرًا﴾

قَلِيْلًا

قد تفيد كلمة قلّما أو قليلًا معنى النفي عند القرينة، نحو: ﴿بَلْ لَّعَنَهُمُ اللّٰهُ بِكُفْرِهِمْ فَقَلِيْلًا مَّا يُؤْمِنُوْنَ﴾

فوائد

الْأُولَى: قد يكون النّفي للقيد وحده مع إثبات الأصل، نحو: ﴿وَمَا خَلَقْنَا السَّمَآءَ وَالْاَرْضَ وَمَا بَيْنَهُمَا لٰعِبِيْنَ﴾ أي ثبت أصل الخلق وإنّما انتفت صفة اللّعب عنه،

وقد يكون النّفي للقيد والأصل معًا، نحو: ﴿مَا لِلظّٰلِمِيْنَ مِنْ حَمِيْمٍ وَّلَا شَفِيْعٍ يُّطَاعُ﴾ أي لم يكن لهم شفيع أصلا.

...

[التَّوَابِعُ]

وَأَمَّا التَّوَابِعُ، فَالتَّقْيِيْدُ بِهَا يَكُوْنُ لِلْأَغْرَاضِ الَّتِيْ تُقْصَدُ مِنْهَا.

[النَّعْتُ]

فَالنَّعْتُ يَكُوْنُ

١) لِلتَّمْيِيْزِ، نَحْوُ: حَضَرَ عَلِيٌّ ۨ الكاتبُ.[١]

٢) وَالْكَشْفِ، نَحْوُ: الْجِسْمُ الطَّوِيْلُ الْعَرِيْضُ الْعَمِيْقُ يَشْغَلُ حَيِّزًا مِنَ الفَرَاغِ.

٣) وَالتَّأْكِيْدِ، نَحْوُ: ﴿تِلْكَ عَشَرَةٌ كَامِلَةٌ﴾.[٢]

٤) وَالْمَدْحِ، نَحْوُ: حَضَرَ خَالِدُ ۨ الْهُمَامُ.[٣]

٥) وَالذَّمِّ، نَحْوُ: ﴿وَّامْرَاَتُهٗ ؕ حَمَّالَةَ الْحَطَبِ﴾[٤]

٦) وَالتَّرَحُّمِ، نَحْوُ: أَحْسِنْ إِلَى خَالِدِ ۨ الْمِسْكِيْنِ.[٥]

الثَّانِيَةُ قد يكون النّفي لعدم الكمال دون الأصل، نحو: ﴿الَّذِیْ یَصْلَی النَّارَ الْكُبْرٰی ۚ﴿۱۲﴾ ثُمَّ لَا یَمُوْتُ فِیْهَا وَلَا یَحْیٰی ؕ﴿۱۳﴾﴾

الثَّالِثَةُ إذا وقع نفي في سياق النّفي يقدّر زائدة لئلا يُوهِم خلاف المقصود، نحو: ﴿مَا مَنَعَكَ اَلَّا تَسْجُدَ اِذْ اَمَرْتُكَ﴾ أي ما منعك أن تسجد.

[١] ومنه قوله تعالى ﴿فَتَحْرِیْرُ رَقَبَةٍ مُّؤْمِنَةٍ﴾ فالمؤمنة نعت للتمييز عن الرّقبة غير المؤمنة. ويسمّى تخصيصا.

[٢] ومثله ﴿وَاِلٰهُكُمْ اِلٰهٌ وَّاحِدٌ﴾ و﴿قُلْنَا احْمِلْ فِیْهَا مِنْ كُلٍّ زَوْجَیْنِ اثْنَیْنِ﴾ ومنه قوله تعالى ﴿وَمَا مِنْ دَآبَّةٍ فِی الْاَرْضِ وَلَا طٰٓىِٕرٍ یَّطِیْرُ بِجَنَاحَیْهِ اِلَّاۤ اُمَمٌ اَمْثَالُكُمْ﴾

[٣] منه قوله تعالى ﴿سَبِّحِ اسْمَ رَبِّكَ الْاَعْلَی﴾

[٤] قَرَأهُ الجُمْهُورُ بِرَفْعِ حَمّالَة عَلى أَنَّهُ صِفَةٌ لِامْرَأتِهِ وقَرَأهُ عاصِمٌ بِنَصْبِ حَمّالَةَ عَلى الحالِ مِنَ امْرَأتِهِ أوْ عَلى الذَّمِّ. ومنه قوله تعالى ﴿ فَاسْتَعِذْ بِاللّٰهِ مِنَ الشَّیْطٰنِ الرَّجِیْمِ ﴾

[٥] ويكون للتّعميم، نحو: ﴿وَلَا یُنْفِقُوْنَ نَفَقَةً صَغِیْرَةً وَّلَا كَبِیْرَةً وَّلَا یَقْطَعُوْنَ وَادِیًا اِلَّا كُتِبَ لَهُمْ﴾

واعلم -رحمك الله- أنّ الأصل في النّعت أن يكون مشتقّا،

...

[عَطْفُ الْبَيَانِ]

وَعَطْفُ الْبَيَانِ[1] يَكُوْنُ

لِمُجَرَّدِ التَّوْضِيحِ، نَحْوُ: أَقْسَمَ باللهِ أَبُوْ حَفْصٍ عُمَرُ.[2]

أَوْ لِلتَّوْضِيحِ مَعَ المَدْحِ، نَحْوُ: ﴿جَعَلَ اللَّهُ الْكَعْبَةَ الْبَيْتَ الْحَرَامَ قِيَامًا لِّلنَّاسِ﴾.

وَيَكْفِي فِي التَّوْضِيحِ أَنْ يُوَضِّحَ الثَّانِي الْأَوَّلَ عِنْدَ الِاجْتِمَاعِ، وَإِنْ لَمْ يَكُنْ أَوْضَحَ مِنْهُ عِنْدَ الِانْفِرَادِ، كَ: عَلِيٌّ زَيْنُ الْعَابِدِيْنَ، وَالْعَسْجَدُ الذَّهَبُ.

[عَطْفُ النَّسَقِ]

وَعَطْفُ النَّسَقِ يَكُوْنُ لِلْأَغْرَاضِ الَّتِي تُؤَدِّيهَا أَحْرُفُ الْعَطْفِ، كَالتَّرْتِيْبِ مَعَ التَّعْقِيْبِ فِي الْفَاءِ

ويقع النّعت جامدًا كثيرًا كالمنسوب رجلٌ مَدَنِيٌّ وبمثل، نحو: ﴿قُلْ إِنَّمَآ أَنَا بَشَرٌ مِّثْلُكُمْ﴾ وبذي وغير، نحو: ﴿رَّبَّنَآ إِنِّيٓ أَسْكَنتُ مِن ذُرِّيَّتِي بِوَادٍ غَيْرِ ذِي زَرْعٍ عِندَ بَيْتِكَ الْمُحَرَّمِ﴾

وقد يقع المصدر نعتًا لإفادة المبالغة، نحو: ﴿وَجَآءُو عَلَىٰ قَمِيصِهِۦ بِدَمٍ كَذِبٍ﴾

قد يُقطع النّعت عن المنعوت إعرابا على تقدير أذمّ أو أمدح للفت نظر السّامع، منه قوله تعالى ﴿سَيَصْلَىٰ نَارًا ذَاتَ لَهَبٍ ۝٣ وَامْرَأَتُهُۥ حَمَّالَةَ الْحَطَبِ ۝٤﴾.

[1] الفرق بين البدل وعطف البيان أنّ المهمّ في البدل هو الثّاني، وأمّا المهمّ في البيان فهو الأوّل، وإنّما ذكر الثّاني إيضاحا للأوّل وتفسيرًا له، فإذا قلت: أقبل أخوك محمد، وكان اهتمامك بالثّاني أعرب بدلا، وإن كان اهتمامك بالأخوّة أعرب الثّاني عطف بيان.

وعلى هذا -عند البعض- أخي في قوله تعالى ﴿وَاجْعَل لِّي وَزِيرًا مِّنْ أَهْلِي ۝٢٩ هَارُونَ أَخِي ۝٣٠﴾ عطف بيان، وهارون في قوله تعالى ﴿وَقَالَ مُوسَىٰ لِأَخِيهِ هَارُونَ﴾ بدل. والله أعلم

وجاء في شرح الرّضي على الكافية: وأنا إلى الآن لم يظهر لي فرق جليّ بين بدل الكلّ وبين عطف البيان، بل لا أرى عطف البيان إلّا البدل.

[2] ومثله قوله تعالى ﴿وَنَادَىٰٓ أَصْحَٰبُ الْجَنَّةِ أَصْحَٰبَ النَّارِ أَن قَدْ وَجَدْنَا مَا وَعَدَنَا رَبُّنَا حَقًّا فَهَلْ وَجَدتُّم مَّا وَعَدَ رَبُّكُمْ حَقًّا﴾ فقوله أنّ قد وجدنا إلى آخره عطف بيان.

وَمَعَ التَّرَاخِيْ فِي ثُمَّ.[1]

[1] وإليك تفصيل ذلك

الْوَاوُ

أمّا الواو فلا يدلّ على التّرتيب بأصل وضعه، فقولنا جاء زيد وعمرو يحتمل أن يكون حصل من كليهما في زمان واحد، وأن يكون حصل من زيد أوّلًا، وأن يكون حصل من عمرو أوّلًا، فهذه ثلاثة احتمالات عقليّة، لا دليل في الواو على شيء منها. وذلك لا يعني أنّها لا تأتي للتّرتيب البتّة، بل قد تأتي للتّرتيب كما في قوله تعالى ﴿إِذَا قُمْتُمْ إِلَى الصَّلٰوةِ فَاغْسِلُوا وُجُوهَكُمْ وَأَيْدِيَكُمْ إِلَى الْمَرَافِقِ وَامْسَحُوا بِرُءُوسِكُمْ وَأَرْجُلَكُمْ إِلَى الْكَعْبَيْنِ﴾ وتأتي لغيره كما في قوله تعالى ﴿قُولُوا آمَنَّا بِاللَّهِ وَمَا أُنْزِلَ إِلَيْنَا وَمَا أُنْزِلَ إِلَى إِبْرٰهِمَ وَإِسْمٰعِيلَ وَإِسْحٰقَ وَيَعْقُوبَ وَالْأَسْبَاطِ وَمَا أُوتِيَ مُوسٰى وَعِيسٰى وَمَا أُوتِيَ النَّبِيُّونَ مِنْ رَبِّهِمْ﴾

الْفَاءُ

أمّا الفاء فهي تفيد التّرتيب والتّعقيب، ومعنى التّرتيب أن المعطوف عليه وقع أوّلًا ثمّ المعطوف. ومعنى التّعقيب أنّ المعطوف وقع بعد المعطوف عليه بغير مهلة أو بمدّة قريبة. والتّعقيب اعتباريّ بحسَب الأمر.

وقد يكون المعطوف بيانا وتفصيلا للمعطوف عليه المجمل، ويقال له التّرتيب الذّكري، نحو: قوله تعالى ﴿فَقَدْ سَأَلُوا مُوسٰى أَكْبَرَ مِنْ ذٰلِكَ فَقَالُوا أَرِنَا اللَّهَ جَهْرَةً﴾

وقد تكون الفاء للسّببية، نحو: ﴿فَوَكَزَهُ مُوسٰى فَقَضٰى عَلَيْهِ﴾

ثُمَّ

أمّا ثمّ فهي تفيد التّرتيب والتّراخي، ومعنى التّراخي المهلة أي وقع المعطوف عليه أولا وبعده بمهلة وقع المعطوف، نحو: قوله تعالى ﴿أَمَاتَهُ فَأَقْبَرَهُ ﴿٢١﴾ ثُمَّ إِذَا شَاءَ أَنْشَرَهُ ﴿٢٢﴾﴾

حَتَّى

أمّا حتى فتفيد الغاية، ويشترط فيه أن يكون المعطوف جزءا من المعطوف عليه، نحو: قرأت القرآن حتّى سورة النّاس، وكثيرا ما تفيد التّعظيم أو التّحقير، نحو: مات النّاس حتّى محمد ﷺ.

أَمْ

قد مرّ تحقيقه في بحث الاستفهام.

...

أَوْ

أمّا أو فهي لأحد الشّيئين، نحو: ﴿قَالُوا لَبِثْنَا يَوْمًا أَوْ بَعْضَ يَوْمٍ﴾

لَكِنْ

أمّا لكن فتفيد الاستدراك، وتعطف بعد نفي أو نهي بشرط إفراد معطوفها، نحو: قوله تعالى ﴿مَا كَانَ مُحَمَّدٌ أَبَآ أَحَدٍ مِّنْ رِّجَالِكُمْ وَلٰكِنْ رَّسُوْلَ اللهِ وَخَاتَمَ النَّبِيّٖنَ﴾

فإن وقع بعدها جملة فهي حرف ابتداء دون عطف، نَحْوُ ﴿اَلَآ اِنَّهُمْ هُمُ الْمُفْسِدُوْنَ وَلٰكِنْ لَّا يَشْعُرُوْنَ﴾

بَلْ

أمّا بل فهي تفيد الإضراب وهو الإعراض عن الشّيء بعد الإقبال عليه.

وهي تدخل على المفردات والجمل.

فإن دخلت على جملة تفيد إمّا إضرابا إبطاليا وإمّا انتقاليا.

فالاضراب الإبطالي هو أن تأتي بجملة تبطل معنى الجملة السّابقة، وذلك، نحو: قوله تعالى: ﴿وَقَالُوا اتَّخَذَ الرَّحْمٰنُ وَلَدًا سُبْحٰنَهٗ ؕ بَلْ عِبَادٌ مُّكْرَمُوْنَ ﴿٢٦﴾﴾

وأمّا الإضراب الانتقاليّ فهو أن تنتقل من غرض إلى غرض آخر، مع عدم إرادة إبطال الكلام الأوّل، وذلك، نحو: قوله تعالى: ﴿قَدْ اَفْلَحَ مَنْ تَزَكّٰى ﴿١٤﴾ وَذَكَرَ اسْمَ رَبِّهٖ فَصَلّٰى ﴿١٥﴾ بَلْ تُؤْثِرُوْنَ الْحَيٰوةَ الدُّنْيَا ﴿١٦﴾ وَالْاٰخِرَةُ خَيْرٌ وَّاَبْقٰى ﴿١٧﴾﴾

وإن دخلت على مفرد فهي عاطفة تفيد الإضراب فَإِنْ سَبَقَ بَلْ إِيْجَابٌ أَوْ أَمْرٌ فَهُوَ لِسَلْبِ الْحُكْمِ عَمَّا قَبْلَهَا وَجَعْلِهَا لِمَا بَعْدَهَا، نحو: اقرء هذا بَلْ ذلك؛ وَإِنْ سَبَقَهَا نَفْيٌ أَوْ نَهْيٌ فَهُوَ لِتَقْرِيْرِ حُكْمِ مَا قَبْلَهَا وَجَعْلِ ضِدِّهَا لِمَا بَعْدَهَا، نحو: مَا جَاءَ زَيْدٌ بَلْ خَالِدٌ

أقسام العطف

الأصل في العطف أن يكون على مغايره، نحو: ﴿وَوَهَبْنَا لَهٗۤ اِسْحٰقَ ؕ وَيَعْقُوْبَ﴾

وقد يكون على مرادفه، نحو: ﴿فَلَا يَخٰفُ ظُلْمًا وَّلَا هَضْمًا﴾ ففيه شبه تأكيد لفظي مع إفادة معنى جديد يوجد في الثّاني دون الأوّل

وقد يكون على الخاصّ، نحو: ﴿فَمَنْ يَّمْلِكُ مِنَ اللهِ شَيْـًٔا اِنْ اَرَادَ اَنْ يُّهْلِكَ الْمَسِيْحَ ابْنَ مَرْيَمَ وَاُمَّهٗ وَمَنْ فِي ...

البَدَلُ

وَالْبَدَلُ يَكُوْنُ لِزِيَادَةِ التَّقْرِيرِ وَالْإِيْضَاحِ[1]، نَحْوُ:

قَدِمَ ابْنِيْ عَلِيٌّ، فِي بَدَلِ الْكُلِّ.

وَسَافَرَ الْجُنْدُ أَغْلَبُهُ، فِيْ بَدَلِ الْبَعْضِ.

وَنَفَعَنِي الْأُسْتَاذُ عِلْمُه، فِي بَدَلِ الِاشْتِمَالِ.[2]

الْاَرْضِ جَمِيْعًا﴾

وقد يكون على العامّ، نحو: ﴿مَنْ كَانَ عَدُوًّا لِّلّٰهِ وَمَلٰٓئِكَتِهٖ وَرُسُلِهٖ وَجِبْرِيْلَ وَمِيْكٰىلَ فَاِنَّ اللّٰهَ عَدُوٌّ لِّلْكٰفِرِيْنَ﴾

ويجوز عطف الشّيء على نفسه بحرف الواو إن كان فيه زيادة فائدة، وقوله تعالى ﴿قَالُوْا نَعْبُدُ اِلٰهَكَ وَاِلٰهَ اٰبَآئِكَ اِبْرٰهٖمَ وَاِسْمٰعِيْلَ وَاِسْحٰقَ اِلٰهًا وَّاحِدًا﴾

فَائِدَةٌ

الأصل في العطف أن يكون الاسم على الاسم أو الفعل على الفعل.

ويجوز عطف الفعل على الاسم إن كان فيه معنى الفعل وعكسه، نحو: ﴿اَوَلَمْ يَرَوْا اِلَى الطَّيْرِ فَوْقَهُمْ صٰٓفّٰتٍ وَّيَقْبِضْنَ﴾

[1] قد يدلّ المبدل منه أو البدل على معنى المدح، نحو: ﴿اِلٰى صِرَاطِ الْعَزِيْزِ الْحَمِيْدِ ۙ﴿١﴾ اللّٰهِ﴾ أو الذمّ، نحو: ﴿لَنَسْفَعًاۢ بِالنَّاصِيَةِ ۙ﴿١٥﴾ نَاصِيَةٍ كَاذِبَةٍ خَاطِئَةٍ ﴿١٦﴾﴾

[2] ومثال بدل الكلّ ﴿وَقَالَ مُوْسٰى لِاَخِيْهِ هٰرُوْنَ﴾ ومثال بدل البعض ﴿وَلِلّٰهِ عَلَى النَّاسِ حِجُّ الْبَيْتِ مَنِ اسْتَطَاعَ اِلَيْهِ سَبِيْلًا﴾ ومثال بدل الاشتمال ﴿يَسْـَٔلُوْنَكَ عَنِ الشَّهْرِ الْحَرَامِ قِتَالٍ فِيْهِ﴾

اَلْبَابُ السَّادِسُ فِي الْقَصْرِ

الْقَصْرُ تَخْصِيْصُ[1] شَيْءٍ بِشَيْءٍ، بِطَرِيْقٍ مَخْصُوْصٍ[2].

[أَقْسَامُ الْقَصْرِ بِاعْتِبَارِ غَرَضِ الْمُتَكَلِّمِ]

وَيَنْقَسِمُ إِلَى حَقِيْقِيٍّ وَإِضَافِيٍّ.

فَالْحَقِيْقِيُّ: مَا كَانَ الِاخْتِصَاصُ فِيْهِ بِحَسَبِ الْوَاقِعِ وَالْحَقِيْقَةِ، لَا بِحَسَبِ الْإِضَافَةِ إِلَى شَيْءٍ آخَرَ، نَحْوُ: لَا كَاتِبَ فِي الْمَدِيْنَةِ إِلَّا عَلِيٌّ، إِذَا لَمْ يَكُنْ غَيْرُهُ فِيْهَا مِنَ الْكُتَّابِ.[3]

---

[1] والمراد بالتخصيص وقوع صفة أو موصوف بحيث لا يتجاوز موصوفه أو صفته، نحو: ما الفقير إلّا زيدا، فالفقر منحصر في زيد لا يتجاوزه.

[2] ففي القصر أربعة أركان المقصور والمقصور عليه والمقصور عنه وأداة القصر؛ فالمقصور هو الشّيء الّذي حُصر، والمقصور عليه هو الشّيء الّذي قصر فيه، والمقصور عنه هو الّذي قصر عنه المقصور، وأداة النفي والاستثناء أداة القصر. فزيد في قولنا: ما زيد إلّا قائم مقصور، والقيام مقصور عليه، وما وإلا أداة القصر، والجلوس أو كلّ ما عدا القيام هو المقصور عنه. وقد عرفت أن المقصور عنه لا يكون مذكورا في الكلام.

مَا	زَيْدٌ	إِلَّا	قَائِمٌ
أَدَاةُ قَصْرٍ	مَقْصُوْرٌ	أَدَاةُ قَصْرٍ	مَقْصُوْرٌ عَلَيْهِ

مواقع القصر

قد يكون القصر على المبتدأ، نحو: ﴿وَمَا الْحَيٰوةُ الدُّنْيَآ اِلَّا مَتَاعُ الْغُرُوْرِ﴾

وقد يكون على المبتدأ المؤخر، نحو: ﴿فَاِنَّمَا عَلَيْكَ الْبَلٰغُ الْمُبِيْنُ﴾

وقد يكون على الفاعل، نحو: ﴿وَمَنْ يَّغْفِرُ الذُّنُوْبَ اِلَّا اللّٰهُ﴾

وقد يكون على المفعول به، نحو: ﴿وَمَا يَخْدَعُوْنَ اِلَّآ اَنْفُسَهُمْ﴾

وقد يكون على المفعول لأجله، نحو: ﴿مَا نَعْبُدُهُمْ اِلَّا لِيُقَرِّبُوْنَآ اِلَى اللّٰهِ زُلْفٰى﴾

وقد يكون القصر على المفعول فيه والحال وغير ذلك.

[3] واعلم – أرشدك الله وإيانا – أنّ القصر الحقيقي قد يكون بحسب الواقع مثل قولنا لا إله إلّا الله حيث لا ...

وَالْإِضَافِيُّ: مَا كَانَ الِاخْتِصَاص فِيهِ بِحَسَبِ الْإِضَافَةِ إِلَى شَيْءٍ مُعَيَّنٍ، نَحْوُ: مَا عَلِيٌّ إِلَّا قَائِمٌ أَيْ إِنَّ لَهُ صِفَةَ الْقِيَامِ، لَا صِفَةَ الْقُعُوْدِ. وَلَيْسَ الْغَرَضُ نَفْيَ جَمِيعِ الصِّفَاتِ عَنْهُ، مَا عَدَا صِفَةَ الْقِيَامِ.[1]

[أَقْسَامُ الْقَصْرِ بِاعْتِبَارِ الطَّرَفَيْنِ]

وَكُلٌّ مِنْهُمَا يَنْقَسِمُ إِلَى

قَصْرِ صِفَةٍ عَلَى مَوْصُوْفٍ، نَحْوُ: لَا فَارِسَ إِلَّا عَلِيٌّ،

وَقَصْرِ مَوْصُوْفٍ عَلَى صِفَةٍ، نَحْوُ: ﴿وَمَا مُحَمَّدٌ اِلَّا رَسُولٌ﴾، فَيَجُوْزُ عَلَيْهِ الْمَوْتُ.

[أَقْسَامُ الْقَصْرِ الْإِضَافِيِّ بِاعْتِبَارِ حَالِ الْمُخَاطَبِ]

وَالْقَصْرُ الْإِضَافِيُّ يَنْقَسِمُ بِاعْتِبَارِ حَالِ الْمُخَاطَبِ إِلَى ثَلَاثَةِ أَقْسَامٍ:

قَصْرُ إِفْرَادٍ إِذَا اعْتَقَدَ الْمُخَاطَبُ الشَّرِكَةَ[2]،

وَقَصْرُ قَلْبٍ إِذَا اعْتَقَدَ الْعَكْسَ[3]،

وَقَصْرُ تَعْيِينٍ إِذَا اعْتَقَدَ وَاحِدًا غَيْرَ مُعَيَّنٍ.

يوجد إله غير الله، ومنه قوله تعالى ﴿وَعِنْدَهُ مَفَاتِحُ الْغَيْبِ لَا يَعْلَمُهَا اِلَّا هُوَ﴾

وقد يكون للمبالغة، نحو: لا سَيْفَ إلّا ذُوْ الفَقَارِ -بفتح الفاء والقاف- حيث يوجد سيوف غير ذي الفقار إلّا أنها نزّلت منزلة العدم بمقابلة ذي الفقار.

[1] ومنه قوله تعالى ﴿مَا كَانَ اِبْرٰهِيمُ يَهُودِيًّا وَلَا نَصْرَانِيًّا وَلٰكِنْ كَانَ حَنِيفًا مُسْلِمًا﴾، ومنه قوله تعالى ﴿وَمَا مُحَمَّدٌ اِلَّا رَسُولٌ﴾

[2] ومنه قوله تعالى ردّا على النّصارى القائلين بالتّثليث ﴿لَقَدْ كَفَرَ الَّذِينَ قَالُوا اِنَّ اللّٰهَ ثَالِثُ ثَلٰثَةٍ وَمَا مِنْ اِلٰهٍ اِلَّا اِلٰهٌ وَاحِدٌ﴾

[3] ومنه قوله تعالى ﴿وَاِذَا رَاَوْا اٰيَةً يَسْتَسْخِرُونَ ⁕١٤⁕ وَقَالُوا اِنْ هٰذَا اِلَّا سِحْرٌ مُبِينٌ ⁕١٥⁕﴾ فادّعى المشركون أنّ المعجزات والآيات سحر، ففي قولهم قصر قلب حيث أرادوا قلب ما قال لهم النّبي من أنّه آية.

ومنه قوله تعالى ﴿ وَاِذَا قِيلَ لَهُمْ اٰمِنُوا كَمَا اٰمَنَ النَّاسُ قَالُوا اَنُؤْمِنُ كَمَا اٰمَنَ السُّفَهَاءُ اَلَا اِنَّهُمْ هُمُ السُّفَهَاءُ وَلٰكِنْ لَا يَعْلَمُونَ ⁕١٣⁕﴾ اعتقد المنافقون أنّ المؤمنين هم السّفهاء دون أنفسهم، فورد الآية قلبا لما زعموا.

[طُرُقُ الْقَصْرِ]

وَلِلْقَصْرِ طُرُقٌ:

مِنْهَا النَّفْيُ وَالِاسْتِثْنَاءُ، نَحْوُ: ﴿إِنْ هٰذَآ اِلَّا مَلَكٌ كَرِيمٌ﴾[1]

وَمِنْهَا إِنَّمَا، نَحْوُ: إِنَّمَا الْفَاهِمُ عَلِيٌّ،[2]

وَمِنْهَا الْعَطْفُ بِـ لَا[3] أَوْ بَلْ[4] أَوْ لكِنْ[5]، نَحْوُ: أَنَا نَاثِرٌ لَا نَاظِمٌ، وَمَا أَنَا حَاسِبٌ بَلْ كَاتِبٌ،

---

[1] واعلم أنّ الاستفهام الإنكاري يدخل في النفي، نحو: ﴿وَمَنْ يَغْفِرُ الذُّنُوبَ اِلَّا اللّٰهُ﴾

يكون المقصور بعد النفي و المقصور عليه بعد الإستثناء، فالمقصور في الآية هذا أي يوسف، والمقصور عليه هو ملك كريم.

والغالب في القصر بأداة نفي واستثناء أن يكون في أمر ينكره المخاطب أم يشك فيه أو فيما نزّل منزلته.، نحو: ﴿وَاِلٰى عَادٍ اَخَاهُمْ هُودًا قَالَ يَا قَوْمِ اعْبُدُوا اللّٰهَ مَا لَكُمْ مِنْ اِلٰهٍ غَيْرُهُ اِنْ اَنْتُمْ اِلَّا مُفْتَرُونَ ﴿٥٠﴾﴾

[2] ويكون المقصور متّصلًا بـ إنّما، والمقصور عليه هو الّذي يجيء بعده، مثل ﴿اِنَّمَا الْمَسِيحُ عِيسَى ابْنُ مَرْيَمَ رَسُولُ اللّٰهِ﴾، فالمقصور عليه عيسى، والمقصور عليه رسول الله.

وكلمة إنّما موضوعة لتكون في كلام لا يجهله المخاطب ولا ينكر صحته أو فيما ينزّل هذه المنزلة. ففي قوله تعالى ﴿اِنَّمَا الْمَسِيحُ عِيسَى ابْنُ مَرْيَمَ رَسُولُ اللّٰهِ﴾ إشارة إلى أنّ كون عيسى رسول الله أمر واضح لا ينبغي جهله، وكذلك قوله تعالى ﴿اِنَّمَا هُوَ اِلٰهٌ وَاحِدٌ﴾

وقد يترشح من إنّما معنى التّعريض، نحو: قوله تعالى ﴿اِنَّمَا يَتَذَكَّرُ اُولُوا الْاَلْبَابِ﴾ ففيه تعريض لمن لا يتذكّر بأنّه ليس من أولى الألباب.

[3] واعلم أنّ المقصور في أحرف العطف يكون بعد حرف العطف.

ويشترط في لا أن يكون المعطوف عليه قبله مفردا.

[4] يفيد بل القصر إذا وليها مفرد وتقدمها نفي. ومنه قوله تعالى ﴿وَمَا قَتَلُوهُ يَقِينًا ﴿١٥٧﴾ بَلْ رَفَعَهُ اللّٰهُ اِلَيْهِ﴾

ومنه قول الشّاعر:

ليس اليتيم الّذي قد مات والده ... بل اليتيم يتيم العلم والأدب

[5] ومنه قوله تعالى ﴿وَمَا قَتَلُوهُ وَمَا صَلَبُوهُ وَلٰكِنْ شُبِّهَ لَهُمْ﴾ ومنه قوله تعالى ﴿وَمَا ظَلَمُونَا وَلٰكِنْ كَانُوا اَنْفُسَهُمْ يَظْلِمُونَ﴾

وَمِنْهَا تَقْدِيمُ مَا حَقُّهُ التَّأْخِيرُ، نَحْوُ: ﴿إِيَّاكَ نَعْبُدُ﴾.[1]

[1] ومن طرق القصر ضمير الفصل فإنه يفيد – على قول- قصر الخبر على المبتدأ، نحو: ﴿أَلَآ إِنَّهُمْ هُمُ الْمُفْسِدُوْنَ وَلٰكِنْ لَّا يَشْعُرُوْنَ﴾ فضمير الفصل يفيد أن الخبر وهو صفة الفساد مقصور عليهم.

ومنه تعريف المسند إليه والمسند، نحو: ﴿وَهُوَ الْغَفُوْرُ الرَّحِيْمُ﴾

الْبَابُ السَّابِعُ فِي الْوَصْلِ وَالْفَصْلِ

الْوَصْلُ عَطْفُ جُمْلَةٍ عَلَى أُخْرَى وَالْفَصْلُ تَرْكُهُ.

وَالْكَلَامُ هَهُنَا قَاصِرٌ عَلَى الْعَطْفِ بِالْوَاوِ لِأَنَّ الْعَطْفَ بِغَيْرِهَا لَا يَقَعُ فِيهِ اشْتِبَاهٌ.

وَلِكُلٍّ مِنَ الْوَصْلِ بِهَا وَالْفَصْلِ مَوَاضِعُ.[1]

مَوَاضِعُ الْوَصْلِ بِالْوَاوِ

يَجِبُ الْوَصْلُ فِي مَوْضِعَيْنِ[2]:

الْأَوَّلُ: إِذَا اتَّفَقَتِ الْجُمْلَتَانِ خَبَرًا أَوْ إِنْشَاءً، وَكَانَ بَيْنَهُمَا جِهَةٌ جَامِعَةٌ أَيْ مُنَاسَبَةٌ تَامَّةٌ وَلَمْ يَكُنْ مَانِعٌ مِنَ الْعَطْفِ، نَحْوُ: ﴿إِنَّ الْأَبْرَارَ لَفِي نَعِيمٍ ﴿١٣﴾ وَإِنَّ الْفُجَّارَ لَفِي جَحِيمٍ ﴿١٤﴾﴾، ونَحْوُ: ﴿فَلْيَضْحَكُوا قَلِيلًا وَلْيَبْكُوا كَثِيرًا﴾.[3]

[1] واعلم أنّه إذا وقع جملة في الكلام فإمّا أن يكون لها محلّ من الإعراب مثل أن تقع خبرا أو مفعولا به أو وغير ذلك، فليست هذه في بحث الوصل والفصل في شيء.

وإمّا ألّا يكون لها محل من الإعراب مثل أن تقع إبتدائية أو استئنافية أو تعليلية أو اعتراضية أو غير ذلك، وإنّما الكلام في بحث الوصل والفصل حول الجملة المستأنفة الّتي لا محل لها من الإعراب.

وقال الجرجاني في دلائل الإعجاز: تَركُ العطفِ أي الفصل يكونُ إمَّا للاتصالِ إلى الغاية، أو الانفصال إلى الغاية؛ والعطفُ أي الوصل لما هو واسطةٌ بين الأمرينِ، وكان له حالٌ بين حالَيْنِ،

[2] واعلم –رحمك الله– أن الجملة المستأنفة قد تكون متصلة بما قبلها اتصالا كاملا بحيث لا يتغاير عن الجملة الّتي قبلها، فلا يحسن العطف بالواو إذ تدل على التّغاير.

والمستأنفة قد تكون متصلة بما قبلها اتصالا كاملا بحيث لا يتغاير عن الجملة الّتي قبلها، فلا يحسن العطف بالواو إذ تدلّ على التّغاير.

[3] فانظر إلى قوله تعالى ﴿يٰمَرْيَمُ اقْنُتِيْ لِرَبِّكِ وَاسْجُدِيْ وَارْكَعِيْ مَعَ الرّٰكِعِيْنَ﴾

واعلم –رحمك الله– أن الجملة قد يكون إنشاء معنى وخبرا لفظًا فيحسن العطف حينئذ، نحو: ﴿وَإِذْ اَخَذْنَا مِيْثَاقَ بَنِيْٓ اِسْرَآءِيْلَ لَا تَعْبُدُوْنَ اِلَّا اللّٰهَ ۗ وَبِالْوَالِدَيْنِ اِحْسَانًا وَّذِى الْقُرْبٰى وَالْيَتٰمٰى وَالْمَسٰكِيْنِ وَقُوْلُوْا لِلنَّاسِ حُسْنًا وَّاَقِيْمُوا الصَّلٰوةَ وَاٰتُوا الزَّكٰوةَ ۗ﴾

الثَّانِي: إِذَا أَوْهَمَ تَرْكُ الْعَطْفِ خِلَافَ الْمَقْصُودِ، كَمَا إِذَا قُلْتَ: لَا وَشَفَاهُ اللهُ، جَوَابًا لِمَنْ يَسْأَلُكَ: هَلْ بَرِئَ عَلِيٌّ مِنَ الْمَرَضِ؟ فَتَرْكُ الْوَاوِ يُوْهِمُ الدُّعَاءَ عَلَيْهِ، وَغَرَضُكَ الدُّعَاءُ لَهُ.[1]

مَوَاضِعُ الْفَصْلِ

يَجِبُ الْفَصْلُ فِيْ خَمْسَةِ مَوَاضِعَ:

الأَوَّلُ: أَنْ يَكُوْنَ بَيْنَ الْجُمْلَتَيْنِ اتِّحَادٌ تَامٌّ، بِأَنْ تَكُوْنَ الثَّانِيَةُ ...

بَدَلًا مِنَ الْأُوْلَى، نَحْوُ: ﴿أَمَدَّكُم بِمَا تَعْلَمُونَ ﴿١٣٢﴾ أَمَدَّكُم بِأَنْعَامٍ وَبَنِينَ ﴿١٣٣﴾﴾[2]

أَوْ بِأَنْ تَكُوْنَ بَيَانًا لَهَا، نَحْوُ: ﴿فَوَسْوَسَ إِلَيْهِ الشَّيْطَانُ قَالَ يَا آدَمُ هَلْ أَدُلُّكَ عَلَىٰ شَجَرَةِ الْخُلْدِ﴾[3]

أَوْ بِأَنْ تَكُوْنَ مُؤَكِّدَةً لَهَا[4]، نَحْوُ: ﴿فَمَهِّلِ الْكَافِرِينَ أَمْهِلْهُمْ رُوَيْدًا﴾

---

[1] فيه كمال انقطاع إلّا أنّ ترك العطف يوهم خلاف المقصود، ويقال له كمال الانقطاع مع الإيهام. ومنه ما روي أن أبا بكر رضي الله عنه رأى رجلًا بيده ثوب فقال: أهو للبيع قال: لا أصلحك الله، فقال: هلا قلت: لا، وأصلحك الله لئلا يشتبه الدّعاء لي بالدّعاء علي. [وفيات الأعيان وأنباء أبناء الزمان]

[2] واعلم أن المراد بالبدل هنا بدل البعض والاشتمال – على رأي – دون الكلّ.

ومن بدل البعض قوله تعالى ﴿وَإِذْ نَجَّيْنَاكُم مِّنْ آلِ فِرْعَوْنَ يَسُومُونَكُمْ سُوءَ الْعَذَابِ يُذَبِّحُونَ أَبْنَاءَكُمْ وَيَسْتَحْيُونَ نِسَاءَكُمْ﴾

ومن بدل الاشتمال ﴿يَا قَوْمِ اتَّبِعُوا الْمُرْسَلِينَ ﴿٣٠﴾ اتَّبِعُوا مَن لَّا يَسْأَلُكُمْ أَجْرًا وَهُم مُّهْتَدُونَ ﴿٣١﴾﴾

[3] ومنه قوله تعالى ﴿بَلْ قَالُوا مِثْلَ مَا قَالَ الْأَوَّلُونَ ﴿٨١﴾ قَالُوا أَإِذَا مِتْنَا وَكُنَّا تُرَابًا وَعِظَامًا أَإِنَّا لَمَبْعُوثُونَ ﴿٨٢﴾﴾ ومنه ﴿وَمَا يَنطِقُ عَنِ الْهَوَىٰ ﴿٣﴾ إِنْ هُوَ إِلَّا وَحْيٌ يُوحَىٰ ﴿٤﴾﴾

[4] واعلم أنّ التّأكيد في النّحو على قسمين: تأكيد لفظي وتأكيد معنوي، فالتّأكيد اللّفظيّ يكون بإعادة اللّفظ، نحو: «الكيْسُ الكيس» والتّأكيد المعنويّ يكون بألفاظ مخصوصة مثل كلّ ونفس وغيرهما، نحو: ﴿فَسَجَدَ الْمَلَائِكَةُ كُلُّهُمْ﴾، أمّا عند أهل المعاني فهو أن تأتي الجملة الثّانية بعد الأولى مؤكّدة لها.

ومنه قوله تعالى ﴿كَأَن لَّمْ يَسْمَعْهَا كَأَنَّ فِي أُذُنَيْهِ وَقْرًا﴾، ومنه قوله تعالى ﴿مَا هَٰذَا بَشَرًا إِنْ هَٰذَا إِلَّا مَلَكٌ كَرِيمٌ﴾ ومنه قول حسان بن ثابت

...

وَيُقَالُ فِيْ هَذَا الْمَوْضِعِ: إِنَّ بَيْنَ الْجُمْلَتَيْنِ كَمَالَ الاتِّصَالِ.[1]

الثَّانِيْ: أَنْ يَكُوْنَ بَيْنَ الْجُمْلَتَيْنِ تبَايُنٌ تَامٌّ، بِأَنْ يَخْتَلِفَا خبَرًا وَإِنْشَاءً[2]، كَقَوْلِهِ:

وَقَـالَ رَائِـدُهُمْ أَرْسُـوْا نُزَاوِلُهَـا فَحَتْفُ كُلِّ امْرِئٍ يَجْرِيْ بِمِقْدَارِ[3]

أَوْ بِأَنْ لَا يَكُوْنَ بَيْنَهُمَا مُنَاسَبَةٌ فِي الْمَعْنَى، كَقَوْلِكَ عَلِيٌّ كَاتِبٌ الْحَمَامُ طَائِرٌ، فَإِنَّهُ لَا مُنَاسَبَةَ فِي الْمَعْنَى بَيْنَ كِتَابَةِ عَلِيٍّ وَطَيَرَانِ الْحَمَامِ.[4]

أصـون عرضـي بمـالي لا أُدنّسـه لا بـارك الله بـعـد العِـرض في الـمـال

فقوله لا أدنسه تأكيد لأصون عرضي بمالي.

[1] إنّما يترك العطف في كمال الاتصال لعدم الاحتياج إلى الاتصال بين الجملتية من الخارج لأنهما مرتبطتان في المعني من الداخل

[2] ومنه قوله تعالى ﴿وَاَقۡسِطُوۡا ؕ اِنَّ اللّٰهَ يُحِبُّ الۡمُقۡسِطِيۡنَ﴾ ومنه قوله تعالى ﴿وَلَا تَحۡسَبَنَّ اللّٰهَ غَافِلًا عَمَّا يَعۡمَلُ الظّٰلِمُوۡنَ ؕ اِنَّمَا يُؤَخِّرُهُمۡ لِيَوۡمٍ تَشۡخَصُ فِيۡهِ الۡاَبۡصَارُ ﴿۴۲﴾﴾ ومنه وقوله تعالى ﴿اَنۡفِقُوۡا طَوۡعًا اَوۡ كَرۡهًا لَّنۡ يُّتَقَبَّلَ مِنۡكُمۡ﴾ ومنه قوله تعالى ﴿بَدِيۡعُ السَّمٰوٰتِ وَالۡاَرۡضِ ؕ اَنّٰى يَكُوۡنُ لَهٗ وَلَدٌ وَّلَمۡ تَكُنۡ لَّهٗ صَاحِبَةٌ ؕ﴾

وإن ذكرت الواو بين الخبريّة والإنشائية يحمل على الاستئناف، نحو: ﴿وَلَا تَاۡكُلُوۡا مِمَّا لَمۡ يُذۡكَرِ اسۡمُ اللّٰهِ عَلَيۡهِ وَاِنَّهٗ لَفِسۡقٌ﴾ أو على حذف قول، نحو: ﴿كُلَّمَاۤ اَرَادُوۡۤا اَنۡ يَّخۡرُجُوۡا مِنۡهَا مِنۡ غَمٍّ اُعِيۡدُوۡا فِيۡهَا ۗ وَذُوۡقُوۡا عَذَابَ الۡحَرِيۡقِ ﴿۲۲﴾﴾

واعلم أنّ الجملتين قد يختلف في الخبريّة والإنشائية في المعنى دون اللّفظ، نحو: قال عمر رضي الله عنه، فالجملة رضي الله عنه خبر لفظًا وإنشاء معنى.

[3] الرّائد: هو الّذي يتقدم القوم لطلب الكلأ والماء، وأرسوا فعل أمر من الإرساء يقال أرسيتُ السَّفينةَ إذا حبستها بالمرساة وهو بفتح الميم الميناء وبكسر الميم حديدة تلقى في الماء متصلة بالسفينة فتقف (anchor)، والمراد هنا أقيموا، ويقال زاول إذا حاول وعالج. ونزاولها بالرفع لا بالجزم جوابًا للأمر؛ لأن الغرَض تعليل الأمر بالإرساء بالمزاولة لا جعل الإرساء علّة للمزاولة الّذي يفيده الجزم؛ لأنّ الشّرط علّة في الجزاء ولا يستقيم كونه بالرفع حالًا لئلا يفوت التّعليل الّذي هو المقصود. والحتف هو الموت.

[4] ومنه قوله تعالى ﴿اُولٰٓـئِكَ عَلٰى هُدًى مِّنۡ رَّبِّهِمۡۗ وَاُولٰٓـئِكَ هُمُ الۡمُفۡلِحُوۡنَ ﴿۵﴾ اِنَّ الَّذِيۡنَ كَفَرُوۡا سَوَآءٌ عَلَيۡهِمۡ ءَاَنۡذَرۡتَهُمۡ اَمۡ لَمۡ تُنۡذِرۡهُمۡ لَا يُؤۡمِنُوۡنَ ﴿۶﴾﴾

وَيُقَالُ فِي هذَا الْمَوْضِعِ: إِنَّ بَيْنَ الْجُمْلَتَيْنِ كَمَالَ الِانْقِطَاعِ.

الثَّالِثُ: كَوْنُ الْجُمْلَةِ الثَّانِيَةِ جَوابًا عَنْ سُؤَالٍ نَشَأَ مِنَ الْجُمْلَةِ الْأُوْلَى، كَقَوْلِهِ:

زَعَمَ العَواذِلُ أَنَّنِي فِي غَمْرَةٍ ... صَدَقُوا وَلكِنْ غَمْرَتِيْ لَا تَنْجَلِيْ

كَأَنَّهُ قِيلَ أَصَدَقُوْا فِيْ زَعْمِهِمْ أَمْ كَذَبُوْا؟ فَقَالَ صَدَقُوْا.[1]

وَيُقَالُ: بَيْنَ الْجُمْلَتَيْنِ شِبْهُ كَمَالِ الِاتِّصالِ.

الرَّابِعُ: أَنْ تُسْبَقَ جُمْلَةٌ بِجُمْلَتَيْنِ يَصِحُّ عَطْفُهَا عَلَى إِحْدَاهُمَا لِوُجُوْدِ الْمُنَاسَبَةِ، وَفِي عَطْفِهَا عَلَى الْأُخْرَى فَسَادٌ، فَيُتْرَكُ الْعَطْفُ دَفْعًا لِلْوَهْمِ، كَقَوْلِهِ:

وَتَظُنُّ سَلْمَى أَنَّنِيْ أَبْغِيْ بِهَا ... بَدَلًا أَرَاهَا فِي الضَّلَالِ تَهِيْمُ

فَجُمْلَةُ أَرَاهَا يَصِحُّ عَطْفُهَا عَلَى تَظُنُّ، لَكِنْ يَمْنَعُ مِنْ هَذَا تَوَهُّمُ الْعَطْفِ عَلَى جُمْلَةِ أَبْغِيْ بِهَا، فَتَكُوْنُ الْجُمْلَةُ الثَّالِثَةُ مِنْ مَظْنُوْنَاتِ سَلْمَى، مَعَ أَنَّهُ لَيْسَ مُرَادًا.[2]

---

[1] ومنه قوله تعالى ﴿وَمَآ أَدْرَىٰكَ مَا يَوْمُ الدِّينِ ۝١٧ ثُمَّ مَآ أَدْرَىٰكَ مَا يَوْمُ الدِّينِ ۝١٨ يَوْمَ لَا تَمْلِكُ نَفْسٌ لِّنَفْسٍ شَيْـًٔا ۖ وَالْأَمْرُ يَوْمَئِذٍ لِّلَّهِ ۝١٩﴾

ومنه قوله تعالى ﴿يَٰٓأَيُّهَا الَّذِينَ ءَامَنُوا هَلْ أَدُلُّكُمْ عَلَىٰ تِجَٰرَةٍ تُنجِيكُم مِّنْ عَذَابٍ أَلِيمٍ ۝١٠ تُؤْمِنُونَ بِاللَّهِ وَرَسُولِهِۦ وَتُجَٰهِدُونَ فِى سَبِيلِ اللَّهِ بِأَمْوَٰلِكُمْ وَأَنفُسِكُمْ ۚ﴾

ومنه قوله تعالى ﴿وَمَآ أُبَرِّئُ نَفْسِىٓ ۚ إِنَّ النَّفْسَ لَأَمَّارَةٌۢ بِالسُّوٓءِ إِلَّا مَا رَحِمَ رَبِّىٓ ۚ إِنَّ رَبِّى غَفُورٌ رَّحِيمٌ ۝٥٣﴾

كأنه قيل لماذا لا تبرئ نفسك؟

[2] لو كان فيه حرف عطف لاحتمل معنيان:

مَعْطُوْفٌ عَلَيْهِ		مَعْطُوْفٌ
وَتَظُنُّ سَلْمَى أَنَّنِيْ أَبْغِيْ بِهَا بَدَلًا	[وَ]	أَرَاهَا فِي الضَّلَالِ تَهِيْمُ

وهذا لا بأس به، أمّا الاحتمال الثّاني ففيه خلل

		مَعْطُوْفٌ عَلَيْهِ		مَعْطُوْفٌ
وَتَظُنُّ سَلْمَى	أَنَّنِيْ	أَبْغِيْ بِهَا بَدَلًا	[وَ]	أَرَاهَا فِي الضَّلَالِ تَهِيْمُ

...

وَيُقَالُ: بَيْنَ الْجُمْلَتَيْنِ فِيْ هَذَا الْمَوْضِعِ شِبْهُ كَمَالِ الِانْقِطَاعِ.

الْخَامِسُ: أَنْ لَا يُقْصَدَ تَشْرِيْكُ الْجُمْلَتَيْنِ فِي الْحُكْمِ لِقِيَامِ مَانِعٍ، كَقَوْلِهِ تَعَالَى: ﴿وَإِذَا خَلَوْا إِلَىٰ شَيَٰطِينِهِمْ قَالُوٓا إِنَّا مَعَكُمْ إِنَّمَا نَحْنُ مُسْتَهْزِءُونَ ﴿١٤﴾ ٱللَّهُ يَسْتَهْزِئُ بِهِمْ﴾، فَجُمْلَةُ اللهُ يَسْتَهْزِئُ بِهِمْ لَا يَصِحُّ عَطْفُهَا عَلَى إِنَّا مَعَكُمْ لِاقْتِضَائِهِ أَنَّهُ مِنْ مَقُوْلِهِمْ، وَلَا عَلَى جُمْلَةِ قَالُوْا لِاقْتِضَائِهِ أَنَّ اسْتِهْزَاءَ اللهِ بِهِمْ مُقَيَّدٌ بِحَالِ خُلُوِّهِمْ إِلَى شَيَاطِيْنِهِمْ.[1]

ومثله

يقولون إنّي أحمل الضّيم عندهم	أعوذ بربّي أن يضام نظيري

لا يصحّ عطف الجمله أعوذ بربي الخ على الجملة أحمل لأنه ليس من مقولهم، فتُرك العطف دفعا للتوهّم.

وهذا النّوع الرّابع قليل وجوده حتّى أنكره بعضهم، وعد الجملة الثّالثة جوابا لسؤال ناشئ من الجملة الثّانية.

[1] والاحتمالان كما يلي

مقول لفعل قال

وَإِذَا خَلَوْا إِلَى شَيَاطِيْنِهِمْ قَالُوا إِنَّا مَعَكُمْ إِنَّمَا نَحْنُ مُسْتَهْزِئُوْنَ

[و] اللهُ يَسْتَهْزِئُ بِهِمْ

ويرد عليه أنّه ينتقض بقول الله تعالى ﴿أَلَآ إِنَّهُم مِّنْ إِفْكِهِمْ لَيَقُولُونَ ﴿١٥١﴾ وَلَدَ ٱللَّهُ وَإِنَّهُمْ لَكَٰذِبُونَ ﴿١٥٢﴾﴾

والثّاني:

مفعول فيه للأمرين

وَإِذَا خَلَوْا إِلَى شَيَاطِيْنِهِمْ قَالُوا إِنَّا مَعَكُمْ إِنَّمَا نَحْنُ مُسْتَهْزِئُوْن

[و] اللهُ يَسْتَهْزِئُ بِهِمْ

ومن ذلك قوله تعالى ﴿وَإِذَا قِيلَ لَهُمْ لَا تُفْسِدُوا فِى ٱلْأَرْضِ قَالُوٓا إِنَّمَا نَحْنُ مُصْلِحُونَ ﴿١١﴾ أَلَآ إِنَّهُمْ هُمُ ٱلْمُفْسِدُونَ وَلَٰكِن لَّا يَشْعُرُونَ ﴿١٢﴾﴾ لم يقصد تشريك جملة ألا إنّهم هم المفسدون في حكم جملة إنّما نحن مصلحون فإنها ليس من مقولهم فترك العطف.

وكذلك قوله تعالى ﴿وَإِذَا قِيلَ لَهُمْ ءَامِنُوا كَمَآ ءَامَنَ ٱلنَّاسُ قَالُوٓا أَنُؤْمِنُ كَمَآ ءَامَنَ ٱلسُّفَهَآءُ أَلَآ إِنَّهُمْ هُمُ ٱلسُّفَهَآءُ وَلَٰكِن لَّا يَعْلَمُونَ ﴿١٣﴾﴾

وَيُقَالُ بَيْنَ الْجُمْلَتَيْنِ فِيْ هَذَا الْمَوْضِعِ تَوسُّطٌ بَيْنَ الْكَمَالَيْنِ.[1]

[1] قد انتهينا من البحث في الواو العاطفة بين جملتين وبقيت أشياء لا بد من التّنبيه عليه

عطف الصفات بعضها على بعض

الصّفات قد يترك العطف بينها إذا إذا لم تكن متضادة، نحو: ﴿عَسٰى رَبُّهٗٓ اِنْ طَلَّقَكُنَّ اَنْ يُّبْدِلَهٗٓ اَزْوَاجًا خَيْرًا مِّنْكُنَّ مُسْلِمٰتٍ مُّؤْمِنٰتٍ قٰنِتٰتٍ تٰٓئِبٰتٍ عٰبِدٰتٍ سٰٓئِحٰتٍ ثَيِّبٰتٍ وَّاَبْكَارًا﴾ وجيئ بالعطف في المتضادتين وترك في غيرهما.

وتلك قاعدة غير مطردة فقد يترك العطف في متضادتين، نحو: ﴿اِذَا وَقَعَتِ الْوَاقِعَةُ ۙ ﴿١﴾ لَيْسَ لِوَقْعَتِهَا كَاذِبَةٌ ۘ ﴿٢﴾ خَافِضَةٌ رَّافِعَةٌ ﴿٣﴾﴾ ويذكر في غير المتضادة، نحو: ﴿اَلصّٰبِرِيْنَ وَالصّٰدِقِيْنَ وَالْقٰنِتِيْنَ وَالْمُنْفِقِيْنَ وَالْمُسْتَغْفِرِيْنَ بِالْاَسْحَارِ﴾

الْبَابُ الثَّامِنُ فِي الْإِيْجَازِ وَالْإِطْنَابِ وَالْمُسَاوَاةِ

كُلُّ مَا يَجُوْلُ فِي الصَّدْرِ مِنَ الْمَعَانِي يُمْكِنُ أَنْ يُعَبَّرَ عَنْهُ بِثَلَاثِ طُرُقٍ:

[الْمُسَاوَاةُ]

١) الْمُسَاوَاةُ وَهِيَ تَأْدِيَةُ الْمَعْنَى الْمُرَادِ بِعِبَارَةٍ مُسَاوِيَةٍ لَهُ، بِأَنْ تَكُوْنَ عَلَى الْحَدِّ الَّذِي جَرَى بِهِ عُرْفُ أَوْسَاطِ النَّاسِ، وَهُمُ الَّذِيْنَ لَمْ يَرْتَقُوْا إِلَى دَرَجَةِ الْبَلَاغَةِ، وَلَمْ يَنْحَطُّوْا إِلَى دَرَجَةِ الْفَهَاهَةِ، نَحْوُ: ﴿وَإِذَا رَأَيْتَ الَّذِينَ يَخُوضُونَ فِي آيَاتِنَا فَأَعْرِضْ عَنْهُمْ﴾.

[الْإِيْجَازُ]

٢) وَالْإِيْجَازُ وَهُوَ تَأْدِيَةُ الْمَعْنَى بِعِبَارَةٍ نَاقِصَةٍ عَنْهُ مَعَ وَفَائِهَا بِالْغَرَضِ، نَحْوُ:

قِفَا نَبْكِ مِنْ ذِكْرَى حَبِيْبٍ وَمَنْزِلِ

فَإِذَا لَمْ تَفِ بِالْغَرَضِ سُمِّيَ إِخْلَالًا، كَقَوْلِهِ:

وَالْعَيْشُ خَيْرٌ فِيْ ظِلَا ... لِ النُّوْكِ مِمَّنْ عَاشَ كَدًّا[1]

مُرَادُهُ أَنَّ الْعَيْشَ الرَّغَدَ فِيْ ظِلَالِ الْحُمْقِ خَيْرٌ مِنَ الْعَيْشِ الشَّاقِّ فِيْ ظِلَالِ الْعَقْلِ.

[الْإِطْنَابُ]

٣) وَالْإِطْنَابُ وَهُوَ تَأْدِيَةُ الْمَعْنَى بِعِبَارَةٍ زَائِدَةٍ عَنْهُ مَعَ الْفَائِدَةِ، نَحْوُ: ﴿رَبِّ إِنِّي وَهَنَ الْعَظْمُ مِنِّي وَاشْتَعَلَ الرَّأْسُ شَيْبًا﴾ أَيْ كَبِرْتُ.[2]

---

[1] الظلال جمع ظلّ، والنُّوك الحمق، والكدّ السّعي والمثابرة في العمل،

[2] ومنه ﴿رَبِّ إِنِّي وَهَنَ الْعَظْمُ مِنِّي وَاشْتَعَلَ الرَّأْسُ شَيْبًا وَلَمْ أَكُنْ بِدُعَائِكَ رَبِّ شَقِيًّا ﴿٤﴾ وَإِنِّي خِفْتُ الْمَوَالِيَ مِنْ وَرَائِي وَكَانَتِ امْرَأَتِي عَاقِرًا فَهَبْ لِي مِنْ لَدُنْكَ وَلِيًّا ﴿٥﴾﴾ أطال في الكلام الّذي مقصوده هو الدّعاء للولد، أطال استرحامًا.

ومن أمثلة الإطناب قول الله تعالى ﴿وَمَا تِلْكَ بِيَمِينِكَ يَا مُوسَىٰ ﴿١٧﴾ قَالَ هِيَ عَصَايَ أَتَوَكَّأُ عَلَيْهَا وَأَهُشُّ بِهَا عَلَىٰ غَنَمِي وَلِيَ فِيهَا مَآرِبُ أُخْرَىٰ ﴿١٨﴾ قَالَ أَلْقِهَا يَا مُوسَىٰ ﴿١٩﴾﴾ أطال موسى عليه السلام كلامه استلذاذا بمناجاة الرّبّ، وأعاد تبارك وتعالى قوله يا موسى استيناسا له.

فَإِذَا لَمْ تَكُنْ فِي الزِّيَادَةِ فَائِدَةٌ سُمِّيَ ...

تَطْوِيْلًا إِنْ كَانَتِ الزِّيَادَةُ غَيْرَ مُتَعَيِّنَةٍ،

وَحَشْوًا إِنْ تَعَيَّنَتْ.

فَالتَّطْوِيْلُ نَحْوُ:

وَأَلْفَى قَوْلَهَا كَذِبًا وَمَيْنًا[١]

وَالْحَشْوُ نَحْوُ: وَأَعْلَمُ عِلْمَ الْيَوْمِ وَالْأَمْسِ قَبْلَهُ.

وَمِنْ دَوَاعِي الْإِيْجَازِ تَسْهِيْلُ الْحِفْظِ، وَتَقْرِيْبُ الْفَهْمِ، وَضِيْقُ الْمَقَامِ، وَالْإِخْفَاءُ، وَسَآمَةُ الْمُحَادَثَةِ.

وَمِنْ دَوَاعِي الْإِطْنَابِ تَثْبِيْتُ الْمَعْنَى، وَتَوْضِيْحُ الْمُرَادِ، وَالتَّوْكِيْدُ، وَدَفْعُ الْإِيْهَامِ.[٢]

---

[١] المِيْنُ الكذب، ولو قيل أليس في القرآن تطويل، ففي البسملة مثلا الرّحمن والرحيم بمعنى متقارب، وكذلك قوله تعالى ﴿فَقَدْ جَآءُوْ ظُلْمًا وَزُوْرًا﴾؟

نقول هذه المترادفات لها فائدة لا يحصل المعنى بتمامه بغيرها، ففي الرّحمن والرّحيم فائدة تأكيد الرّحمة مع الإشارة إلى أن الرّحمن في عظام الأمور والرّحيم في صغارها فيفيد أن الإنسان لا ينبغي أن يستحيي من الله في أي أمر كما جاء في حديث ليسأل أحدكم ربّه حاجته كلّها ، حتى يسأله شسع نعله إذا انقطع وغير ذلك من الفوائد

[٢] الحاصل ما يلي:

الإِخْلَالُ	الإِيْجَازُ	المُسَاوَاةُ	الإِطْنَابُ	تَطْوِيْلٌ / حَشْوٌ
تأدية المعنى بعبارة ناقصة عنه		تأدية المعنى بعبارة مساوية له	تأدية المعنى بعبارة زائدة عنه	
بغير وفاء المعنى	مع وفاء المعنى		مع الفائدة	بغير فائدة

أَقْسَامُ الْإِيْجَازِ

[إِيْجَازُ قَصْرٍ]

الْإِيْجَازُ إِمَّا أَنْ يَكُوْنَ بِتَضَمُّنِ الْعِبَارَةِ الْقَصِيْرَةِ مَعَانِيَ كَثِيْرَةً، وَهُوَ مَرْكَزُ عِنَايَةِ الْبُلَغَاءِ، وَبِهِ تَتَفَاوَتُ أَقْدَارُهُمْ. وَيُسَمَّى إِيْجَازَ قَصْرٍ، نَحْوُ: قَوْلِهِ تَعَالَى ﴿وَلَكُمْ فِي الْقِصَاصِ حَيَوٰةٌ﴾.[1]

[إِيْجَازُ حَذْفٍ]

وَإِمَّا أَنْ يَكُوْنَ بِحَذْفِ كَلِمَةٍ أَوْ جُمْلَةٍ أَوْ أَكْثَرَ، مَعَ قَرِيْنَةٍ تُعَيِّنُ الْمَحْذُوْفَ، وَيُسَمَّى إِيْجَازَ حَذْفٍ.

---

[1] ومنه قوله تعالى ﴿أَلَا لَهُ الْخَلْقُ وَالْأَمْرُ ۗ تَبَارَكَ اللَّهُ رَبُّ الْعَالَمِينَ ﴿٥٤﴾﴾ هذه الآية تعمّ كلّ شيء لأنّ فيه ذكر المخلوقات وأفعالهم يعني كلّ ما خلق لله وكلّ ما يكون تحت أمره فله كلّ شيء.

ومنه قوله تعالى ﴿فَمَن يَعْمَلْ مِثْقَالَ ذَرَّةٍ خَيْرًا يَرَهُ ﴿٧﴾ وَمَن يَعْمَلْ مِثْقَالَ ذَرَّةٍ شَرًّا يَرَهُ ﴿٨﴾﴾ هذه الآية تشمل جميع أفعال العباد كلهم، فكلمة من من ألفاظ العموم، وهي تعطي دلالة كليّة عامّة تَشملُ كلَّ مكلَّف، وفعل الشّرط يَعْمَل يشمل كلّ عَمَلٍ إراديٍّ من الأعمال الظاهرة والباطنة، وقوله مثقال ذرّة يشمل أصغر الأعمال وأقلّها عددًا، وأكبرها عِظَمًا وعددًا، وكلٌّ من كَلمَتيْ خيرًا وشرًّا تمييز على تقدير مِن وهو منكّر، فهو يفيد العموم الّذي يشملُ كلَّ خير وكلَّ شرّ ظاهرًا كان أو باطنًا، وكلمة يَرَهُ تدلُّ على رؤيَةِ عَمَلِهِ إذْ يراهُ في كتاب أعماله مسجَّلا بالصُّورة والصّوت والخواطر والنّيات.

ومثله ﴿وَالْفُلْكِ الَّتِي تَجْرِي فِي الْبَحْرِ بِمَا يَنفَعُ النَّاسَ﴾ هذا يشمل جميع ما يكون في السّفن من الطعام والأمتعة وغيره،

ومنه ﴿وَلَكُمْ فِيهَا مَا تَشْتَهِي أَنفُسُكُمْ وَلَكُمْ فِيهَا مَا تَدَّعُونَ﴾ وكذلك قوله تعالى ﴿وَفِيهَا مَا تَشْتَهِيهِ الْأَنفُسُ وَتَلَذُّ الْأَعْيُنُ ۖ وَأَنتُمْ فِيهَا خَالِدُونَ ﴿٧١﴾﴾ كذلك قوله ﷺ: «قَالَ اللهُ أَعْدَدْتُ لِعِبَادِي الصَّالِحِينَ مَا لاَ عَيْنٌ رَأَتْ، وَلاَ أُذُنٌ سَمِعَتْ، وَلاَ خَطَرَ عَلَى قَلْبِ بَشَرٍ، فَاقْرَءُوا إِنْ شِئْتُمْ فَلَا تَعْلَمُ نَفْسٌ مَا أُخْفِيَ لَهُمْ مِنْ قُرَّةِ أَعْيُنٍ»

ومنه قوله ﷺ: «إِذَا قُمْتَ فِي صَلاتِكَ فَصَلِّ صَلاةَ مُوَدِّعٍ، ولا تَكَلَّمْ بِكَلامٍ تَعْتَذِرُ مِنْهُ غَدًا، وأَجْمِعِ اليَأْسَ مِمَّا في أَيْدِي النَّاسِ»

فَحَذْفُ الْكَلِمَةِ[1] كَحَذْفِ لَا[2] فِيْ قَوْلِ امْرِئِ الْقَيْسِ:

فَقُلْتُ يَمِيْنَ اللهِ أَبْرَحُ قَاعِدًا ... وَلَوْ قَطَّعُوْا رَأْسِي لَدَيْكِ وَأَوْصَالِيْ[3]

وَحَذْفُ الْجُمْلَةِ كَقَوْلِهِ تَعَالَى ﴿وَإِنْ يُكَذِّبُوكَ فَقَدْ كُذِّبَتْ رُسُلٌ مِنْ قَبْلِكَ﴾ أَيْ فَتَأَسَّ وَاصْبِرْ.[4]

---

[1]

[2] واعلم رحمك الله أنّ الحذف يقع في عدّة مواقع:

منها حذف الحرف ومثله قوله تعالى ﴿تَاللهِ تَفْتَؤُا تَذْكُرُ يُوسُفَ﴾ حذف منه لا، وكذلك نحو: ﴿وَلَمْ أَكُ بَغِيًّا﴾ وأصله أكن.

وقد يحذف المبتدأ، نحو: ﴿فَقَالُوْا سِحْرٌ كَذَّابٌ﴾ أي هو ساحر كذاب،

وقد يحذف الخبر، نحو: ﴿أُكُلُهَا دَآئِمٌ وَّظِلُّهَا ــــ﴾ أي وظلّها دائم،

وقد يحذف الفاعل، نحو: ﴿كَلَّآ إِذَا بَلَغَتِ ــــ التَّرَاقِيَ﴾ أي بلغت الرّوحُ التّراقي،

وقد يحذف المفعول، نحو: ﴿فَذُوْقُوْا ــــ بِمَا نَسِيْتُمْ لِقَآءَ يَوْمِكُمْ هٰذَا﴾ أي فذوقوا العذاب بما نسيتم

وقد يحذف المضاف، نحو: ﴿حَتّٰٓى إِذَا فُتِحَتْ ــــ يَأْجُوْجُ وَمَأْجُوْجُ وَهُمْ مِّنْ كُلِّ حَدَبٍ يَّنْسِلُوْنَ﴾ أي فتحت سد يأجوج ومأجوج،

وقد يحذف المضاف إليه، نحو: ﴿لِلّٰهِ الْأَمْرُ مِنْ قَبْلُ ــــ وَمِنْۢ بَعْدُ ــــ﴾ أي من قبل كلّ شيء وبعده،

وقد يحذف الجار والمجرور، نحو: ﴿وَلَذِكْرُ اللهِ أَكْبَرُ ــــ﴾ أي أكبر من كلّ شيء،

وقد يحذف الموصوف، نحو: ﴿وَعِنْدَهُمْ ــــ قٰصِرٰتُ الطَّرْفِ عِيْنٌ﴾ أي حور قاصرات الطرف،

وقد يحذف الصّفة، نحو: ﴿أَطْعَمَهُمْ مِّنْ جُوْعٍ ــــ﴾ أي جوع شديد،

وقد يحذف الحال، نحو: ﴿وَالْمَلٰٓئِكَةُ يَدْخُلُوْنَ عَلَيْهِمْ مِّنْ كُلِّ بَابٍ ﴿٢٣﴾ ــــ سَلٰمٌ عَلَيْكُمْ بِمَا صَبَرْتُمْ فَنِعْمَ عُقْبَى الدَّارِ ﴿٢٤﴾﴾ أي يدخلون عليهم من كلّ باب قائلين سلام عليكم

[3] اليمين هو القَسَم، وهو مبتدأ وخبره محذوف، والتّقدير يمين الله قسمي، والأوصال جمع الوصل، وهو كلّ عضو يفصل من الآخر. يقسم الشّاعر لمحبوبته بأنه سيبقى عندها لا يفارقها ولو أدّى ذلك إلى هلاكه.

[4] ومنه قوله تعالى ﴿فَقُلْنَا اضْرِبْ بِّعَصَاكَ الْحَجَرَ ــــ فَانْفَجَرَتْ مِنْهُ اثْنَتَا عَشْرَةَ عَيْنًا﴾ أي فضربت فانفجرت.

...

وَحذْفُ الْأَكْثَرِ، نَحْوُ: قَوْلِهِ تَعَالَى: ﴿فَأَرْسِلُوْنِ ۝٣٥ يُوْسُفُ أَيُّهَا الصِّدِّيْقُ﴾، أَيْ: أَرْسِلُوْنِي إِلَى يُوْسَفَ لِأَسْتَعْبِرَهُ الرُّؤْيَا، فَفَعلُوْا، فَأَتَاهُ وَقَالَ لَهُ: يَا يُوْسُفُ.[1]

أَقْسَامُ الْإِطْنَابِ

الْإِطْنَابُ يَكُوْنُ بِأُمُوْرٍ كَثِيْرَةٍ:

[ذِكْرُ الْخَاصِّ بَعْدَ الْعَامِّ]

مِنْهَا: ذِكْرُ الْخَاصِّ بَعْدَ الْعَامِّ، نَحْوُ: اجْتَهِدُوْا فِيْ دُرُوْسِكُمْ وَاللُّغَةِ الْعَرَبِيَّةِ، وَفَائِدَتُهُ التَّنْبِيْهُ عَلَى فَضْلِ الْخَاصِّ، كَأَنَّهُ لِرِفْعَتِهِ جِنْسٌ آخَرُ مُغَايِرٌ لِمَا قَبْلَهُ.[2]

[ذِكْرُ الْعَامِّ بَعْدَ الْخَاصِّ]

وَمِنْهَا: ذِكْرُ الْعَامِّ بَعْدَ الْخَاصِّ، كَقَوْلِهِ تَعَالَى: ﴿رَبِّ اغْفِرْ لِيْ وَلِوَالِدَيَّ وَلِمَنْ دَخَلَ بَيْتِيَ مُؤْمِنًا وَّلِلْمُؤْمِنِيْنَ وَالْمُؤْمِنٰتِ﴾.

والجملة المحذوفة يكون جوابا للقسم، نحو: ﴿وَالنّٰزِعٰتِ غَرْقًا ۝١ وَّالنّٰشِطٰتِ نَشْطًا ۝٢ وَّالسّٰبِحٰتِ سَبْحًا ۝٣ فَالسّٰبِقٰتِ سَبْقًا ۝٤ فَالْمُدَبِّرٰتِ اَمْرًا ۝٥ يَوْمَ تَرْجُفُ الرَّاجِفَةُ ۝٦﴾ أي لتُبعثنّ.

[1] ومنه قوله تعالى ﴿فَاْتِيٰهُ فَقُوْلَآ اِنَّا رَسُوْلَا رَبِّكَ فَاَرْسِلْ مَعَنَا بَنِيْٓ اِسْرَآءِيْلَ ەۙ وَلَا تُعَذِّبْهُمْ ؕ قَدْ جِئْنٰكَ بِاٰيَةٍ مِّنْ رَّبِّكَ ؕ وَالسَّلٰمُ عَلٰى مَنِ اتَّبَعَ الْهُدٰى﴾ أي فذهبا إلى فرعون وقالا له أرسل.

ومثله قوله تعالى ﴿وَجَآءَ مِنْ اَقْصَا الْمَدِيْنَةِ رَجُلٌ يَّسْعٰى قَالَ يٰقَوْمِ اتَّبِعُوا الْمُرْسَلِيْنَ ۝٢٠ اتَّبِعُوْا مَنْ لَّا يَسْـَٔلُكُمْ اَجْرًا وَّهُمْ مُّهْتَدُوْنَ ۝٢١ وَمَا لِيَ لَآ اَعْبُدُ الَّذِيْ فَطَرَنِيْ وَاِلَيْهِ تُرْجَعُوْنَ ۝٢٢ ءَاَتَّخِذُ مِنْ دُوْنِهٖٓ اٰلِهَةً اِنْ يُّرِدْنِ الرَّحْمٰنُ بِضُرٍّ لَّا تُغْنِ عَنِّيْ شَفَاعَتُهُمْ شَيْـًٔا وَّلَا يُنْقِذُوْنِ ۝٢٣ اِنِّيْٓ اِذًا لَّفِيْ ضَلٰلٍ مُّبِيْنٍ ۝٢٤ اِنِّيْٓ اٰمَنْتُ بِرَبِّكُمْ فَاسْمَعُوْنِ ۝٢٥ قِيْلَ ادْخُلِ الْجَنَّةَ ؕ﴾ أي لم يسمعوا قوله ولم يؤمنوا فقتلوه فقيل له ادْخُلِ الْجَنَّةَ.

[2] ومنه قوله تعالى ﴿حٰفِظُوْا عَلَى الصَّلَوٰتِ وَالصَّلٰوةِ الْوُسْطٰى﴾ ومنه ﴿لَيْلَةُ الْقَدْرِ ەۙ خَيْرٌ مِّنْ اَلْفِ شَهْرٍ ۝٣ تَنَزَّلُ الْمَلٰٓئِكَةُ وَالرُّوْحُ فِيْهَا بِاِذْنِ رَبِّهِمْ﴾

[الْإِيْضَاحُ بَعْدَ الْإِبْهَامِ]

وَمِنْهَا: الْإِيْضَاحُ بَعْدَ الْإِبْهَامِ[1]، نَحْوُ: ﴿اَمَدَّكُمْ بِمَا تَعْلَمُوْنَ ﴿١٣٢﴾ اَمَدَّكُمْ بِاَنْعَامٍ وَّبَنِيْنَ ﴿١٣٣﴾﴾

[التَّوْشِيْعُ]

وَمِنْهَا: **التَّوْشِيْعُ**[2]، وَهُوَ أَنْ يُؤْتَى فِيْ آخِرِ الْكَلَامِ بِمُثَنًّى مُفَسَّرٍ بِاثْنَيْنِ، كَقَوْلِهِ:

أُمْسِيْ وَأُصْبِحُ مِنْ تَذْكَارِكُمْ وَصِبًا ... يَرْثِيْ لِيَ الْمُشْفِقَانِ الْأَهْلُ وَالْوَلَدُ[3]

[التَّكْرِيْرُ]

وَمِنْهَا: التَّكْرِيْرُ لِغَرَضٍ،

كَطُوْلِ الْفَصْلِ فِيْ قَوْلِهِ:

---

[1] وفائدة الإيضاح بعد الإبهام أنّ المعنى يذكر مرّتين مبهمة مجملة وموضحة مفصّلة فيتمكّن في نفس السّامع. ومنه ﴿وَقَضَيْنَآ اِلَيْهِ ذٰلِكَ الْاَمْرَ اَنَّ دَابِرَ هٰٓؤُلَآءِ مَقْطُوْعٌ مُّصْبِحِيْنَ﴾ فأنّ دَابِرَ هٰؤُلَاءِ مَقْطُوعٌ مُصْبِحِينَ إيضاح لما جاء مجملا قبله أعني ذلك الأمر.

ومنه قوله تعالى ﴿يٰٓاَيُّهَا الَّذِيْنَ اٰمَنُوْا هَلْ اَدُلُّكُمْ عَلٰى تِجَارَةٍ تُنْجِيْكُمْ مِّنْ عَذَابٍ اَلِيْمٍ ﴿١٠﴾ تُؤْمِنُوْنَ بِاللّٰهِ وَرَسُوْلِهٖ وَتُجَاهِدُوْنَ فِيْ سَبِيْلِ اللّٰهِ بِاَمْوَالِكُمْ وَاَنْفُسِكُمْ ۗ ذٰلِكُمْ خَيْرٌ لَّكُمْ اِنْ كُنْتُمْ تَعْلَمُوْنَ ﴿١١﴾﴾

ومنه ضمير الشّأن، نحو: ﴿قُلْ هُوَ اللّٰهُ اَحَدٌ﴾

ومنه تمييز فعل المدح والذّمّ، نحو: ﴿سَآءَتْ مُسْتَقَرًّا وَّمُقَامًا﴾

[2] والحقيقة أنّه قسم خاص من الإيضاح بعد الإبهام، ومنه قول النبي ﷺ: «يَهْرَمُ ابْنُ آدَمَ وَتَشِبُّ مِنْهُ اثْنَتَانِ: الْحِرْصُ عَلَى الْمَالِ، وَالْحِرْصُ عَلَى الْعُمُرِ» ومنه قول النّبي ﷺ للأشجّ بن عبد القيس: «إِنَّ فِيكَ خَلَّتَيْنِ يُحِبُّهُمَا اللهُ، الْحِلْمُ وَالأَنَاةُ»

ومنه قول النّبي ﷺ: «اللهُمَّ إِنِّي أُحَرِّجُ حَقَّ الضَّعِيفَيْنِ: الْيَتِيمِ وَالْمَرْأَةِ»

وقال بعضهم أنّ التّوشيع غير مختص بالمثنى بل يأتي لما فوق المثنّى، نحو: قول النبي ﷺ: «اللَّهُمَّ أَعُوذُ بِكَ مِنْ أَرْبَعٍ: مِنْ عِلْمٍ لَا يَنْفَعُ، وَقَلْبٍ لَا يَخْشَعُ، وَنَفْسٍ لَا تَشْبَعُ، وَمِنْ دُعَاءٍ لَا يُسْمَعُ»

[3] التَّذكار مصدر من ذكر، والوصب من وَصِبَ، يقال وَصِب فلان إذا مرِض وتوجع، ويقال رَجُلٌ وَصِبٌ أي مَرِيضٌ. ويقال رثى الميّتَ إذا عدّد محاسنه، من باب ضرب والمصدر رِثاءً ورِثْيًا

وَإِنَّ امْـرَأً دامَـتْ مَـوَاثِـيْـقُ عَـهْـدِهِ عَـلَـى مِـثْـلِ هَـذَا إِنَّـهُ لَـكَـرِيْـمُ[1]

وَكَزِيَادَةِ التَّرْغِيْبِ فِي الْعَفْوِ، فِي قَوْلِهِ تَعَالَى: ﴿إِنَّ مِنْ أَزْوَاجِكُمْ وَأَوْلَادِكُمْ عَدُوًّا لَّكُمْ فَاحْذَرُوهُمْ ۚ وَإِن تَعْفُوا وَتَصْفَحُوا وَتَغْفِرُوا فَإِنَّ اللَّهَ غَفُورٌ رَّحِيمٌ ﴿١٤﴾﴾.

وَكَتَأْكِيْدِ الْإِنْذَارِ فِيْ قَوْلِهِ تَعَالَى: ﴿كَلَّا سَوْفَ تَعْلَمُونَ ﴿٣﴾ ثُمَّ كَلَّا سَوْفَ تَعْلَمُونَ ﴿٤﴾﴾[2].

[الِاعْتِرَاضُ]

وَمِنْهَا: الِاعْتِرَاضُ وَهُوَ تَوَسُّطُ لَفْظٍ بَيْنَ أَجْزَاءِ جُمْلَةٍ أَوْ بَيْنَ جُمْلَتَيْنِ مُرْتَبِطَتَيْنِ مَعْنًى لِغَرَضٍ نَحْوُ:

إِنَّ الثَّمَـانِيْنَ -وَبُلِّغْتَهَـا- قَدْ أَحْوَجَتْ سَمْعِيْ إِلَى تَرْجُمَانِ

وَنَحْوُ: قَوْلِهِ تَعَالَى: ﴿وَيَجْعَلُونَ لِلَّهِ الْبَنَاتِ سُبْحَانَهُ ۙ وَلَهُم مَّا يَشْتَهُونَ ﴿٥٧﴾﴾[3].

---

[1] ومنه قوله تعالى ﴿لَا تَحْسَبَنَّ الَّذِينَ يَفْرَحُونَ بِمَا أَتَوا وَّيُحِبُّونَ أَن يُحْمَدُوا بِمَا لَمْ يَفْعَلُوا فَلَا تَحْسَبَنَّهُم بِمَفَازَةٍ مِّنَ الْعَذَابِ ۖ وَلَهُمْ عَذَابٌ أَلِيمٌ ﴿١٨٨﴾﴾

ومثله ﴿ثُمَّ إِنَّ رَبَّكَ لِلَّذِينَ هَاجَرُوا مِن بَعْدِ مَا فُتِنُوا ثُمَّ جَاهَدُوا وَصَبَرُوا إِنَّ رَبَّكَ مِن بَعْدِهَا لَغَفُورٌ رَّحِيمٌ ﴿١١٠﴾﴾

ومثله قوله تعالى ﴿ثُمَّ إِنَّ رَبَّكَ لِلَّذِينَ عَمِلُوا السُّوءَ بِجَهَالَةٍ ثُمَّ تَابُوا مِن بَعْدِ ذَٰلِكَ وَأَصْلَحُوا إِنَّ رَبَّكَ مِن بَعْدِهَا لَغَفُورٌ رَّحِيمٌ ﴿١١٩﴾﴾

[2] ومثله قوله تعالى ﴿وَيْلٌ يَوْمَئِذٍ لِّلْمُكَذِّبِينَ﴾ كرّر عشر مرات في سورة المرسلات.

ومن أغراض التّكرير الحث على عمل، نحو: الشّكر كقوله تعالى، نحو: ﴿فَبِأَيِّ آلَاءِ رَبِّكُمَا تُكَذِّبَانِ﴾

ونحو: التّدبر كقوله تعالى ﴿وَلَقَدْ يَسَّرْنَا الْقُرْآنَ لِلذِّكْرِ فَهَلْ مِن مُّدَّكِرٍ﴾ كرّر أربع مرات في سورة القمر.

ومنها تقرير المعنى في النفس، نحو: ﴿فَإِنَّ مَعَ الْعُسْرِ يُسْرًا ﴿٥﴾ إِنَّ مَعَ الْعُسْرِ يُسْرًا ﴿٦﴾﴾

[3] ومنه قوله تعالى ﴿سَتَجِدُنِي إِن شَاءَ اللَّهُ مِنَ الصَّالِحِينَ﴾

ومنه قوله تعالى ﴿فَلَمَّا وَضَعَتْهَا قَالَتْ رَبِّ إِنِّي وَضَعْتُهَا أُنثَىٰ وَاللَّهُ أَعْلَمُ بِمَا وَضَعَتْ وَلَيْسَ الذَّكَرُ كَالْأُنثَىٰ ۖ﴾

ومنه قوله تعالى ﴿إِذَا جَاءَكَ الْمُنَافِقُونَ قَالُوا نَشْهَدُ إِنَّكَ لَرَسُولُ اللَّهِ ۗ وَاللَّهُ يَعْلَمُ إِنَّكَ لَرَسُولُهُ وَاللَّهُ يَشْهَدُ إِنَّ الْمُنَافِقِينَ لَكَاذِبُونَ ﴿١﴾﴾

...

[الْإِيْغَالُ]

وَمِنْهَا: الْإِيْغَالُ، وَهُوَ خَتْمُ الْكَلَامِ بِمَا يُفِيْدُ غَرَضًا يَتِمُّ الْمَعْنَى بِدُوْنِهِ، كَالْمُبَالَغَةِ فِيْ قَوْلِ الْخَنْسَاءِ:

وَإِنَّ صَخْرًا لَتَأْتَمُّ الْهُدَاةُ بِهِ كَأَنَّهُ عَلَمٌ فِيْ رَأْسِهِ نَارُ[1]

[التَّذْيِيْلُ]

وَمِنْهَا: التَّذْيِيْلُ، وَهُوَ تَعْقِيبُ الْجُمْلَةِ بِأُخْرَى تَشْتَمِلُ عَلَى مَعْنَاهَا[2] تَأْكِيْدًا لَهَا. وَهُوَ

ومنه قوله تعالى ﴿فَإِن لَّمْ تَفْعَلُوا وَلَن تَفْعَلُوا فَاتَّقُوا النَّارَ الَّتِي وَقُودُهَا النَّاسُ وَالْحِجَارَةُ﴾

ومنه قوله تعالى ﴿وَوَصَّيْنَا الْإِنسَانَ بِوَالِدَيْهِ حَمَلَتْهُ أُمُّهُ وَهْنًا عَلَىٰ وَهْنٍ وَفِصَالُهُ فِي عَامَيْنِ أَنِ اشْكُرْ لِي وَلِوَالِدَيْكَ إِلَيَّ الْمَصِيرُ ﴿١٤﴾﴾

[1] صخر أخو الخنساء الشّاعرة، يقال ائتمَّ بفلان إذا تبِعه واقتدى به، والهُداة جمع هاد وهو الدليل، والعلم الجبل.

وقولها: في رَأْسِه نارُ إيغال، ولعلّ الغرض من إيراده التّقفية وإنّما جاءت المبالغة تبعا، ويدلّ عليه البيت الّذي قبله

وإنّ صخرًا لمولانا وسيّدنا وإنّ صخرًا إذا نَشْتُو لنَحّارُ

وإن صخراً لتأتمّ الهداة به كأنّه علم في رأسه نار

واعلم أنّ بعض البلاغيين رأوا أنّ الإيغال مختصّ بالنّظم، ويرى بعضهم أنّه يوجد في النّثر، وعلى القولين، فلا يوجد في القرآن البتة لأنه لا يوجد في القرآن كلمة يصحّ أن يقال عنه يمكن السّكوت عنه لأنّ المعنى تمّ بدونه. فافهم.

[2] واعلم أنّ الجملة الثّانية قد تكون تأكيدا لمنطوق الجملة الأولى بأن تكون مشتركة لها في اللّفظ نفسه، وقد تكون الثّانية تأكيدا لمفهوم الكلام بأن لا تشتركا في اللّفظ،

ومنه

ما كلّ ما يتمنّى المرء يُدركه تجري الرّياح بما لا تشتهي السّفن

ومثله

...

إِمَّا أنْ يَكُوْنَ جَارِيًا مَجْرَى الْمَثَلِ لاسْتِقْلَالِ مَعْنَاهُ، وَاسْتِغْنَائِهِ عَمَّا قَبْلَهُ، كَقَوْلِهِ تَعَالَى: ﴿جَآءَ الْحَقُّ وَزَهَقَ الْبَاطِلُ ۚ إِنَّ الْبَاطِلَ كَانَ زَهُوقًا﴾.

وَإِمَّا أَنْ يَكُوْنَ غَيْرَ جَارٍ مَجْرَى الْمَثَلِ لِعَدَمِ اسْتِغْنَائِهِ عَمَّا قَبْلَهُ، كَقَوْلِهِ تَعَالَى: ﴿ذَٰلِكَ جَزَيْنَٰهُم بِمَا كَفَرُوا ۖ وَهَلْ نُجَٰزِيٓ إِلَّا الْكَفُورَ﴾.[1]

[الِاحْتِرَاسُ]

وَمِنْهَا الاحْتِرَاسُ، وَهُوَ أَن يُؤْتَى فِي كَلَامٍ يُوْهِمُ خِلَافَ الْمَقْصُوْدِ بِمَا يَدْفَعُهُ، نَحْوُ:

فَسَقَى دِيَارَكِ غَيْرَ مُفْسِدِهَا ... صَوْبُ الرَّبِيْعِ وَدِيْمَةٌ تَهْمِي[2]

أفسدت بالمنّ ما أسديت من حسن ... ليس الكريم إذا أعطى بمنّان

الفرق بين التّذييل والإيغال

الإِيْغَالُ	التَّذْيِيْلُ
يكون بالجملة وبغيره	لا يكون إلّا بالجملة
يفيد التّوكيد وغيره من الأغراض	لا يفيد إلّا التّوكيد
يكون في أثناء الكلام وفي آخره	لا يكون إلّا في آخر الكلام

[1] وانظر إلى قوله تعالى ﴿وَمَا جَعَلْنَا لِبَشَرٍ مِّن قَبْلِكَ الْخُلْدَ ۖ أَفَإِيْن مِّتَّ فَهُمُ الْخَٰلِدُونَ ﴿٣٤﴾ كُلُّ نَفْسٍ ذَآئِقَةُ الْمَوْتِ ۗ﴾ جمعت الآية كلا القسمين فقوله أَفَإِنْ مِتَّ فَهُمُ الْخَالِدُونَ تأكيد للجملة الأولى غير جار مجرى المثل، وقوله كُلُّ نَفْسٍ ذَائِقَةُ الْمَوْتِ تأكيد للأولى جار مجرى المثل.

[2] الصَّوْبُ المطر بقَدْر ما ينفع ولا يضر، والدّيمة بفتح الدال وكسرها مَطر يَدومُ سُقوطُهُ بِلا رَعْدٍ وَلا بَرْقٍ، ويقال همى الدمع أو الماء إذا سالا من هَمَى يَهْمِيْ هَمْيًا وهَمَيَانًا. فقوله غير مفسدها احتراس عن مطر شديدا يفسد الدّيار ويغرقها.

واعلم أنّه يشترط في الاعتراض أن يكون لغير دفع الأيهام فإن كان لدفع الإيهام فهو احتراس.

ومن الاحتراس قوله تعالى ﴿وَاضْمُمْ يَدَكَ إِلَىٰ جَنَاحِكَ تَخْرُجْ بَيْضَآءَ مِنْ غَيْرِ سُوٓءٍ ءَايَةً أُخْرَىٰ﴾ فقوله من غير سوء دفع لتوهم أنّ البياض من أجل مرض مثل البرص أو غيره.

...

[التَّكْمِيْلُ]

وَمِنْهَا **التَّكْمِيْلُ**[1]، وَهُوَ أَنْ يُؤْتَى بِفَضْلَةٍ تَزِيْدُ الْمَعْنَى حُسْنًا، نَحْوُ: ﴿وَيُطْعِمُوْنَ الطَّعَامَ عَلٰى حُبِّهٖ﴾ أَيْ مَعَ حُبِّهِ وَذٰلِكَ أَبْلَغُ فِي الْكَرَمِ.

وكذلك ﴿وَدَاوٗدَ وَسُلَيْمٰنَ اِذْ يَحْكُمٰنِ فِى الْحَرْثِ اِذْ نَفَشَتْ فِيْهِ غَنَمُ الْقَوْمِ ۚ وَكُنَّا لِحُكْمِهِمْ شٰهِدِيْنَ ﴿٧٨﴾ فَفَهَّمْنٰهَا سُلَيْمٰنَ ۚ وَكُلًّا اٰتَيْنَا حُكْمًا وَّعِلْمًا ۫ وَّسَخَّرْنَا مَعَ دَاوٗدَ الْجِبَالَ يُسَبِّحْنَ وَالطَّيْرَ ؕ وَكُنَّا فٰعِلِيْنَ ﴿٧٩﴾﴾ فقوله وَكُلًّا آتَيْنَا حُكْمًا وَعِلْمًا دفع لما يتوهم أنّ سليمان هو الّذي أعطي العلم والحكم دون دَاوُودَ عليهما السّلام.

ومنه قوله تعالى ﴿يٰۤاَيُّهَا الَّذِيْنَ اٰمَنُوْا مَنْ يَّرْتَدَّ مِنْكُمْ عَنْ دِيْنِهٖ فَسَوْفَ يَاْتِى اللّٰهُ بِقَوْمٍ يُّحِبُّهُمْ وَيُحِبُّوْنَهٗۤ ۙ اَذِلَّةٍ عَلَى الْمُؤْمِنِيْنَ اَعِزَّةٍ عَلَى الْكٰفِرِيْنَ ۫﴾

ومنه قوله تعالى ﴿قَالَتْ نَمْلَةٌ يّٰۤاَيُّهَا النَّمْلُ ادْخُلُوْا مَسٰكِنَكُمْ ۚ لَا يَحْطِمَنَّكُمْ سُلَيْمٰنُ وَجُنُوْدُهٗ ۙ وَهُمْ لَا يَشْعُرُوْنَ ﴿١٨﴾﴾

[1] اعلم – رحمك الله – أنّ أكثر البلاغيين يسمّون التّكميل تتميما، ويجعلون التّكميل مرادفا للاحتراس.

	زيادة تدفع الوهم	زيادة تزيد المعنى حسنا
المسلك الأوّل (مصنفو دروس البلاغة)	الاحتراس	التّكميل
المسلك الثّاني (أكثر البلاغيين)	الاحتراس أو التّكميل	التّتميم

ومنه قوله تعالى ﴿وَيُؤْثِرُوْنَ عَلٰۤى اَنْفُسِهِمْ وَلَوْ كَانَ بِهِمْ خَصَاصَةٌ﴾ ومثله ﴿يٰبُنَىَّ اِنَّهَاۤ اِنْ تَكُ مِثْقَالَ حَبَّةٍ مِّنْ خَرْدَلٍ فَتَكُنْ فِىْ صَخْرَةٍ اَوْ فِى السَّمٰوٰتِ اَوْ فِى الْاَرْضِ يَاْتِ بِهَا اللّٰهُ﴾

ومن عجائب التّتميم قوله تعالى ﴿اَيَوَدُّ اَحَدُكُمْ اَنْ تَكُوْنَ لَهٗ جَنَّةٌ مِّنْ نَّخِيْلٍ وَّاَعْنَابٍ تَجْرِىْ مِنْ تَحْتِهَا الْاَنْهٰرُ ۙ لَهٗ فِيْهَا مِنْ كُلِّ الثَّمَرٰتِ ۙ وَاَصَابَهُ الْكِبَرُ وَلَهٗ ذُرِّيَّةٌ ضُعَفَآءُ ۖۚ فَاَصَابَهَاۤ اِعْصَارٌ فِيْهِ نَارٌ فَاحْتَرَقَتْ ؕ﴾ فقوله تعالى وَلَهُ ذُرِّيَّةٌ ضُعَفَاءُ تزيد المعنى حسنا فإنه لو لم يترك ذراري ضعافًا كان الأمر أهون حين يسلي نفسه بقرب الأجل، لكن إذا كان قد خَلّف ذرية ضعفاء فالأسف على ضياعها أمرّ وأشدّ.

وكذلك قوله فِيهِ نَارٌ لأنّ الإعصار لا يُعجّل فساد الشّجر والحرث ما لم يكن فيه نار.

الْخَاتِمَةُ فِي إِخْرَاجِ الْكَلَامِ عَلَى خِلَافِ مُقْتَضَى الظَّاهِرِ

إِيْرَادُ الْكَلَامِ عَلَى حَسَبِ مَا تَقَدَّمَ مِنَ الْقَوَاعِدِ يُسَمَّى إِخْرَاجَ الْكَلَامِ عَلَى مُقْتَضَى الظَّاهِرِ.

وَقَدْ تَقْتَضِي الْأَحْوَالُ الْعُدُوْلَ عَنْ مُقْتَضَى الظَّاهِرِ، وَيُوْرَدُ الْكَلَامُ عَلَى خِلَافِهِ فِيْ أَنْوَاعٍ مَخْصُوْصَةٍ:

[تَنْزِيْلُ الْعَالِمِ بِفَائِدَةِ الْخَبَرِ أَوْ لَازِمِهَا مَنْزِلَةَ الْجَاهِلِ بِهَا]

مِنْهَا **تَنْزِيْلُ الْعَالِمِ بِفَائِدَةِ الْخَبَرِ أَوْ لَازِمِهَا مَنْزِلَةَ الْجَاهِلِ بِهَا** لِعَدَمِ جَرْيِهِ عَلَى مُوجَبِ عِلْمِهِ، فَيُلْقَى إِلَيْهِ الْخَبَرُ كَمَا يُلْقَى إِلَى الْجَاهِلِ، كَقَوْلِكَ لِمَنْ يُؤْذِيْ أَبَاهُ: هَذَا أَبُوْكَ.[1]

[تَنْزِيْلُ غَيْرِ الْمُنْكِرِ مَنْزِلَةَ الْمُنْكِرِ]

وَمِنْهَا **تَنْزِيْلُ غَيْرِ الْمُنْكِرِ مَنْزِلَةَ الْمُنْكِرِ** إِذَا لَاحَ عَلَيْهِ شَيْءٌ مِنْ عَلَامَاتِ الْإِنْكَارِ، فَيُؤَكَّدُ لَهُ، نَحْوُ:

جَاءَ شَقِيْقٌ عَارِضًا رُمْحَهُ ... إِنَّ بَنِي عَمِّكَ فِيْهِمْ رِمَاحُ[2]

وَكَقَوْلِكَ لِلسَّائِلِ الْمُسْتَبْعِدِ حُصُوْلَ الْفَرَجِ: إِنَّ الْفَرَجَ لَقَرِيْبٌ.[3]

[تَنْزِيْلُ الْمُنْكِرِ أَوِ الشَّاكِّ مَنْزِلَةَ الْخَالِيْ]

وَ**تَنْزِيْلُ الْمُنْكِرِ أَوِ الشَّاكِّ مَنْزِلَةَ الْخَالِيْ** إِذَا كَانَ مَعَهُ مِنَ الشَّوَاهِدِ مَا إِذَا تَأَمَّلَهُ زَالَ إِنْكَارُهُ أَوْ شَكُّهُ، كَقَوْلِكَ لِمَنْ يُنْكِرُ مَنْفَعَةَ الطِّبِّ أَوْ يَشُكُّ فِيْهَا: الطِّبُّ نَافِعٌ.[4]

---

[1] ومنه قوله تعالى ﴿لَا يَسْتَوِيٓ اَصْحٰبُ النَّارِ وَاَصْحٰبُ الْجَنَّةِ ۗ اَصْحٰبُ الْجَنَّةِ هُمُ الْفَآئِزُوْنَ ﴿٢٠﴾﴾ ومنه قوله تعالى ﴿اَلَمْ تَرَ اَنَّ اللّٰهَ يُوْلِجُ الَّيْلَ فِى النَّهَارِ وَيُوْلِجُ النَّهَارَ فِى الَّيْلِ وَسَخَّرَ الشَّمْسَ وَالْقَمَرَ ۡ كُلٌّ يَّجْرِيٓ اِلٰٓى اَجَلٍ مُّسَمًّى﴾ والاستفهام لإنكار عدم الرّؤية بتنزيل العالمين منزلة غير عالمين لعدم انتفاعهم بعلمهم.

[2] يقال عَرَضَ الشّيءَ إذا وضعه بالعَرْضِ، والرُّمح السّهم، جمعه أَرْمَاح ورِماح.

[3] منه قوله تعالى ﴿ثُمَّ اِنَّكُمْ بَعْدَ ذٰلِكَ لَمَيِّتُوْنَ﴾

[4] ومنه قوله تعالى ﴿وَالَّذِيْنَ يَدْعُوْنَ مِنْ دُوْنِ اللّٰهِ لَا يَخْلُقُوْنَ شَيْـًٔا وَّهُمْ يُخْلَقُوْنَ ﴿٢٠﴾ اَمْوَاتٌ غَيْرُ اَحْيَآءٍ ۚ وَمَا يَشْعُرُوْنَ ۙ اَيَّانَ يُبْعَثُوْنَ ﴿٢١﴾ اِلٰهُكُمْ اِلٰهٌ وَّاحِدٌ ۚ﴾

...

[وَضْعُ الْمَاضِيْ مَوْضِعَ الْمُضَارِعِ]

وَمِنْهَا **وَضْعُ الْمَاضِيْ مَوْضِعَ الْمُضَارِعِ** لِغَرَضٍ،

كَالتَّنْبِيْهِ عَلَى تَحَقُّقِ الْحُصُوْلِ نَحْوُ: ﴿أَتَىٰٓ أَمْرُ اللَّهِ فَلَا تَسْتَعْجِلُوهُ﴾[1]

أَوِ التَّفَاؤُلِ نَحْوُ: إِنْ شَفَاكَ اللهُ الْيَوْمَ تَذْهَبْ مَعِيْ غَدًا.[2]

[وَضْعُ الْمُضَارِعِ مَوْضِعَ الْمَاضِيْ]

وَعَكْسُهُ أَيْ **وَضْعُ الْمُضَارِعِ مَوْضِعَ الْمَاضِيْ** لِغَرَضٍ،

كَاسْتِحْضَارِ الصُّوْرَةِ الْغَرِيْبَةِ فِي الْخَيَالِ كَقَوْلِهِ تَعَالَى ﴿اللَّهُ الَّذِى يُرْسِلُ الرِّيَٰحَ فَتُثِيرُ سَحَابًا﴾ أَيْ فَأَثَارَتْ.[3]

وَإِفَادَةِ الِاسْتِمْرَارِ فِي الْأَوْقَاتِ الْمَاضِيَةِ، نَحْوُ: ﴿لَوْ يُطِيعُكُمْ فِى كَثِيرٍ مِّنَ الْأَمْرِ لَعَنِتُّمْ﴾ أَيْ لَوِ اسْتَمَرَّ عَلَى إِطَاعَتِكُمْ.

[وَضْعُ الْخَبَرِ مَوْضِعَ الْإِنْشَاءِ]

وَمِنْهَا: **وَضْعُ الْخَبَرِ مَوْضِعَ الْإِنْشَاءِ** لِغَرَضٍ،

ومن تنزيل شيء مقام آخر تنزيل غير العاقل منزلة العاقل وعكسه، نحو: ﴿إِذْ قَالَ يُوسُفُ لِأَبِيهِ يَٰٓأَبَتِ إِنِّى رَأَيْتُ أَحَدَ عَشَرَ كَوْكَبًا وَالشَّمْسَ وَالْقَمَرَ رَأَيْتُهُمْ لِى سَٰجِدِينَ﴾ ومثله ﴿فَمَآ أَغْنَتْ عَنْهُمْ ءَالِهَتُهُمُ الَّتِى يَدْعُونَ مِن دُونِ اللَّهِ مِن شَىْءٍ لَّمَّا جَآءَ أَمْرُ رَبِّكَ وَمَا زَادُوهُمْ غَيْرَ تَتْبِيبٍ ﴿١٠١﴾﴾

[1] ومثله قوله تعالى ﴿إِذَا وَقَعَتِ الْوَاقِعَةُ﴾ ومنه ﴿عَٰلِيَهُمْ ثِيَابُ سُندُسٍ خُضْرٌ وَإِسْتَبْرَقٌ وَحُلُّوٓا أَسَاوِرَ مِن فِضَّةٍ وَسَقَىٰهُمْ رَبُّهُمْ شَرَابًا طَهُورًا ﴿٢١﴾﴾

[2] وهذا هو الوجه في إيراد صيغ الدّعاء بالماضي دون المضارع مثل جزاك الله وعافاك الله، وفيه وجه آخر، وهو أنّ صيغ الأدعية خبر في موضع الإنشاء، ومثله قوله تعالى ﴿رَبِّ إِنِّى لِمَآ أَنزَلْتَ إِلَىَّ مِنْ خَيْرٍ فَقِيرٌ﴾ استعمل الفعل الماضي بدل المضارع لما فيه من قوة رجاء.

[3] ومنه قوله تعالى ﴿فَفَرِيقًا كَذَّبْتُمْ وَفَرِيقًا تَقْتُلُونَ﴾ ومنه ﴿لَّقَدْ رَضِىَ اللَّهُ عَنِ الْمُؤْمِنِينَ إِذْ يُبَايِعُونَكَ تَحْتَ الشَّجَرَةِ﴾ ومثله ﴿وَإِذْ يَرْفَعُ إِبْرَٰهِـۧمُ الْقَوَاعِدَ مِنَ الْبَيْتِ وَإِسْمَٰعِيلُ﴾

كَالتَّفَاؤُلِ نَحْوُ: هَدَاكَ اللهُ لِصَالِحِ الْأَعْمَالِ،[١]

وَإِظْهَارِ الرَّغْبَةِ نَحْوُ: رَزَقَنِيَ اللهُ لِقَاءَكَ،[٢]

وَالِاحْتِرَازِ عَنْ صُورَةِ الْأَمْرِ تَأَدُّبًا كَقَوْلِكَ: يَنْظُرُ مَوْلَايَ فِيْ أَمْرِيْ.

[وَضْعُ الْإِنْشَاءِ مَوْضِعَ الْخَبَرِ]

وَعَكْسُهُ أَيْ **وَضْعُ الْإِنْشَاءِ مَوْضِعَ الْخَبَرِ** لِغَرَضٍ،

كَإِظْهَارِ الْعِنَايَةِ بِالشَّيْءِ، نَحْوُ: ﴿قُلْ أَمَرَ رَبِّي بِالْقِسْطِ ۖ وَأَقِيمُوا وُجُوهَكُمْ عِنْدَ كُلِّ مَسْجِدٍ﴾ لَمْ يَقُلْ وَإِقَامَةِ وُجُوهِكُمْ عِنَايَةً بِأَمْرِ الصَّلَاةِ.

وَالتَّحَاشِي عَنْ مُوَازَاةِ اللَّاحِقِ بِالسَّابِقِ، نَحْوُ: ﴿قَالَ إِنِّي أُشْهِدُ اللَّهَ وَاشْهَدُوا أَنِّي بَرِيءٌ مِمَّا تُشْرِكُونَ﴾ لَمْ يَقُلْ وَأُشْهِدُكُمْ تَحَاشِيًا عَنْ مُوَازَاةِ شَهَادَتِهِمْ بِشَهَادَةِ اللهِ.

وَالتَّسْوِيَةِ، نَحْوُ: ﴿أَنْفِقُوا طَوْعًا أَوْ كَرْهًا لَنْ يُتَقَبَّلَ مِنْكُمْ﴾.[٣]

[الْإِضْمَارُ فِيْ مَقَامِ الْإِظْهَارِ]

وَمِنْهَا **الْإِضْمَارُ فِيْ مَقَامِ الْإِظْهَارِ** لِغَرَضٍ،

كَادِّعَاءِ أَنَّ مَرْجِعَ الضَّمِيرِ دَائِمُ الْحُضُوْرِ فِي الذِّهْنِ، كَقَوْلِ الشَّاعِرِ:

---

[١] فعبّر بالخبر مقام الإنشاء أي اللّهم اهده لصالح الأعمال، ومنه قوله ﷺ «أَسْلَمُ سَالَمَهَا اللهُ، غِفَارٌ غَفَرَ اللهُ لَهَا»

[٢] ومثله المبالغة في الطّلب، نحو: ﴿وَإِذْ أَخَذْنَا مِيثَاقَكُمْ لَا تَسْفِكُونَ دِمَاءَكُمْ وَلَا تُخْرِجُونَ أَنْفُسَكُمْ مِنْ دِيَارِكُمْ﴾

[٣] أي لن يتقبل منكم إن أنفقتم طوعا أو كرها. ومنه قوله تعالى ﴿وَأَسِرُّوا قَوْلَكُمْ أَوِ اجْهَرُوا بِهِ ۖ إِنَّهُ عَلِيمٌ بِذَاتِ الصُّدُورِ ﴿١٣﴾﴾

ومن أغراض وضع الإنشاء موضع الخبر إظهار رغبة المتكلم فيما سيحدث، ففي قوله ﷺ «مَنْ كَذَبَ عَلَيَّ متعمّداً فَلْيَتَبَوَّأْ مَقْعَدَهُ مِنَ النَّارِ» عدل عن الخبر إلى الإنشاء فعبرّ عن كون النار مقعده من كذب عليه بالإنشاء لأنه أمرٌ مرغوبٌ فيه للمتكلم، فكأنّه مطلوبٌ له.

أَبَــتِ الْوِصَــالَ مَخَافَــةَ الرُّقَبَــاءِ   وَأَتَتْــكَ تَحْــتَ مَــدَارِعِ الظَّلْمَــاءِ[١]

الْفَاعِلُ ضَمِيرٌ لَمْ يَتَقَدَّمْ لَهُ مَرْجِعٌ فَمُقْتَضَى الظَّاهِرِ الْإِظْهَارُ.[٢]

وَتَمْكِينِ مَا بَعْدَ الضَّمِيرِ فِي نَفْسِ السَّامِعِ لِتَشَوُّقِهِ إِلَيْهِ أَوَّلًا نَحْوُ: هِيَ النَّفْسُ مَا حَمَّلْتَهَا تَتَحَمَّلُ، [وَنَحْوُ:] ﴿هُوَ اللَّهُ أَحَدٌ﴾، [وَنَحْوُ:] نِعْمَ تِلْمِيذٌ الْمُؤَدَّبُ.[٣]

[الإِظْهَارُ فِيْ مَقَامِ الإِضْمَارِ]

وَعَكْسُهُ أَي **الإِظْهَارُ فِيْ مَقَامِ الإِضْمَارِ** لِغَرَضٍ، كَتَقْوِيَةِ دَاعِي الِامْتِثَالِ، كَقَوْلِكَ لِعَبْدِكَ: سَيِّدُكَ يَأْمُرُكَ بِكَذَا.[٤]

---

[١] يقال أبى إذا امتنع من أَبَى يَأْبَى إِبَاء، والوصال هنا المجيء، والرُّقَبَاءُ جمع الرّقيب وهو الحافظ من يلاحظ أمر ما، المدارع جمع مَدْرَعة وهي جبّة من صوف مشقوقة المقدم. فالمعنى لم تستطع المحبوبة أن تجيء يوما خوفا من أن يراها النّاس فأتى ليلا تحت قميص الليل.

[٢] ومنه قوله تعالى ﴿قُلْ مَنْ كَانَ عَدُوًّا لِجِبْرِيلَ فَإِنَّهُ نَزَّلَهُ عَلَىٰ قَلْبِكَ بِإِذْنِ اللَّهِ﴾ أي نزّله القرآن.

[٣] واعلم أنّ ضمير الشّأن هو ضمير غائب مفرد لم يُسبق له مرجع يُفسّر بالجملة بعده في موضع التّعظيم، بمعنى الشّأن، نحو: هو الله أحد أي الشّأن الله أحد، نحو: ﴿يَٰمُوسَىٰ إِنَّهُ أَنَا اللَّهُ الْعَزِيزُ الْحَكِيمُ﴾

ويسمّى ضمير القصة إن كان الضمير مؤنثا.، نحو: ﴿فَإِنَّهَا لَا تَعْمَى الْأَبْصَارُ﴾

ومنه قوله تعالى ﴿وَأَسَرُّوا النَّجْوَى الَّذِينَ ظَلَمُوا﴾ وقوله ﷺ «يَتَعَاقَبُونَ فِيكُمْ مَلَائِكَةٌ بِاللَّيْلِ وَمَلَائِكَةٌ بِالنَّهَارِ» على لغة أكلوني البراغيث، وفائدته التّوضيح بعد الإبهام.

أمّا قوله نعم تلميذ المؤدب فلعلّ الصحيح نعم تلميذا المؤدب، وتلميذا تمييز مفسر للضّمير المستتر في نعم.

[٤] ومن أغراض الإظهار إظهار العظمة، نحو: ﴿قَالُوا هَٰذَا مَا وَعَدَنَا اللَّهُ وَرَسُولُهُ وَصَدَقَ اللَّهُ وَرَسُولُهُ﴾ ونحو: ﴿فَمَنْ فَرَضَ فِيهِنَّ الْحَجَّ فَلَا رَفَثَ وَلَا فُسُوقَ وَلَا جِدَالَ فِي الْحَجِّ﴾

انظر إلى قوله تعالى ﴿أَوَلَمْ يَرَوْا كَيْفَ يُبْدِئُ اللَّهُ الْخَلْقَ ثُمَّ يُعِيدُهُ ۚ إِنَّ ذَٰلِكَ عَلَى اللَّهِ يَسِيرٌ ﴿١٩﴾ قُلْ سِيرُوا فِي الْأَرْضِ فَانْظُرُوا كَيْفَ بَدَأَ الْخَلْقَ ثُمَّ اللَّهُ يُنْشِئُ النَّشْأَةَ الْآخِرَةَ ۚ إِنَّ اللَّهَ عَلَىٰ كُلِّ شَيْءٍ قَدِيرٌ ﴿٢٠﴾﴾ تدبر روعة إعادة لفظ الجلالة وما فيه من التّعظيم.

...

[الِالْتِفَاتُ]

وَمِنْهَا: **الِالْتِفَاتُ** وَهُوَ نَقْلُ الْكَلَامِ مِنْ حَالَةِ التَّكَلُّمِ أَوِ الْخِطَابِ أَوِ الْغَيْبَةِ إِلَى حَالَةٍ أُخْرَى مِنْ ذَلِكَ.

فَالنَّقْلُ مِنَ التَّكَلُّمِ إِلَى الْخِطَابِ، نَحْوُ: ﴿وَمَا لِيَ لَآ أَعْبُدُ الَّذِي فَطَرَنِي وَإِلَيْهِ تُرْجَعُونَ﴾ أَيْ أُرْجَعُ.

وَمِنَ التَّكَلُّمِ إِلَى الْغَيْبَةِ، نَحْوُ: ﴿إِنَّآ أَعْطَيْنَٰكَ الْكَوْثَرَ ① فَصَلِّ لِرَبِّكَ﴾.

وَمِنَ الْخِطَابِ إِلَى التَّكَلُّمِ، كَقَوْلِ الشَّاعِرِ:

أَتَطْلُبُ وَصْلَ رَبَّاتِ الْجَمَالِ ... وَقَدْ سَقَطَ الْمَشِيبُ عَلَى قَذَالِي[1]

[تَجَاهُلُ الْعَارِفِ]

وَمِنْهَا: **تَجَاهُلُ الْعَارِفِ** وَهُوَ سَوْقُ الْمَعْلُومِ مَسَاقَ غَيْرِهِ[2] لِغَرَضٍ، كَالتَّوْبِيخِ[3]، نَحْوُ:

وكذلك قوله تعالى ﴿وَبِالْحَقِّ أَنزَلْنَٰهُ وَبِالْحَقِّ نَزَلَ﴾

ومن مقاصد الإظهار موقع الإضمار إظهار الوصف وتقريره، نحو: ﴿فَبَدَّلَ الَّذِينَ ظَلَمُوا قَوْلًا غَيْرَ الَّذِي قِيلَ لَهُمْ فَأَنزَلْنَا عَلَى الَّذِينَ ظَلَمُوا رِجْزًا مِّنَ السَّمَآءِ بِمَا كَانُوا يَفْسُقُونَ﴾ ففي الآية أوثر التّعبير بالموصول بيانا لشناعة فعلهم، ثم أعيد الاسم الظاهر موقع الضمير تقريرا لذلك الوصف.

[1] قَذَالُ الإِنْسَانِ مَا بَيْنَ الأُذُنَيْنِ مِنْ مُؤَخِّرَةِ الرَّأْسِ، جمعه قذُل وأَقذِلة.

ولو قيل ما هي فائدة الالتفات، يقال فيه فائدتان فائدة عامة ألا وهو التّفنن وإثار تنبّه السّامع، وفائدة خاصّة بكلّ موقع من مواقع الالتفات وهي لا تحدّ ولا تنضبط.

[2] وهذه - أعني سوق الْمَعْلُوم مساق غَيره لنكتة - عبارة السّكاكي. وَقَالَ لَا أحبّ تَسْمِيَته بالتجاهل لوروده فِي كَلَام الله تَعَالَى هو أن يسأل المتكلّم عن شيء يعلمه يُظهر أنّه ليس له به علم لغرض بلاغي.

[3] ومنه قوله تعالى ﴿مَا هَٰذِهِ التَّمَاثِيلُ الَّتِيٓ أَنتُمْ لَهَا عَٰكِفُونَ﴾ هذا تجاهل من إبراهيم تمهيدا لتخطئتهم. ومثله قول إبراهيم عليه السلام ﴿مَا لَكُمْ لَا تَنطِقُونَ﴾ ومنه قوله تعالى ﴿أَكُفَّارُكُمْ خَيْرٌ مِّنْ أُولَٰٓئِكُمْ أَمْ لَكُم بَرَآءَةٌ فِي الزُّبُرِ﴾

...

أَيَـا شَـجَرَ الْخَـابُوْرِ مَـا لَـكَ مُوْرِقًـا　　كَأَنَّـكَ لَـمْ تَجْـزَعْ عَلَـى ابْـنِ طَرِيْـفِ[1]

[أُسْلُوْبُ الْحَكِيْمِ]

وَمِنْهَا **أُسْلُوْبُ الْحَكِيْمِ**، وَهُوَ تَلَقِّي

الْمُخَاطَبِ بِغَيْرِ مَا يَتَرَقَّبُهُ،

أَوِ السَّائِلِ بِغَيْرِ مَا يَطْلُبُهُ تَنْبِيْهًا عَلَى أَنَّهُ الْأَوْلَى بِالْقَصْدِ.

[تَلَقِّي الْمُخَاطَبِ بِغَيْرِ مَا يَتَرَقَّبُهُ]

فَالْأَوَّلُ: يَكُوْنُ بِحَمْلِ الْكَلَامِ عَلَى خِلَافِ مُرَادِ قَائِلِهِ، كَقَوْلِ القَبَعْثَرَى[2] لِلْحَجَّاجِ - وَقَدْ تَوَعَّدَهُ

ومن أغراض التّجاهل التّعجب، نحو: ﴿اَفَسِحْرٌ هٰذَآ اَمْ اَنْتُمْ لَا تُبْصِرُوْنَ﴾ والإيناس، نحو: ﴿وَمَا تِلْكَ بِيَمِيْنِكَ يٰمُوْسٰى﴾

[1] الخابور نهر بين رأس عين والفرات، ويقال أَوْرَقَ الشّجرُ إذا خَرَجَ وَرَقه، ويقال جَزِع فلان إذا أحس بالقلق والاضطراب وضيق الصدر.

[2] لعلّ الصّحيح الغضبان بن القبعثرى، القصة أنّ نُدَماء من أهل الشّعْر والأدب اجتمعوا في مَجْلِس شراب إلى جانب شجرة من أشجار العنب ذاتِ عناقيد مُدَلّاة، وكان فيهم القبعثرى يعبث بعنقودِ عِنَبٍ مدلى من غصنه، فذكر أحد النّدماء الحجّاج بن يوسف، فقال القبعثرى وبيده عنقودُ العِنب المدلى من غصنه: قَطَع الله عُنُقَهُ وسقاني من دَمه.

فأبْلَغ أحدُ الوُشاة كلمتَهُ إلى الحجّاج، فاستدعاه وقال له: أنت الّذي قُلْتَ قطع الله عنُقه وسقاني دمه؟ قال: نعم، وقد قَصَدْتُ عُنْقودَ العنب الّذي كان بيدي.

فقال له الحجاج: لأحْمِلَنَّكَ على الأدْهَمِ ...

ومنه قول ابن حجّاج البغدادي

قَـال ثقّلـتُ إذ أتيـتُ مـرارًا　　قُلـتُ ثَقَّلْـتَ كَـاهِلِيْ بالأَيَـادِي

قَـال طَوّلـتُ قلـتُ أوليـتَ طَـوْلًا　　قَـال أبرمـتُ قلـتُ حَبـلَ وِدَادِي

يعتذر الضّيف من المضيف ويحمل المضيف كلامه على غير ما أراد، فقال ثقّلتُ عليك فقال نعم ثقّلتَ عليّ ...

بِقَوْلِهِ: لَأَحْملنَّكَ عَلَى الْأَدْهَمِ- مِثْلُ الْأَمِيرِ يَحْمِلُ عَلَى الْأَدْهَمِ وَالْأَشْهَبِ، فَقَالَ لَهُ الْحَجَّاجُ: أَرَدْتُ الْحَدِيْدَ، فَقَالَ الْقَبَعْثَرَى: لَأَنْ يَكُوْنَ حَدِيْدًا خَيْرٌ مِنْ أَنْ يَكُوْنَ بَلِيْدًا.

أَرَادَ الْحَجَّاجُ بِالْأَدْهَمِ الْقَيْدَ، وَبِالْحَدِيْدِ الْمَعْدِنَ الْمَخْصُوْصَ. وَحَملَهُمَا الْقَبَعْثَرَى عَلَى الْفَرَسِ الْأَدْهَمِ الَّذِيْ لَيْسَ بَلِيْدًا.

[تَلَقِّي السَّائِلِ بِغَيْرِ مَا يَطْلُبُهُ]

وَالثَّانِي: يَكُوْنُ بِتَنْزِيلِ السُّؤَالِ مَنْزِلَةَ سُؤَالٍ آخر مُناسِبٍ لِحَالَةِ السَّائِلِ كَمَا فِيْ قَوْلِهِ تَعالَى: ﴿يَسْـَٔلُونَكَ عَنِ الْأَهِلَّةِ ۖ قُلْ هِيَ مَوَاقِيتُ لِلنَّاسِ وَالْحَجِّ ۗ﴾ سَأَلَ بَعْضُ الصَّحابَةِ النَّبيَّ ﷺ: مَا بَالُ الْهِلَالِ يَبْدُوْ دَقِيْقًا، ثُمَّ يَتزَايَدُ حَتَّى يَصِيرَ بَدْرًا، ثُمَّ يَتَنَاقَصُ حَتَّى يَعُوْدَ كَمَا بَدَأَ؟ فَجَاءَ الْجَوابُ عَنِ الْحِكْمَةِ الْمُترَتِّبَةِ عَلَى ذَلِكَ لِأَنَّهَا أَهَمُّ لِلسَّائِلِ، فَنَزَّلَ سُؤَالَهُمْ عَنْ سَبَبِ الِاخْتِلَافِ مَنْزِلَةَ السُّؤَالِ عَنْ حِكْمَتِهِ.[1]

[التَّغْلِيْبُ]

وَمِنْهَا **التَّغْلِيْبُ**، وَهُوَ تَرْجِيحُ أَحَدِ الشَّيْئَيْنِ عَلَى الْآخَرِ فِيْ إِطْلَاقِ لَفْظِهِ عَلَيْهِ، كَتَغْلِيْبِ الْمُذَكَّرِ عَلَى الْمُؤَنَّثِ فِيْ قَوْلِهِ تَعَالَى: ﴿وَكَانَتْ مِنَ الْقَٰنِتِينَ﴾[2]، وَمِنْهُ: الْأَبَوَانِ لِلْأَبِ وَالْأُمِّ.[3]

بنعمك، فقال أقمتُ عندك طويلا فقال نعم أوليتني طَولا يعني صنعت إليّ معروفًا إلى آخره.

ومثله ما شاع في النّاس من قول المضيف لضيوفه: أرجو العفو من قصوري، فيجاب قصورك عالية شامخة.

[1] ومنه قوله تعالى ﴿يَسْـَٔلُونَكَ مَاذَا يُنفِقُونَ ۖ قُلْ مَآ أَنفَقْتُم مِّنْ خَيْرٍ فَلِلْوَٰلِدَيْنِ وَٱلْأَقْرَبِينَ وَٱلْيَتَٰمَىٰ وَٱلْمَسَٰكِينِ وَٱبْنِ ٱلسَّبِيلِ ۗ وَمَا تَفْعَلُوا۟ مِنْ خَيْرٍ فَإِنَّ ٱللَّهَ بِهِۦ عَلِيمٌ ﴿٢١٥﴾﴾ سئلوا عما ينفقون وأجاب سبحانه وتعالى لمن ينبغي أن تكون النّفقة.

[2] وهذا شائع في القرآن، بل هو الأكثر في الأوامر النّواهي في القرآن الكريم. منه قوله تعالى ﴿يَٰمَرْيَمُ ٱقْنُتِى لِرَبِّكِ وَٱسْجُدِى وَٱرْكَعِى مَعَ ٱلرَّٰكِعِينَ﴾

[3] ومثله قوله تعالى ﴿يَٰبَنِىٓ ءَادَمَ لَا يَفْتِنَنَّكُمُ ٱلشَّيْطَٰنُ كَمَآ أَخْرَجَ أَبَوَيْكُم مِّنَ ٱلْجَنَّةِ﴾

وَكَتَغْلِيْبِ الْمُذَكَّرِ وَالْأَخفِّ عَلَى غَيْرِهِمَا، نَحْوُ: الْقَمَرَيْنِ، أَي الشَّمْسِ وَالقَمَرِ، والْعُمَرَيْنِ، أَيْ أَبِيْ بَكْرٍ وعُمَرَ.[1]

وَالْمُخَاطَبِ عَلَى غَيْرِهِ، نَحْوُ: ﴿لَنُخْرِجَنَّكَ يٰشُعَيْبُ وَالَّذِيْنَ اٰمَنُوْا مَعَكَ مِنْ قَرْيَتِنَآ اَوْ لَتَعُوْدُنَّ فِيْ مِلَّتِنَا﴾، أُدْخِلَ شُعَيْبُ بِحُكْمِ التَّغْلِيْبِ فِيْ ﴿لَتَعُوْدُنَّ فِيْ مِلَّتِنَا﴾، مَعَ أَنَّهُ لَمْ يَكُنْ فِيْهَا قَطُّ حَتَّى يَعُوْدَ إِلَيْهَا.

وَكَتَغْلِيْبِ الْعَاقِلِ عَلَى غَيْرِهِ، كَقَوْلِهِ تَعَالَى: ﴿اَلْحَمْدُ لِلّٰهِ رَبِّ الْعٰلَمِيْنَ﴾.[2]

---

[1] الأصل في التّغليب أن يكون للأكبر أو الأشهر، وإنّما سمّي الشّمس والقمر قمرين لتذكير القمر، وإنّما يسمّى أبو بكر وعمر عمرين لكون عمر أخف نطقا من أبي بكر.

[2] ومنه قوله تعالى ﴿وَقَالُوا اتَّخَذَ اللّٰهُ وَلَدًا ۙ سُبْحٰنَهٗ ۗ بَلْ لَّهٗ مَا فِى السَّمٰوٰتِ وَالْاَرْضِ ۗ كُلٌّ لَّهٗ قٰنِتُوْنَ ﴿١١٦﴾﴾

ومن أقسام التّغليب تغليب الأكثر على الأقلّ، نحو: ﴿اِذْ قَالَ رَبُّكَ لِلْمَلٰٓئِكَةِ اِنِّيْ خَالِقٌۢ بَشَرًا مِّنْ طِيْنٍ ﴿٧١﴾ فَاِذَا سَوَّيْتُهٗ وَنَفَخْتُ فِيْهِ مِنْ رُّوْحِيْ فَقَعُوْا لَهٗ سٰجِدِيْنَ ﴿٧٢﴾ فَسَجَدَ الْمَلٰٓئِكَةُ كُلُّهُمْ اَجْمَعُوْنَ ﴿٧٣﴾ اِلَّآ اِبْلِيْسَ ۗ اِسْتَكْبَرَ وَكَانَ مِنَ الْكٰفِرِيْنَ ﴿٧٤﴾﴾ اكتفى بذكر الملائكة وإن كان الجنّ مأمورين بالحكم، والقرينة عليه استثناء إبليس.

ومنه تغليب الحاضر على الغائب، نحو: ﴿اِذْهَبْ اَنْتَ وَاَخُوْكَ بِاٰيٰتِيْ وَلَا تَنِيَا فِيْ ذِكْرِيْ ﴿٤٢﴾ اِذْهَبَآ اِلٰى فِرْعَوْنَ اِنَّهٗ طَغٰى ﴿٤٣﴾ فَقُوْلَا لَهٗ قَوْلًا لَّيِّنًا لَّعَلَّهٗ يَتَذَكَّرُ اَوْ يَخْشٰى ﴿٤٤﴾﴾ لم يكن هارون موجدًا آنذاك، فغلّب الحاضر على الغائب وخوطب موسى بصيغة التّثنية وإن كان واحدا.

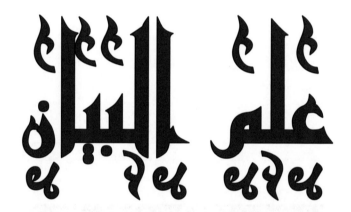

الْبَيَانُ عِلْمٌ يُبْحَثُ فِيهِ عَنِ التَّشْبِيهِ وَالْمَجَازِ وَالْكِنَايَةِ.

التَّشْبِيهُ

التَّشْبِيهُ إِلْحَاقُ أَمْرٍ بِأَمْرٍ فِيْ وَصْفٍ بِأَدَاةٍ لِغَرَضٍ.[1]

وَالْأَمْرُ الْأَوَّلُ يُسَمَّى الْمُشَبَّهَ، وَالثَّانِي الْمُشَبَّهَ بِهِ، وَالْوَصْفُ وَجْهَ الشَّبَهِ؛ وَالْأَدَاةُ الْكَافُ أَوْ نَحْوُهَا، نَحْوُ: الْعِلْمُ كَالنُّوْرِ فِي الْهِدَايَةِ، فَالْعِلْمُ مُشَبَّهٌ، وَالنُّوْرُ مُشَبَّهٌ بِهِ، وَالْهِدَايَةُ وَجْهُ الشَّبَهِ، وَالْكَافُ أَدَاةُ التَّشْبِيْهِ.[2]

وَيَتَعَلَّقُ بِالتَّشْبِيهِ ثَلَاثَةُ مَبَاحِثَ: الْأَوَّلُ فِيْ أَرْكَانِهِ، وَالثَّانِيْ فِي أَقْسَامِهِ، وَالثَّالِثُ فِي الْغَرَضِ مِنْهُ.[3]

[1] الأحسن أن يقال بأداة لفظا أو تقديرا، فإنّ الأداة قد تكون مقدّرة كما في التّشبيه البليغ

[2].

وَجْهُ الشَّبَهِ	الْمُشَبَّهُ بِهِ	أَدَاةُ التَّشْبِيهِ	الْمُشَبَّهُ
في الهِدَايةِ	ـالنورِ	كَـ	العِلْم

[3] وسيأتي ثلاثة مباحث على التّرتيب الآتي

الْمَبْحَثُ الْأَوَّلُ فِي أَرْكَانِ التَّشْبِيهِ (الصّفحة ١١٣)				
طَرَفَا التَّشْبِيهِ	وَجْهُ الشَّبَهِ	أَدَاةُ التَّشْبِيهِ		
الْمَبْحَثُ الثَّانِيْ فِيْ أَقْسَامِ التَّشْبِيهِ (الصّفحة ١١٧)				
تَقْسِيْمُ التَّشْبِيْهِ الْأَوَّلُ بِاعْتِبَارِ هَيْئَةِ طَرَفَيْهِ	تَقْسِيْمُ التَّشْبِيْهِ الثَّانِيْ بِاعْتِبَارِ عَدَدِ طَرَفَيْهِ	تَقْسِيْمُ التَّشْبِيهِ الثَّالِثُ بِاعْتِبَارِ إِفْرَادِ وَجْهِ الشَّبَهِ وَتَرْكِيبِهِ	تَقْسِيْمُ التَّشْبِيهِ الرَّابِعُ بِاعْتِبَارِ ذِكْرِ وَجْهِ الشَّبَهِ وَحَذْفِهَا	تَقْسِيْمُ التَّشْبِيهِ الْخَامِسُ بِاعْتِبَارِ أَدَاتِهِ
الْمَبْحَثُ الثَّالِثُ: فِي أَغْرَاضِ التَّشْبِيهِ (الصّفحة ١٢٦)				

الْمَبْحَثُ الْأَوَّلُ فِيْ أَرْكَانِ التَّشْبِيْهِ

أَرْكَانُ التَّشْبِيْهِ أَرْبَعَةٌ: الْمُشَبَّهُ وَالْمُشَبَّهُ بِهِ، وَيُسَمَّيَانِ طَرَفَي التَّشْبِيْهِ[1]، وَوَجْهُ الشَّبَهِ وَالْأَدَاةِ.

[طَرَفَا التَّشْبِيْهِ]

وَالطَّرَفَانِ

إِمَّا حِسِّيَّانِ، نَحْوُ: الْوَرَقُ كَالْحَرِيْرِ فِي النُّعُوْمَةِ،[2]

وَإِمَّا عَقْلِيَّانِ، نَحْوُ: الْجَهْلُ كَالْمَوْتِ،[3]

وَإِمَّا مُخْتَلِفَانِ، نَحْوُ: خُلُقُهُ كَالْعِطْرِ.[4]

---

[1] المشبّه والمشبّه به هما الرّكنان الأساسيّان للتّشبيه، ولا بدّ منهما، أمّا وجه الشَّبَه والأداة فقد يحذفان، بل يحسُن حذفهما كَمَا سَيَأْتِيْ.

[2] الحسّيّ ما يُدرك بإحدى الحواسّ الخمس أي البصر والسّمع والذّوق والشّم والمسّ.

ومثال المشبّه والمشبّه به الحسّيين قوله تعالى: ﴿وَلَهُ الْجَوَارِ الْمُنْشَآتُ فِي الْبَحْرِ كَالْأَعْلَامِ﴾، الجواري جمع الجارية وهي السّفينة، والأعلام جمع العلَم وهو الجبل، شُبّه السّفن بالجبال وهما حسّيان. والمنشآت المَرْفُوعاتُ الشُّرُعِ، وَهِيَ قِلْعُها

[3] والعقليّ ما لا يُدرك بالحواسّ الخمس، نحو: الإيمان والكفر واللّذة.

ومثال المشبّه والمشبّه به العقليّين قوله تعالى: ﴿شَجَرَةٌ تَخْرُجُ فِىٓ أَصْلِ الْجَحِيمِ ﴿٦٤﴾ طَلْعُهَا كَأَنَّهُۥ رُءُوسُ الشَّيَاطِينِ ﴿٦٥﴾﴾ لا يُدرك طلع شجرة في أصل الجحيم ولا رأس الشّيطان بالحواسّ الخمسة، إنّما يدركان بالعقل. وفيه بحث فمن شاء فليراجعه في مظانّه في المطوّلات.

فائدة: قال عبد الرّحمن حسن حبنكه الميداني: لم أجد في إرهاق ذِهْنِ دارس هَذا العلم بإحصاء هذه الأقسام وتشقيقاتها، وتطبيق الأمثلة عليها، فائدةً ذاتَ قيمةٍ أدبيَّةٍ بيانيّة، تَنْفَعُ لدى دراسة النّصوص الأدبيَّة الرَّفيعة، ... بَلْ رُبما تَصْرِفُ دراستُها ذِهْنَ الباحث عن جوانب الجمال والإبداع.

[4] مثاله قوله تعالى ﴿كَأَنَّهُنَّ الْيَاقُوتُ وَالْمَرْجَانُ﴾ شبّه الحور العين بالياقوت – يقال له ruby– والمرجان – ويقال له corals–.

...

[وَجْهُ الشَّبَهِ]

وَوَجْهُ الشَّبَهِ هُوَ الْوَصْفُ الْخَاصُّ الَّذِيْ قُصِدَ اشْتِرَاكُ الطَّرَفَيْنِ فِيْهِ، كَالْهِدَايَةِ فِي الْعِلْمِ وَالنُّوْرِ.[١]

[أَدَاةُ التَّشْبِيْهِ]

وَأَدَاةُ التَّشْبِيْهِ هِيَ اللَّفْظُ الَّذِيْ يَدُلُّ عَلَى مَعْنَى الْمُشَابَهَةِ، كَالْكَافِ وَكَأَنَّ[٢]، وَمَا فِي مَعْنَاهُمَا.

وَالْكَافُ يَلِيْهَا الْمُشَبَّهُ بِهِ، بِخِلَافِ كَأَنَّ فَيَلِيْهَا الْمُشَبَّهُ[٣]، نَحْوُ:

كَأَنَّ الثُّرَيَّا رَاحَةٌ تَشْبُرُ الدُّجَى ... لِتَنْظُرَ طَالَ اللَّيْلُ أَمْ قَدْ تَعَرَّضَا[٤]

	الْمُشَبَّهُ	أَدَاةُ التَّشْبِيْهِ	الْمُشَبَّهُ بِهِ	وَجْهُ الشَّبَهِ
تَشْبِيْهُ حِسِّيٍّ بِحِسِّيٍّ	الْوَرَقُ	كَ	ـالْحَرِيْرِ	فِي النُّعُوْمَةِ
تَشْبِيْهُ عَقْلِيٍّ بِعَقْلِيٍّ	الْجَهْلُ	كَ	ـالْمَوْتِ	(غَيْرُ مَذْكُوْرٍ)
تَشْبِيْهُ عَقْلِيٍّ بِحِسِّيٍّ	خُلُقُهُ	كَ	ـالْعِطْرِ	(غَيْرُ مَذْكُوْرٍ)

[١] انظر إلى قول الشّاعر حيث بيّن وجه الشّبه بين المشبّه والمشبّه به

والنّفس كالطّفل إن تُهمله شبّ على ... حبّ الرّضاع وإن تفطمه ينفطم

شبّه النّفس بالطّفل، والجامع أي وجه الشّبه هو أنّ كلّا منهما لا ينفطم عن مألوفها إلّا بشيء من القهر.

[٢] مثل كلمة مَثَل ومَثِيْل وشِبْه وشَبِيْه ونَظِيْر وغير ذلك.

[٣]

أَدَاةُ التَّشْبِيْهِ	الْمُشَبَّهُ	أَدَاةُ التَّشْبِيْهِ	الْمُشَبَّهُ بِهِ
	الْجَهْلُ	كَ	ـالْمَوْتِ
كَأَنَّ	الْجَهْلَ		مَوْتٌ

[٤] الثُّرَيَّا مَجموعة من الكواكب يقال له Pleiades وSeven Sisters . ويقال شبَر الثوب إذا قاسه بالشِّبْرِ، مِن شَبَر يشبُرُ شَبْرًا. والشِّبْر ما بين طَرَفي الخِنْصَرِ والإبهام المفرجتين، والرّاحة الكَفُّ، والدُّجَى الظُّلمة. شبّه الشّاعر الثّريّا براحة الإنسان المنفرجة.

وَكَأَنَّ تُفِيدُ التَّشْبِيْهَ إِذَا كَانَ خَبَرُهَا جَامِدًا، وَالشَّكَّ إِذَا كَانَ خَبَرُهَا مُشْتَقًّا، نَحْوُ: كَأَنَّكَ فَاهِمٌ.[١]

وَقَدْ يُذْكَرُ فِعْلٌ يُنْبِئُ عَنِ التَّشْبِيهِ، نَحْوُ: قَوْلِه تَعَالَى ﴿إِذَا رَأَيْتَهُمْ حَسِبْتَهُمْ لُؤْلُؤًا مَّنثُورًا﴾.[٢]

[تَشْبِيهٌ بَلِيْغٌ]

وَإِذَا حُذِفَتْ أَدَاةُ التَّشْبِيْهِ وَوَجْهُهُ يُسَمَّى تَشْبِيهًا بَلِيْغًا، نَحْوُ: ﴿وَجَعَلْنَا الَّيْلَ لِبَاسًا﴾ أَيْ كَاللِّبَاسِ

---

[١] يفيد كأنّ التّشبيه إن ...

كان خبرها جملة، مثل قوله تعالى ﴿الزُّجَاجَةُ كَأَنَّهَا كَوْكَبٌ دُرِّيٌّ﴾

أو وليها ما الكافّة مثل قوله تعالى ﴿وَمَن يُشْرِكْ بِاللَّهِ فَكَأَنَّمَا خَرَّ مِنَ السَّمَاءِ فَتَخْطَفُهُ الطَّيْرُ أَوْ تَهْوِي بِهِ الرِّيحُ فِي مَكَانٍ سَحِيقٍ﴾

كَأَنَّ			
خَبَرُهَا مُشْتَقٌّ	خَبَرُهَا جَامِدٌ	خَبَرُهَا جُمْلَةٌ	مَعَ مَا الكَافَّةِ
تُفِيْدُ الشَّكَّ	تُفِيْدُ التَّشْبِيْهَ		
كَأَنَّكَ فَاهِمٌ	كَأَنَّكَ أَسَدٌ	كَأَنَّهُ يَزْأَرُ	كَأَنَّمَا خَرَّ مِنَ السَّمَاءِ

قيل التّشبيه بكأنّ أبلغ من التّشبيه بالكاف، لأنّها مركّبة من الكاف وأنّ، وزيادة المبنى تدلّ على زيادة المعنى.

[٢] ويصحّ التّشبيه بفعل يدلّ على تشبيه شيء بشيء مثل يُشْبِهُ ويُمَاثِلُ ويُنَاظِرُ وغير ذلك،

أَدَاةُ التَّشْبِيْهِ	الْمُشَبَّهُ	الْمُشَبَّهُ بِهِ
حَسِبْتَ	هُمْ	لُؤْلُؤًا مَنْثُورًا

ومنه ما روى البخاري عَنْ أَنَسٍ رَضِيَ اللَّهُ عَنْهُ أنه قَدْ فَزِعَ أَهْلُ المَدِينَةِ لَيْلَةً، سَمِعُوا صَوْتًا فَتَلَقَّاهُمُ النَّبِيُّ ﷺ عَلَى فَرَسٍ لِأَبِي طَلْحَةَ عُرْيٍ، وَهُوَ مُتَقَلِّدٌ سَيْفَهُ، فَقَالَ: «لَمْ تُرَاعُوا، لَمْ تُرَاعُوا»، ثُمَّ قَالَ رَسُولُ اللهِ ﷺ: «وَجَدْتُهُ بَحْرًا» يَعْنِي الفَرَسَ. وَقَوْلُهُ لَمْ تُرَاعُوا هِيَ كَلِمَةٌ تُقَالُ عِنْدَ تسكين الرّوع، وَمَعْنَاهُ: لَا تخافوا، وقَوْله ﷺ: وجدناه بحرًا أي: وجدنَا هَذَا الْفرس وَاسع الجري كَمَاء الْبَحْر.

أَدَاةُ التَّشْبِيْهِ	الْمُشَبَّهُ	الْمُشَبَّهُ بِهِ
وَجَدْتُ	هُ	بَحْرًا

وكذلك قول الرُّبَيِّعِ بِنْتِ مُعَوِّذِ ابْنِ عَفْرَاءَ: يَا بُنَيَّ لَوْ رَأَيْتَهُ -تعني رَسُولَ اللهِ ﷺ- رَأَيْتَ الشَّمْسَ طَالِعَةً.

فِي السِّتْرِ[١].

١

	الْمُشَبَّهُ	أَدَاةُ التَّشْبِيهِ	الْمُشَبَّهُ بِهِ	وَجْهُ الشَّبَهِ
وَجَعَلْنَا	اللَّيْلَ	(ك)	لِبَاسًا	(في السّتر)

أصل التّشبيه: اللّيل كاللّباس في السّتر، فحُذف كلّ من وجه الشّبه والأداة، وذلك يُسمّى بليغًا لأنّه أبلغ التّشبيهات وآكدها، كأنّك تدّعي أولًا أنّ المشبّه هو المشبّه به على سبيل الحقيقة دون التّشبيه حيث حُذفت أداة التّشبيه، وثانيًا تدّعي أنّ وجه الشّبه في غاية الظّهور حتى لا يحتاج إلى بيان.

الْمَبْحَثُ الْأَوَّلُ فِي أَرْكَانِ التَّشْبِيهِ		
طَرَفَا التَّشْبِيهِ	وَجْهُ الشَّبَهِ	أَدَاةُ التَّشْبِيهِ
حِسِّيَّانِ		حَرْفٌ (كَافٌ، كَأَنَّ)
عَقْلِيَّانِ		اِسْمٌ (مِثْل)
مُخْتَلِفَانِ		فِعْلٌ

فَائِدَة فِي التّشبيه الضِّمْنيّ

واعلم أنّ التّشبيه لا يتأتّى إلّا إذا كان المشبّه والمشبّه به في جملة واحدة، مع أداة من أدوات التشبية لفظا أو مقدرًا، أمّا إذا وجد معنى التّشبيه في أكثر من جملة يُسمّى تَشْبِيْهًا ضِمْنِيًّا، وهو تشبيه يفهم من مضمون الكلام بغير هيئة التّشبيه. مثله قوله تعالى ﴿وَاغْضُضْ مِن صَوْتِكَ ۚ إِنَّ أَنكَرَ الْأَصْوَاتِ لَصَوْتُ الْحَمِيرِ ﴿١٩﴾﴾، شبّه الصّوت المرتفع بصوت الحمار ضِمنا. ومثله قول الشّاعر

فَإِنْ تَفُقِ الأَنَامَ وَأَنْتَ مِنْهُمْ ... فَإِنَّ الْمِسْكَ بَعْضُ دَمِ الْغَزَالِ

لا يوجد فيه مشبه ولا مشبّه به، ولكن يفهم من مضمون الكلام تشبيه الممدوح بالمسك. ومثله قول الشّاعر:

وَإِذَا أَرَادَ اللهُ نَشْرَ فَضِيْلَةٍ ... طُوِيَتْ أَتَاحَ لَهَا لِسَانَ حَسُوْدِ

لَوْ لَا اشْتِعَالُ النَّارِ فِيْمَا جَاوَرَتْ ... مَا كَانَ يُعْرَفُ طِيْبُ عَرْفِ الْعُوْدِ

ومثله قول الشّاعر:

اِصْبِرْ عَلَى مَضَضِ الْحَسُوْ ... دِ فَإِنَّ صَبْرَكَ قَاتِلُهْ

...

الْمَبْحَثُ الثَّانِي فِي أَقْسَامِ التَّشْبِيهِ

[تَقْسِيمُ التَّشْبِيهِ الْأَوَّلُ بِاعْتِبَارِ هَيْئَةِ طَرَفَيْهِ][1]

يَنْقَسِمُ التَّشْبِيهُ بِاعْتِبَارِ طَرَفَيْهِ إِلَى أَرْبَعَةِ أَقْسَامٍ:

١) تَشْبِيهُ مُفْرَدٍ بِمُفْرَدٍ، نَحْوُ: هَذَا الشَّيْءُ كَالْمِسْكِ فِي الرَّائِحَةِ.[2]

٢) وَتَشْبِيهُ مُرَكَّبٍ بِمُرَكَّبٍ، بِأَنْ يَكُوْنَ كُلٌّ مِنَ الْمُشَبَّهِ وَالْمُشَبَّهِ بِهِ هَيْئَةً حَاصِلَةً مِنْ عِدَّةِ أُمُوْرٍ، كَقَوْلِ بَشَّارٍ:

كَأَنَّ مُثَارَ النَّقْعِ فَوْقَ رُءُوْسِنَا ... وَأَسْيَافَنَا لَيْلٌ تَهَاوَى كَوَاكِبُهْ[3]

فَالنَّارُ تَأْكُلُ نَفْسَهَا ... إِنْ لَمْ تَجِدْ مَا تَأْكُلُهْ

والغرض الغالب من التّشبيه الضّمني بيان إمكان ما أسند إلى المشبّه، وسيأتي في المبحث الثالث.

[1] أضيفت هذه العناوين تيسيرا للطلاب وإن لم يكن في الأصل.

[2] المفرد على قسمين: الأوّل المطلق، وهو ما ليس له قيد له دَخْل في التّشبيه، والثّاني المقيّد، وهو ما بخلافه.

فمن تشبيه المطلق بالمطلق قوله تعالى: ﴿هُنَّ لِبَاسٌ لَّكُمْ وَأَنتُمْ لِبَاسٌ لَّهُنَّ﴾ وقوله تعالى: ﴿وَجَعَلْنَا اللَّيْلَ لِبَاسًا﴾ وقوله تعالى: ﴿ثُمَّ قَسَتْ قُلُوبُكُم مِّنۢ بَعْدِ ذَٰلِكَ فَهِيَ كَالْحِجَارَةِ أَوْ أَشَدُّ قَسْوَةً﴾، وقوله تعالى: ﴿كَأَنَّهُنَّ الْيَاقُوتُ وَالْمَرْجَانُ﴾

ومن تشبيه المقيّد بالمقيّد قولهم: التّعليم في الصّغر كالنّقش في الحجر، وقوله تعالى: ﴿وَالَّذِينَ كَفَرُوا أَعْمَالُهُمْ كَسَرَابٍۭ بِقِيعَةٍ يَحْسَبُهُ الظَّمْآنُ مَاءً﴾، وقوله تعالى: ﴿يَخْرُجُونَ مِنَ الْأَجْدَاثِ كَأَنَّهُمْ جَرَادٌ مُّنتَشِرٌ﴾

[3] مُثَارٌ اسمُ مفعولٍ منْ أَثَارَ الغُبارَ إذا هَيَّجَهُ وحَرَّكَهُ، فإضافتُه إلى النَّقْعِ منْ إضافةِ الصفةِ إلى الموصوفِ أي النّقع المُثار، والنَّقْعُ الغُبَارُ السّاطع، والجمع نِقَاعٌ ونُقوعٌ، وفي التّنزيل ﴿فَأَثَرْنَ بِهِ نَقْعًا﴾. ويقال تهاوى القوم إذا سَقَطَ بَعْضُهُمْ فِي إِثْرِ بَعْضٍ. ومثله قول الشّاعر

كَأَنَّ سُهَيْلًا وَالنُّجُوْمُ وَرَاءَهُ ... صُفُوْفُ صَلَاةٍ قَامَ فِيهَا إِمَامُهَا

والسّهيل اسم نجم.

واعلم أن تشبيه المركّب على نوعين،

...

فَإِنَّهُ شَبَّهَ هَيْئَةَ الْغُبَارِ وَفِيْهِ السُّيُوْفُ مُضْطَرِبَةً بِهَيْئَةِ اللَّيْلِ وَفِيْهِ الْكَوَاكِبُ تَتَسَاقَطُ فِيْ جِهَاتٍ مُخْتَلِفَةٍ.

٣) وَتَشْبِيْهُ مُفْرَدٍ بِمُرَكَّبٍ، كَتَشْبِيْهِ الشَّقِيْقِ بِهَيْئَةِ أَعْلَامٍ يَاقُوْتِيَّةٍ مَنْشُوْرَةٍ عَلَى رِمَاحٍ زَبَرْجَدِيَّةٍ.[١]

٤) وَتَشْبِيْهُ مُرَكَّبٍ بِمُفْرَدٍ، نَحْوُ: قولِهِ:

الأوّل ما كانت الأجزاء تقابل أمثالها في المشبّه به، نحو: قوله تعالى ﴿مَثَلُ الَّذِينَ يُنفِقُونَ أَمْوَالَهُمْ فِي سَبِيلِ اللَّهِ كَمَثَلِ حَبَّةٍ أَنبَتَتْ سَبْعَ سَنَابِلَ فِي كُلِّ سُنبُلَةٍ مِّائَةُ حَبَّةٍ ۗ وَاللَّهُ يُضَاعِفُ لِمَن يَشَاءُ ۗ وَاللَّهُ وَاسِعٌ عَلِيمٌ ﴿٢٦١﴾﴾ فالإنفاق يقابل زرع الحبّة، وتضاعف الأجر يقابل تكاثر السّنابل.

والثّاني ما كانت الأجزاء لا تقابل أمثالها في المشبّه به، نحو: قوله تعالى ﴿مَثَلُهُمْ كَمَثَلِ الَّذِي اسْتَوْقَدَ نَارًا فَلَمَّا أَضَاءَتْ مَا حَوْلَهُ ذَهَبَ اللَّهُ بِنُورِهِمْ وَتَرَكَهُمْ فِي ظُلُمَاتٍ لَّا يُبْصِرُونَ ﴿١٧﴾﴾

[١] أشار إلى قول الشّاعر:

وَكَـــــأَنَّ مُحْمَـــــرَّ الشَّقِيْـ ... ـقِ إِذَا تَصَـــــوَّبَ أَوْ تَصَـــــعَّدَ

أَعْـــــلَامُ يَـــــاقُوْتٍ نُشِـــــرْ ... نَ عَلَـــــى رِمَـــــاحٍ مِـــــنْ زَبَرْجَـــــد

الشقيق نبات أحمر -يقال له Anemone-، تصوّب أو تصعّد أي إذا مال إلى الأسفل والأعلى، والأعلام جمع علَم، وهو الرّاية، والياقوت يقال له ruby، والزّبرجد هو حجر كريم ذو ألوان كثيرة أشهرها الأخضر.

ومنه قوله تعالى ﴿مَثَلُهُمْ كَمَثَلِ الَّذِي اسْتَوْقَدَ نَارًا فَلَمَّا أَضَاءَتْ مَا حَوْلَهُ ذَهَبَ اللَّهُ بِنُورِهِمْ وَتَرَكَهُمْ فِي ظُلُمَاتٍ لَّا يُبْصِرُونَ ﴿١٧﴾﴾

وكذلك قوله تعالى ﴿إِنَّمَا مَثَلُ الْحَيَاةِ الدُّنْيَا كَمَاءٍ أَنزَلْنَاهُ مِنَ السَّمَاءِ فَاخْتَلَطَ بِهِ نَبَاتُ الْأَرْضِ مِمَّا يَأْكُلُ النَّاسُ وَالْأَنْعَامُ حَتَّىٰ إِذَا أَخَذَتِ الْأَرْضُ زُخْرُفَهَا وَازَّيَّنَتْ وَظَنَّ أَهْلُهَا أَنَّهُمْ قَادِرُونَ عَلَيْهَا أَتَاهَا أَمْرُنَا لَيْلًا أَوْ نَهَارًا فَجَعَلْنَاهَا حَصِيدًا كَأَن لَّمْ تَغْنَ بِالْأَمْسِ ۚ﴾

يَا صَاحِـبَيَّ تَقَصَّيَا نَظَـرَيْكُمَا تَـرَيَا وُجُوْهَ الْأَرْضِ كَيْفَ تُصَـوَّرُ[1]

تَـرَيَا نَهَارًا مُشْـمِسًـا قَـدْ شَـابَهَ زَهْـرَ الـرُّبَا فَكَأَنَّمَـا هُوَ مُقْمِـرُ[2]

فَإِنَّهُ شَبَّهَ هَيئَةَ النَّهَارِ الْمُشْمِسِ الَّذِي اخْتَلَطَتْ بِهِ أَزْهَارُ الرُّبُوَاتِ بِاللَّيْلِ الْمُقْمِرِ.[3]

[تَقْسِيْمُ التَّشْبِيْهِ الثَّانِيْ بِاعْتِبَارِ عَدَدِ طَرَفَيْهِ]

وَيَنْقَسِمُ بِاعْتِبَارِ الطَّرَفَيْنِ أَيْضًا إِلَى مَلْفُوْفٍ وَمَفْرُوْقٍ.

فَالْمَلْفُوْفُ أَنْ يُؤْتَى بِمُشَبَّهَيْنِ أَوْ أَكْثَرَ ثُمَّ بِالْمُشَبَّهِ بِهِمَا، نَحْوُ:

كَـأَنَّ قُلُـوْبَ الطَّيْـرِ رَطْبًـا وَيَابِسًـا لَدَى وَكْرِهَا الْعُنَّابُ وَالْحَشَـفُ الْبَالِيْ[4]

---

[1] التَّقَصِّي الإبعاد، يقال تَقَصَّى فلان مَكانَ سُكْناهُ إذا تَباعَدَ عَنْهُ، وتَقَصَّى الجَبَلَ إذا صارَ في أَقْصاهُ، وتَقَصَّى الْمَوْضوعَ إذا بَحَثَ فيهِ بَحْثا مُسْتَفيضا. والمراد بوجوه الأرض الأماكنُ الّتي تبدو من الأرض مثل ما يبدو الوجه من جسم الأنسان.

[2] المراد بالمشمس ذو شمسٍ لم يَسْتُرْه غَيْمٌ، يقال أشمس اليوم إذا ظهرت شمسُه وأَضاءت طُولَ النَّهارِ، والرُّبى جَمْعُ رَبْوَةٍ بضَمِّ الأوّل وفَتْحِه، وهي ما ارتفع من الأرض، وأرادَ بالزَّهْرِ النّباتَ مطْلَقًا، ويقال أَقْمَرَ اللَّيْلُ إذا أَضاءَ بِضَوْءِ القَمَرِ.

[3] ونهارًا مشمسًا ظهرت فيه الشّمس وسطع ضوؤها على الزّهر النّابت على الأراضي المرتفعة فيُخيّل إليك أن النّور نور القمر.

[4] الوَكْرُ عُشُّ الطائر الّذي يبيض فيه ويفرخ، سواء أكان ذلك في جبلٍ أَم شجرٍ أم غيرهما. والعُنّاب جمع عُنّابة وهو ثَمَرٌ أحمر حلو لذيذ الطّعم زيتونيّ الشّكل يقال له jujube، والحَشَفُ من التّمر أَرْدَؤُهُ. وقوله رطبا ويابسا حالان من قلوب، والعامل فيهما كأنّ لما فيها من معنى الفعل، ولَدَى وَكْرِها متعلّق بمحذوف حال من قلوب الطّير.

...

فَإِنَّهُ شُبِّهَ الرَّطْبُ الطَّرِيُّ مِنْ قُلُوْبِ الطَّيْرِ بِالْعُنَّابِ، وَالْيَابِسُ الْعَتِيْقُ مِنْهَا بِالتَّمْرِ الرَّدِيْءِ.

وَالْمَفْرُوْقُ: أَنْ يُؤْتَى بِمُشَبَّهٍ وَمُشَبَّهٍ بِهِ ثُمَّ آخَرَ وَآخَرَ، نَحْوُ:

النَّشْـــرُ مِسْـــكٌ وَالْوُجُـــوْهُ دَنَـــا   نِيْـــرُ وَأَطْـــرَافُ الْأَكُـــفِّ عَـــنَمْ[1]

	أَدَاةُ التَّشْبِيْهِ	الْمُشَبَّهَانِ	الْمُشَبَّهُ بِهِمَا
التَّشْبِيْهُ الْأَوَّلُ	كَأَنَّ	قُلُوْبَ الطَّيْرِ رَطْبًا	الْعُنَّابُ
التَّشْبِيْهُ الثَّانِي		قُلُوْبَ الطَّيْرِ يَابِسًا	الْحَشَفُ الْبَالِي

وهذا البيت لامرئ القيس بن حجر الكنديّ يصف عُقابا – eagle – بسرعة اختطافها للطّيور. وكلمة عقاب يُذكّر ويؤنّث

ومن التّشبيه الملفوف قول النّبيّ ﷺ: «مَثَلُ الْجَلِيسِ الصَّالِحِ وَالسَّوْءِ، كَحَامِلِ الْمِسْكِ وَنَافِخِ الْكِيرِ، فَحَامِلُ الْمِسْكِ إِمَّا أَنْ يُحْذِيَكَ وَإِمَّا أَنْ تَبْتَاعَ مِنْهُ، وَإِمَّا أَنْ تَجِدَ مِنْهُ رِيحًا طَيِّبَةً، وَنَافِخُ الْكِيرِ إِمَّا أَنْ يَحْرِقَ ثِيَابَكَ، وَإِمَّا أَنْ تَجِدَ مِنْهُ رِيحًا خَبِيثَةً»

	أَدَاةُ التَّشْبِيْهِ	الْمُشَبَّهَانِ	أَدَاةُ التَّشْبِيْهِ	الْمُشَبَّهُ بِهِمَا
التَّشْبِيْهُ الْأَوَّلُ	مَثَلُ	الْجَلِيسِ الصَّالِحِ	كَـ	حَامِلِ الْمِسْكِ
التَّشْبِيْهُ الثَّانِي		(الْجَلِيسِ) السَّوْءِ		نَافِخِ الْكِيرِ

ومثله قوله ﷺ: «مَثَلُ الَّذِي يَذْكُرُ رَبَّهُ وَالَّذِي لاَ يَذْكُرُ رَبَّهُ، مَثَلُ الحَيِّ وَالْمَيِّتِ»

	أَدَاةُ التَّشْبِيْهِ	الْمُشَبَّهَانِ	أَدَاةُ التَّشْبِيْهِ	الْمُشَبَّهُ بِهِمَا
التَّشْبِيْهُ الْأَوَّلُ	مَثَلُ	الَّذِي يَذْكُرُ رَبَّهُ	مَثَلُ	الحَيِّ
التَّشْبِيْهُ الثَّانِي		الَّذِي لاَ يَذْكُرُ رَبَّهُ		وَالْمَيِّتِ

[1] النَّشر الرّائحة، وَالأَكُفُّ جمع الكفّ، وهي راحة اليد، والعَنَمُ شجر ليّن الأغصان ولطيفها، واحدتها عنمة، وهو ممّا يستاك به. وحذفت أداة التّشبيه في التّشبيهات الثّلاث فأصبحت تشبيهات بليغة.

...

وَإِنْ تَعَدَّدَ الْمُشَبَّهُ دُوْنَ الْمُشَبَّهِ بِهِ سُمِّيَ تَشْبِيْهَ التَّسْوِيَةِ، نَحْوُ:

صُدْغُ الْحَبِيْبِ وَحَالِيْ ‏‏‏‏‏‏‏‏‏‏ كِلَاهُمَا كَاللَّيَالِيْ[1]

	الْمُشَبَّهَانِ	أَدَاةُ التَّشْبِيْهِ	الْمُشَبَّهُ بِهِمَا
التَّشْبِيْهُ الْأَوَّلُ	النَّشْرُ	(مَحْذُوْفَةٌ)	مِسْكٌ
التَّشْبِيْهُ الثَّانِي	الْوُجُوْهُ		دَنَانِيرُ
التَّشْبِيْهُ الثَّالِثُ	أَطْرَافُ الْأَكُفِّ		عَنَمُ

ومن التّشبيه المفروق قول النّبي ﷺ:

«مَثَلُ الْمُؤْمِنِ الَّذِي يَقْرَأُ الْقُرْآنَ كَمَثَلِ الأُتْرُجَّةِ، رِيحُهَا طَيِّبٌ وَطَعْمُهَا طَيِّبٌ،

وَمَثَلُ الْمُؤْمِنِ الَّذِي لاَ يَقْرَأُ الْقُرْآنَ كَمَثَلِ التَّمْرَةِ، لَا رِيحَ لَهَا وَطَعْمُهَا حُلْوٌ،

وَمَثَلُ الْمُنَافِقِ الَّذِي يَقْرَأُ الْقُرْآنَ مَثَلُ الرَّيْحَانَةِ، رِيحُهَا طَيِّبٌ وَطَعْمُهَا مُرٌّ،

وَمَثَلُ الْمُنَافِقِ الَّذِي لاَ يَقْرَأُ الْقُرْآنَ كَمَثَلِ الحَنْظَلَةِ، لَيْسَ لَهَا رِيحٌ وَطَعْمُهَا مُرٌّ»

	أَدَاةُ التَّشْبِيْهِ	الْمُشَبَّهَاتُ	أَدَاةُ التَّشْبِيْهِ	الْمُشَبَّهُ بِهَا	وَجْهُ الشَّبَهِ
التَّشْبِيْهُ الْأَوَّلُ	مَثَلُ	الْمُؤْمِنِ الَّذِي يَقْرَأُ الْقُرْآنَ	كَمَثَلِ	الأُتْرُجَّةِ	رِيحُهَا طَيِّبٌ وَطَعْمُهَا طَيِّبٌ
التَّشْبِيْهُ الثَّانِي		الْمُؤْمِنِ الَّذِي لاَ يَقْرَأُ الْقُرْآنَ		التَّمْرَةِ	لَا رِيحَ لَهَا وَطَعْمُهَا حُلْوٌ
التَّشْبِيْهُ الثَّالِثُ		الْمُنَافِقِ الَّذِي يَقْرَأُ الْقُرْآنَ		الرَّيْحَانَةِ	رِيحُهَا طَيِّبٌ وَطَعْمُهَا مُرٌّ
التَّشْبِيْهُ الرَّابِعُ		الْمُنَافِقِ الَّذِي لاَ يَقْرَأُ الْقُرْآنَ		الحَنْظَلَةِ	لَيْسَ لَهَا رِيحٌ وَطَعْمُهَا مُرٌّ

ومنه قول النّبي ﷺ:

«مَثَلُ الْمُؤْمِنِ كَالخَامَةِ مِنَ الزَّرْعِ، تُفَيِّئُهَا الرِّيحُ مَرَّةً وَتَعْدِلُهَا مَرَّةً،

وَمَثَلُ الْمُنَافِقِ كَالأَرْزَةِ، لاَ تَزَالُ حَتَّى يَكُونَ انْجِعَافُهَا مَرَّةً وَاحِدَةً»

[1] الصُّدْغُ بضَمِّ الصادِ ما بينَ الأُذُنِ والعينِ. والشّعر بتمامه كما يلي:

صُدْغُ الْحَبِيْبِ وحَالِيْ ‏‏‏‏‏‏‏‏‏‏ كلاهُمَا كاللَّيَالِيْ

وثَغْرُهُ فِيْ صَفَاءٍ ‏‏‏‏‏‏‏‏‏‏ وأَدْمُعِيْ كَاللَّآلِيْ

والثغْر الفم، وأدمع جمع دمع.

...

وَإِنْ تعدَّدَ الْمُشَبَّهُ بِهِ دُونَ الْمُشَبِّهِ سُمِّيَ تَشْبِيهَ الْجَمْعِ، نَحْوُ:

كَأَنَّمَا تَبْسِمُ عَنْ لُؤْلُؤٍ مُنَضَّدٍ أَوْ بَرَدٍ أَوْ أَقَاحِ[١]

	الْمُشَبَّهَانِ	أَدَاةُ التَّشْبِيهِ	الْمُشَبَّهُ بِهِ
التَّشْبِيهُ الْأَوَّلُ	صُدْغُ الحبيبِ	كَـ	اللّيالي
التَّشْبِيهُ الثَّانِي	حالي		

ومن تشبيه التّسوية قول النبي ﷺ: «مَثَلِي وَمَثَلَ الأنبياءِ مِنْ قَبْلِي، كَمَثَلِ رَجُلٍ بَنَى بَيْتًا فَأَحْسَنَهُ وَأَجْمَلَهُ، إِلَّا مَوْضِعَ لَبِنَةٍ مِنْ زَاوِيَةٍ، فَجَعَلَ النَّاس يَطُوفُونَ بِهِ، وَيَعْجَبُونَ لَهُ، وَيَقُولُونَ هَلَّا وُضِعَتْ هَذِهِ اللَّبِنَةُ؟ قال: فَأَنَا اللَّبِنَةُ وَأَنَا خَاتَمُ النَّبِيِّينَ»

ومنه قوله ﷺ: «مَثَلِي وَمَثَلُ مَا بَعَثَنِي اللهُ، كَمَثَلِ رَجُلٍ أَتَى قَوْمًا فقال : رَأَيْتُ الجَيْشَ بِعَيْنَيَّ، وَإِنِّي أَنَا النَّذِيرُ العُرْيَانُ، فَالنَّجَاءَ النَّجَاءَ، فَأَطَاعَتْهُ طَائِفَةٌ فَأَدْلَجُوا عَلَى مَهْلِهِمْ فَنَجَوْا، وَكَذَّبَتْهُ طَائِفَةٌ فَصَبَّحَهُمُ الجَيْشُ فَاجْتَاحَهُمْ»

ومنه قول النّبي ﷺ: «إِنَّمَا مَثَلِي وَمَثَلُ النَّاس كَمَثَلِ رَجُلٍ اسْتَوْقَدَ نَارًا، فَلَمَّا أَضَاءَتْ مَا حَوْلَهُ جَعَلَ الفَرَاشُ وَهَذِهِ الدَّوَابُّ الَّتِي تَقَعُ فِي النَّارِ يَقَعْنَ فِيهَا، فَجَعَلَ يَنْزِعُهُنَّ وَيَغْلِبْنَهُ فَيَقْتَحِمْنَ فِيهَا، فَأَنَا آخِذٌ بِحُجَزِكُمْ عَنِ النَّارِ، وَهُمْ يَقْتَحِمُونَ فِيهَا»

[١] اللؤلؤ هو الدُّرّ – pearl – جمعه لَآلِئ، والْمُنَضَّد المرتّب، يقال نضّده إذا نَسَّقَهُ ورَتَّبَهُ، والبَرَدُ بفتح الرّاء الماءُ الجَامِدُ ينزلُ من السَّحاب قِطَعًا صِغَارًا – hail –، والأُقْحُوانُ نوع من النّبات لَهُ زَهْرٌ أَبْيَض وَرَحِيقٌ أَصْفَرُ ذُو رَائِحَةٍ عَطِرَةٍ – daisy – والجمع أَقَاحٍ.

	أَدَاةُ التَّشْبِيهِ	الْمُشَبَّهُ	الْمُشَبَّهُ بِهَا
التَّشْبِيهُ الْأَوَّلُ	كَأَنَّمَا	الْأَسْنَانُ (الْمَفْهُومُ مِنْ تَبْسِمُ)	لُؤْلُؤٍ مُنَضَّدٍ
التَّشْبِيهُ الثَّانِي			بَرَدٍ
التَّشْبِيهُ الثَّالِثُ			أَقَاحِ

ومن تشبيه الجمع قوله تعالى: ﴿ كَأَنَّهُنَّ الْيَاقُوتُ وَالْمَرْجَانُ ﴾

...

[تَقْسِيمُ التَّشْبِيهِ الثَّالِثُ بِاعْتِبَارِ إِفْرَادِ وَجْهِ الشَّبَهِ وَتَرْكِيبِهِ]

وَيَنْقَسِمُ بِاعْتِبَارِ وَجْهِ الشَّبَهِ إِلَى تَمْثِيلٍ وَغَيرِ تَمْثِيلٍ.

فَالتَّمْثِيلُ مَا كَانَ وَجْهُهُ مُنْتَزَعًا مِنْ مُتَعَدِّدٍ، كَتَشْبِيهِ الثُّرَيَّا بِعُنْقُودِ الْعِنَبِ الْمُنَوَّرِ.[1]

وَغَيْرُ التَّمْثِيلِ: مَا لَيسَ كَذَلِكَ، كَتَشْبِيهِ النَّجمِ بِالدِّرْهَمِ.[2]

	أَدَاةُ التَّشْبِيهِ	الْمُشَبَّهُ	الْمُشَبَّهُ بِهَا
التَّشْبِيهُ الْأَوَّلُ	كَأَنَّ	هُنَّ	اليَاقُوتُ
التَّشْبِيهُ الثَّانِي			الْمَرْجَانُ

ومنه قوله تعالى: ﴿مَثَلُهُمْ كَمَثَلِ الَّذِى اسْتَوْقَدَ نَارًا فَلَمَّآ أَضَآءَتْ مَا حَوْلَهُۥ ذَهَبَ اللَّهُ بِنُورِهِمْ وَتَرَكَهُمْ فِى ظُلُمَٰتٍ لَّا يُبْصِرُونَ ﴿١٧﴾... أَوْ كَصَيِّبٍ مِّنَ السَّمَآءِ فِيهِ ظُلُمَٰتٌ وَرَعْدٌ وَبَرْقٌ يَجْعَلُونَ أَصَٰبِعَهُمْ فِىٓ ءَاذَانِهِم مِّنَ الصَّوَٰعِقِ حَذَرَ الْمَوْتِ...﴾

[1] هذا إشارة إلى قول الشّاعر

وَقَدْ لَاحَ فِي الصُّبْحِ الثُّرَيَّا كَمَا تَرَى كَعُنْقُودِ مُلَّاحِيَّةٍ حِينَ نَوَّرَا

العُنقود ما تراكم من ثمر العنب ونحوه في أصلٍ واحد، والملاحيّ ضَرْبٌ من العنب أبيض، في حبّه طول.

ووجه الشّبه بين الثّريا والعنب المنوّر هو الهيئة الحاصلة من تقارن صور النّجوم في الثّريا وصور حبّات العنب المنوّر في العنقود على الكيفيّة المخصوصة الّتي ليس فيها غاية التّلاصق ولا شدّة في الافتراق.

ومثله قوله ﴿مَثَلُ الَّذِينَ حُمِّلُوا التَّوْرَىٰةَ ثُمَّ لَمْ يَحْمِلُوهَا كَمَثَلِ الْحِمَارِ يَحْمِلُ أَسْفَارًا﴾

	أَدَاةُ التَّشْبِيهِ	الْمُشَبَّهُ	أَدَاةُ التَّشْبِيهِ	الْمُشَبَّهُ بِهِ	وَجْهُ الشَّبَهِ
تَشْبِيهُ غَيْرِ التَّمْثِيلِ		صُدْغُ الحبيبِ وحالي	كـ	اللَّيـالِي	(السّواد)
تَشْبِيهُ التَّمْثِيلِ	مَثَلُ	الَّذِينَ حُمِّلُوا التَّوْرَىٰةَ ثُمَّ لَمْ يَحْمِلُوهَا	كَمَثَلِ	الْحِمَارِ يَحْمِلُ أَسْفَارًا	(هيئة مركبة)

ومن التّمثيل ﴿مَثَلُ الَّذِينَ يُنفِقُونَ أَمْوَٰلَهُمُ ابْتِغَآءَ مَرْضَاتِ اللَّهِ وَتَثْبِيتًا مِّنْ أَنفُسِهِمْ كَمَثَلِ جَنَّةٍۭ بِرَبْوَةٍ أَصَابَهَا وَابِلٌ فَـَٔاتَتْ أُكُلَهَا ضِعْفَيْنِ فَإِن لَّمْ يُصِبْهَا وَابِلٌ فَطَلٌّ﴾

[2] ويمكن تقسيم التّشبيه باعتبار حقيقة وجه الشّبه وخياله، وذلك لأنّ وجه الشّبه إمّا شيء ثابت فيهما حقيقة ...

[تَقسِيمُ التَّشْبِيهِ الرَّابِعُ بِاعْتِبَارِ ذِكْرِ وَجْهِ الشَّبَهِ وَحَذْفِهَا]

وَيَنْقَسِمُ بِهَذَا الِاعْتِبَارِ أَيْضًا إِلَى مُفَصَّلٍ وَمُجْمَلٍ.

فَالْأَوَّلُ مَا ذُكِرَ فِيهِ وَجْهُ الشَّبَهِ، نَحْوُ:

وثَغْـــرُهُ فِـــي صَـــفَاءٍ وَأَدْمُعِـــي كَـــاللَّآلِي[1]

وَالثَّانِي: مَا لَيْسَ كَذَلِكَ، نَحْوُ: النَّحْوُ فِي الْكَلَامِ كَالْمِلْحِ فِي الطَّعَامِ.

سواء كان حسّيًا أو عقليًا، فالأوّل كقوله تعالى ﴿وَلَهُ الْجَوَارِ الْمُنشَآتُ فِي الْبَحْرِ كَالْأَعْلَامِ﴾ فوجه الشّبه العِظَمُ والضّخامة، وهو حقيقي عقليّ، والثّاني كقولك زيد كالأسد، فوجه الشّبه القوّة والشّجاعة. فوجه الشّبه حقيقي عقليّ.

وإن كان وجه الشّبه غير ثابت حقيقة، بل ثابت على سبيل الخيال فوجه الشّبه تخييلي، نحو:

صُـدْغُ الْحَبِيـبِ وحَـالِي كلاهُمــا كاللَّيَــالِي

وثَغْــرُهُ فِــي صَــفَاءٍ وأَدْمُعِــي كَــاللَّآلِي

فإنّ وجه الشّبه السّواد، والسّواد غير ثابت في الحال حقيقة، بل على سبيل الخيال.

[1] الثَّغْر الفم، والجمع ثُغور، والمراد به الأسنان، والصَّفاء الخلوص من الكدَر. وأَدْمُعٌ جمع قلّة لدَمْع.

	الْمُشَبَّهُ	أَدَاةُ التَّشْبِيهِ	الْمُشَبَّهُ بِهِ	وَجْهُ الشَّبَهِ
تَشْبِيهٌ مُفَصَّلٌ	وثَغْرُهُ وَأَدْمُعِي	كَـ	ـاللآلِي	فِي صَفَاءٍ
تَشْبِيهٌ مُجْمَلٌ	النَّحْوُ فِي الْكَلَامِ	كَـ	ـالْمِلْحِ فِي الطَّعَامِ	×

ومن المفصّل قوله تعالى ﴿فَمَثَلُهُ كَمَثَلِ الْكَلْبِ إِن تَحْمِلْ عَلَيْهِ يَلْهَثْ أَوْ تَتْرُكْهُ يَلْهَث﴾ ومثل ﴿وَإِن يَسْتَغِيثُوا يُغَاثُوا بِمَاءٍ كَالْمُهْلِ يَشْوِي الْوُجُوهَ﴾

ومثل قول النّبي ﷺ: «إِنَّ الْمُؤْمِنَ لِلْمُؤْمِنِ كَالْبُنْيَانِ يَشُدُّ بَعْضُهُ بَعْضًا»

ومثل قول النّبي ﷺ: «تَرَى الْمُؤْمِنِينَ فِي تَرَاحُمِهِمْ وَتَوَادِّهِمْ وَتَعَاطُفِهِمْ كَمَثَلِ الجَسَدِ، إِذَا اشْتَكَى عُضْوًا تَدَاعَى لَهُ سَائِرُ جَسَدِهِ بِالسَّهَرِ وَالحُمَّى»

ومن المجمل قوله تعالى: ﴿عَادَ كَالْعُرْجُونِ الْقَدِيمِ﴾

والغالب أنّ المجمل أبلغ وآكد لأنّ وجه الشّبه لا تحتاج إلى بيان لظهوره.

[تَقْسِيْمُ التَّشْبِيْهِ الْخَامِسُ بِاعْتِبَارِ أَدَاتِهِ]

وَيَنْقَسِمُ بِاعْتِبَارِ أَدَاتِه إِلى ...

مُؤَكَّدٍ، وَهُوَ مَا حُذِفَتْ أَدَاتُهُ، نَحْوُ: هُوَ بَحْرٌ فِي الْجُوْدِ.

وَمُرْسَلٍ، وَهُوَ مَا لَيْسَ كَذَلِكَ، نَحْوُ: هُوَ كَالْبَحْرِ كَرَمًا.[1]

وَمِنَ الْمُؤَكَّدِ مَا أُضِيفَ فِيْهِ الْمُشَبَّهُ بِهِ إِلَى الْمُشَبَّهِ، نَحْوُ:

وَالـرِّيْحُ تَعْبَثُ بِالْغُصُـوْنِ وَقَـدْ جَـرَى ... ذَهَـبُ الْأَصِيْلِ عَلَـى لُجَـيْنِ الْمَـاءِ[2]

---

[1]

	الْمُشَبَّهُ	أَدَاةُ التَّشْبِيْهِ	الْمُشَبَّهُ بِهِ	وَجْهُ الشَّبَهِ
تَشْبِيْهٌ مُؤَكَّدٌ	هُوَ	×	بَحْرٌ	فِي الْجُوْدِ
تَشْبِيْهٌ مُرْسَلٌ	هُوَ	كَـ	ـالْبَحْرِ	كَرَمًا

ومن المرسل قوله تعالى ﴿ثُمَّ قَسَتْ قُلُوبُكُم مِّنۢ بَعْدِ ذَٰلِكَ فَهِيَ كَالْحِجَارَةِ أَوْ أَشَدُّ قَسْوَةً﴾

ومن المؤكّد قوله تعالى ﴿ هُنَّ لِبَاسٌ لَّكُمْ﴾ أي هنّ كلباس لكم. والغالب أنّ التّشبيه المؤكّد أبلغ في التّشبيه من المرسل لأنّك تدّعي أنّ المشابهة قد بلغت حدّا كأنّ المشبّه أصبح المشبّه به نفسه. أمّا في المرسل فإنّك تُظهِر الفرق بين الشّبه والمشبّه به بأداة التّشبيه.

[2] الأَصيلُ هو الوقتُ بعدَ العَصْرِ إلى الغروبِ، واللُّجَيْنُ هوَ الفِضَّةُ. فالأصل: الأصيل كالذهب والماء كاللجين،

الْمُشَبَّهُ	أَدَاةُ التَّشْبِيْهِ	الْمُشَبَّهُ بِهِ
الْأَصِيلِ	×	ذَهَبُ
الْمَاءِ	×	لُجَيْنِ

ومثله ﴿شَيَٰطِينَ الْإِنسِ﴾ أي أنس كشياطين. وكذلك قوله تعالى ﴿قَالُوٓا أَضْغَٰثُ أَحْلَٰمٍ﴾

...

الْمُشَبَّهُ	الْمُشَبَّهُ بِهِ	أَدَاةُ التَّشْبِيهِ	وَجْهُ الشَّبَهِ	مِثَالٌ
✓	✓	✓ مرسل	✓ مفصل	زَيْدٌ كَالْأَسَدِ فِي الشَّجَاعَةِ
✓	✓	✓ مرسل	✗ مجمل	زَيْدٌ كَالْأَسَدِ
✓	✓	✗ مؤكد	✓ مفصل	زَيْدٌ أَسَدٌ فِي الشَّجَاعَةِ
✓	✓	✗ مؤكد	✗ مجمل	زَيْدٌ أَسَدٌ
		بليغ		

والتّشبيه المؤكّد يأتي على صور مختلفة،

منها صورة المبتدأ والخبر، نحو: ﴿هُنَّ لِبَاسٌ لَّكُمْ وَأَنتُمْ لِبَاسٌ لَّهُنَّ﴾

ومنها صورة المفعول المطلق، نحو: ﴿وَيَدْعُ الْإِنسَانُ بِالشَّرِّ دُعَاءَهُ بِالْخَيْرِ﴾ أَيْ يَعْمَلُ الْإِنْسَانُ دُعَاءً مِثْلَ دُعَائِهِ بِالْخَيْرِ، وكقوله تعالى، ﴿وَتَرَى الْجِبَالَ تَحْسَبُهَا جَامِدَةً وَهِيَ تَمُرُّ مَرَّ السَّحَابِ﴾

ومثل ذلك ما ورد من الدّعاء: أَسْأَلُكَ مَسْأَلَةَ الْمِسْكِينِ، وَأَبْتَهِلُ إِلَيْكَ ابْتِهَالَ الْمُذْنِبِ الذَّلِيلِ، وَأَدْعُوكَ دُعَاءَ الْخَائِفِ الضَّرِيرِ.

ومنها الحال، نحو: قوله تعالى ﴿يَا أَيُّهَا النَّبِيُّ إِنَّا أَرْسَلْنَاكَ شَاهِدًا وَمُبَشِّرًا وَنَذِيرًا ﴿٤٥﴾ وَدَاعِيًا إِلَى اللَّهِ بِإِذْنِهِ وَسِرَاجًا مُّنِيرًا ﴿٤٦﴾﴾ ونحو:

سَفَرْنَ بُدُورًا وَانْتَقَبْنَ أَهِلَّةً ... وَمِسْنَ غُصُونًا وَالْتَفَتْنَ جَآذِرَا

أي إذا كشفن وجوههنّ بَدَون كالبدور، وإن انتقبن كنّ كالأهلّة، وإذا مِسْنَ – من ماس إذا اخْتَالَ فِي مَشْيِهِ وَتَبَخْتَرَ – تمايلن كما تتمايل الأغصان، وإذا التفتن التفتن بعيون كعيون الجآذر، وهي جمع الجُؤْذُرُ وهو ولد البقرة الوحشيّة، والعرب تعجبهم عيون الجآذر، فيشبّهون بها.

وحاصل المبحث الثّاني كما يلي:

...

الْمَبْحَثُ الثَّالِثُ: فِي أَغْرَاضِ التَّشْبِيهِ

الْغَرَضُ مِنَ التَّشْبِيهِ

[بَيَانُ إِمْكَانِ الْمُشَبَّهِ]

إِمَّا بَيَانُ إِمْكَانِ الْمُشَبَّهِ[1] نَحْوُ:

فَإِنْ تَفُقِ الْأَنَامَ وَأَنْتَ مِنْهُمْ ... فَإِنَّ الْمِسْكَ بَعْضُ دَمِ الْغَزَالِ[2]

فَإِنَّهُ لَمَّا ادَّعَى أَنَّ الْمَمْدُوحَ مُبَايِنٌ لِأَصْلِهِ بِخَصَائِصَ جَعَلَتْهُ حَقِيقَةً مُنْفَرِدَةً، احْتَجَّ عَلَى إِمْكَانِ دَعْوَاهُ بِتَشْبِيهِهِ بِالْمِسْكِ الَّذِي أَصْلُهُ دَمُ الْغَزَالِ.

الْمَبْحَثُ الثَّانِي فِي أَقْسَامِ التَّشْبِيهِ				
١) بِاعْتِبَارِ هَيْئَةِ طَرَفَيْهِ	٢) بِاعْتِبَارِ عَدَدِ طَرَفَيْهِ	٣) بِاعْتِبَارِ إِفْرَادِ وَجْهِ الشَّبَهِ وَتَرْكِيبِهِ	٤) بِاعْتِبَارِ ذِكْرِ وَجْهِ الشَّبَهِ وَحَذْفِهَا	٥) بِاعْتِبَارِ أَدَاتِهِ
تَشْبِيهُ مُفْرَدٍ بِمُفْرَدٍ	تَشْبِيهُ مَلْفُوفٌ	تَمْثِيلٌ	مُجْمَلٌ (غير مذكور)	مُؤَكَّدٌ (غير مذكور)
تَشْبِيهُ مُرَكَّبٍ بِمُرَكَّبٍ	تَشْبِيهُ مَفْرُوقٌ	غَيْرُ تَمْثِيلٍ	مُفَصَّلٌ (مذكور)	مُرْسَلٌ (مذكور)
تَشْبِيهُ مُفْرَدٍ بِمُرَكَّبٍ	تَشْبِيهُ التَّسْوِيَةِ			
تَشْبِيهُ مُرَكَّبٍ بِمُفْرَدٍ	تَشْبِيهُ الْجَمْعِ			

[1] وذلك حينما يكون أمر مستغرب لا يكاد يُصدّق فيؤتى بمشبّه به كالدّليل علي إمكان دعواه.

[2] يقال فاق فلان أصحابه إذا سَادَهُمْ شَرَفاً أَوْ عَلَاهُمْ بِالفَضْلِ أَوِ العِلْمِ، والأنام جميع ما على الأرض من الخلق، وقد يشمل الجنّ، وغلب في البشر، وفي التّنزيل ﴿وَالْأَرْضَ وَضَعَهَا لِلْأَنَامِ﴾، وهذا تشبيه ضمنيّ.

ومن بيان إمكان التّشبيه قول الشّاعر:

مَا أَنَا مِنْهُمْ بِالْعَيْشِ فِيهِمْ ... وَلَكِنْ مَعْدن الذَّهَبِ الرُّغَام

يقول لا تظنّ أنّي مثلهم لكوني معهم، والدّليل عليه أنّ الذّهب، وهو أنفس الأشياء، لا يوجد إلّا في الرّغام، وهو التراب. ومثله

قَدْ يَشِيبُ الْفَتَى وَلَيْسَ عَجِيبًا ... أَن يُّرَى النَّوْرُ فِي الْقَضِيبِ الرَّطِيبِ

والنَّور الزّهر (blossom)، والقضيب الغُصْن.

[بَيَانُ حَالِ الْمُشَبَّهِ]

وَإِمَّا بَيَانُ حَالِهِ[1]، كَمَا فِيْ قَوْلِهِ:

كَـأَنَّـكَ شَـمْـسٌ وَالْـمُـلُـوْكُ كَـوَاكِـبُ   إِذَا طَلَعَـتْ لَـمْ يَـبْـدُ مِـنْـهُـنَّ كَـوْكَـبُ

[بَيَانُ مِقْدَارِ الْمُشَبَّهِ]

وَإِمَّا بَيَانُ مِقْدَارِ حَالِهِ[2]، نَحْوُ:

فِـيْـهَـا اثْـنَـتَـانِ وَأَرْبَـعُـوْنَ حَـلُـوْبَـةً   سُـوْدًا كَـخَـافِـيَـةِ الْـغُـرَابِ الأَسْـحَـمِ

شَبَّهَ النُّوْقَ السُّوْدَ بِخَافِيَةِ الْغُرَابِ، بَيَانًا لِمِقْدَارِ سَوَادِهَا.

[تَقْرِيْرُ حَالِ الْمُشَبَّهِ]

وَإِمَّا تَقْرِيْرُ حَالِهِ[3]، نَحْوُ:

---

[1] يعني يأتي المتكلم بمشبّه به يُوضِّح صورة المشبّه في النّفس إذا كان المشبّه غير معروف الصّفة قبل التّشبيه، منه قوله تعالى ﴿وَالَّذِيْنَ يَدْعُوْنَ مِنْ دُوْنِهٖ لَا يَسْتَجِيْبُوْنَ لَهُمْ بِشَيْءٍ اِلَّا كَبَاسِطِ كَفَّيْهِ اِلَى الْمَآءِ لِيَبْلُغَ فَاهُ وَمَا هُوَ بِبَالِغِهٖ﴾، ومنه قوله تعالى ﴿مَثَلُ الَّذِيْنَ اتَّخَذُوْا مِنْ دُوْنِ اللّٰهِ اَوْلِيَآءَ كَمَثَلِ الْعَنْكَبُوْتِ ۚ اِتَّخَذَتْ بَيْتًا ۖ وَاِنَّ اَوْهَنَ الْبُيُوْتِ لَبَيْتُ الْعَنْكَبُوْتِ ۘ﴾

[2] وذلك إذا كان المشبّه معروف الصّفة قبل التّشبيه، والتّشبيه يُبيِّن مقدار هذه الصّفة، والحَلوبة ذاتُ اللَّبَن، والمراد هنا ناقة حلوبة، والخافيةُ واحدُ الخَوافِي، وهيَ الرِّيشَاتُ الّتي تَخفَى عندما يَضُمُّ الطائرُ جَناحَيْه؛ والأسحم الأسود.

ومنه قوله تعالى في بيان مقدار قرب السّاعة: ﴿وَمَآ اَمْرُ السَّاعَةِ اِلَّا كَلَمْحِ الْبَصَرِ اَوْ هُوَ اَقْرَبُ﴾

ومثله قول النّبيّ ﷺ في بيان مقدار الحياة الدنيا «مَا لِي وَلِلدُّنْيَا، مَا أَنَا فِي الدُّنْيَا إِلَّا كَرَاكِبٍ اسْتَظَلَّ تَحْتَ شَجَرَةٍ ثُمَّ رَاحَ وَتَرَكَهَا»

[3] وذلك إذا كان الحال ومقداره معلومين، وأريد بالتّشبيه تأكيد اتّصاف المشبّه بالمشبّه به.

ويكثر هذا في تشبيه أمور معنويّة بأمور حسّية، نحو: التّعليم في الصّغر كالنّقش في الحجر، ومثله قوله تعالى ﴿مَثَلُ الَّذِيْنَ كَفَرُوْا بِرَبِّهِمْ اَعْمَالُهُمْ كَرَمَادِ ِۨاشْتَدَّتْ بِهِ الرِّيْحُ فِيْ يَوْمٍ عَاصِفٍ ۖ لَا يَقْدِرُوْنَ مِمَّا كَسَبُوْا عَلٰى شَيْءٍ ۖ﴾

إنَّ القُـــلُوْبَ إِذَا تَـــنَـــافَـــرَ وُدُّهَا　　　مِـثْـلُ الزُّجَـاجَـةِ كَـسْـرُهَا لا يُـجْـبَـرُ

شَبَّهَ تَنافُرَ الْقُلُوْبِ بِكَسْرِ الزُّجَاجَةِ تَثْبِيْتًا لِتَعَذُّرِ عَوْدَتِهَا إِلَى مَا كَانَتْ عَلَيْهِ مِنَ الْمَوَدَّةِ.

[تَزْيِيْنُ الْمُشَبَّهِ]

وَإِمَّا تَزْيِيْنُهُ، نَحْوُ:

سَـــوْدَاءُ وَاضِـــحَةُ الْجَبِيْـــ　　　ـــنِ كَمُقْلَـــةِ الظَّبْـــيِ الغَرِيْـــرِ[1]

شَبَّهَ سَوَادَها بِسَوَادِ مُقْلَةِ الظَّبْيِ، تَحْسِينًا لَهَا.

[تَقْبِيْحُ الْمُشَبَّهِ]

وَإِمَّا تَقْبِيْحُهُ[2]، نَحْوُ:

وَإِذَا أَشَـــارَ مُحَـــدِّثًا فَكَأَنَّـــهُ　　　قِـــرْدٌ يُقَهْقِـــهُ أَوْ عَجُـــوْزٌ تَلْطِـــمُ

[فائدة]

وَقَدْ يَعُوْدُ الْغَرَضُ إِلَى الْمُشَبَّهِ بِهِ إِذَا عُكِسَ طَرَفَا التَّشْبِيْهِ، نَحْوُ:

وَبَـــدَا الصَّـــبَاحُ كَـــأَنَّ غُرَّتَـــهُ　　　وَجْـهُ الْـخَـلِـيْـفَـةِ حِـيْـنَ يُـمْـتَـدَحُ[3]

[1] واضحة الجبين حسنتها، يقال وضَح الوجهُ إذا حَسُن، والمُقْلة العين، والغرير الحسن الشّكل. ومن تزيين المشبّه قوله تعالى ﴿كَأَنَّهُنَّ الْيَاقُوتُ وَالْمَرْجَانُ﴾

[2] ومن تقبيح المشبّه قوله تعالى ﴿طَلْعُهَا كَأَنَّهُ رُءُوسُ الشَّيَاطِينِ﴾

[3] الغرّةُ النّور والضّياء، ويقال امْتَدَحَ الشّاعرُ الأميرَ إذا مَدحَه وأثنى عليه بما له من الصِّفات الحَسَنة، ومن التّشبيه المقلوب قوله تعالى: ﴿قَالُوٓا إِنَّمَا الْبَيْعُ مِثْلُ الرِّبٰوا﴾، و﴿أَفَمَنْ يَخْلُقُ كَمَنْ لَّا يَخْلُقُ﴾؛ وقول النبيّ ﷺ: «إِخْوَانُكُمْ خَوَلُكُمْ» فأصله خولكم –والخول العبيد– كإخوانكم، فهذا تشبيه بليغ مقلوب، ويسمّى التّشبيه المقلوب تشبيه معكوسا.

ومنه قول البحتري:

فِيْ طَلْـــعَةِ الْبَدَرِ شَيْءٌ مِنْ مَحَـــاسِنِهَا　　　وَلِلْقَضِيْـــبِ نَصِيْـــبٌ مِـــنْ تَثَنِّيَتِهَـــا

وَمِثْلُ هَذَا يُسَمَّى بِالتَّشْبِيهِ الْمَقْلُوبِ.[١]

١

المبحث الأوّل: أركان التّشبيه	المبحث الثّاني: أقسام التّشبيه	المبحث الثالث: أغراض التّشبيه
الطّرفان	**التقسيم الأوّل** [هيئة الطرفين]	بيان إمكان المشبّه
حسّيّان	مفرد بمفرد	بيان حال المشبّه
عقليّان	مفرد بمركّب	بيان مقدار المشبّه
مختلفان	مركّب بمفرد	تقرير حال المشبّه
	مركّب بمركّب	
أداة التّشبيه	**التقسيم الثّاني** [عدد الطّرفين]	تزيين حال المشبّه
حرف	ملفوف	تقبيح حال المشبّه
كاف	مفروق	
كأنّ	تسوية	
اسم	جمع	
مثل		
فعل		
يشبه		
يماثل		
وجه الشّبه	**التقسيم الثالث** [إفراد وجه الشّبه وتركيبه]	تشبيه مقلوب
	التّمثيل	
	غير التّمثيل	
	التقسيم الرّابع [ذكر وجه الشّبه]	
	مفصّل	
	مجمل	
	التقسيم الخامس [الأداة]	
	مؤكّد	
	مرسل	
	مجمل + مؤكّد = بليغ	

الْمَجَازُ

هُوَ اللَّفْظُ الْمُسْتَعْمَلُ فِي غَيْرِ مَا وُضِعَ لَهُ لِعَلَاقَةٍ مَعَ قَرِينَةٍ مَانِعَةٍ مِنْ إِرَادَةِ الْمَعْنَى السَّابِقِ ...

كَالدُّرَرِ الْمُسْتَعْمَلَةِ فِي الْكَلِمَاتِ الْفَصِيْحَةِ، فِي قَوْلِكَ: فُلَانٌ يَتَكَلَّمُ بِالدُّرَرِ، فَإِنَّهَا مُسْتَعْمَلَةٌ فِي غَيْرِ مَا وُضِعَتْ لَهُ، إِذْ قَدْ وُضِعَتْ فِي الْأَصْلِ لِلَّآلِئِ الْحَقِيْقِيَّةِ، ثُمَّ نُقِلَتْ إِلَى الْكَلِمَاتِ الْفَصِيْحَةِ لِعَلَاقَةِ الْمُشَابَهَةِ بَيْنَهُمَا فِي الْحُسْنِ. وَالَّذِي يَمْنَعُ مِنْ إِرَادَةِ الْمَعْنَى الْحَقِيْقِيِّ قَرِيْنَةُ يَتَكَلَّمُ؛

وَكَالْأَصَابِعِ الْمُسْتَعْمَلَةِ فِي الْأَنَامِلِ فِيْ قَوْلِهِ تَعَالَى ﴿يَجْعَلُونَ أَصَابِعَهُمْ فِيٓ ءَاذَانِهِم﴾، فَإِنَّهَا مُسْتَعْمَلَةٌ فِيْ غَيْرِ مَا وُضِعَتْ لَهُ، لِعَلَاقَةِ أَنَّ الْأُنْمُلَةَ جُزْءٌ مِنَ الْإِصْبَعِ[1]، فَاسْتُعْمِلَ الْكُلُّ فِيْ الْجُزْءِ، وَقَرِيْنَةُ ذَلِكَ أَنَّهُ لَا يُمْكِنُ جَعْلُ الْأَصَابِعِ بِتَمَامِهَا فِي الْآذَانِ.

وَالْمَجَازُ - إِنْ كَانَتْ عَلَاقَتُهُ الْمُشَابَهَةَ بَيْنَ الْمَعْنَى الْمَجَازِيِّ وَالْمَعْنَى الْحَقِيْقِيِّ -كَمَا فِي الْمِثَالِ الْأَوَّلِ- يُسَمَّى اسْتِعَارَةً، وَإِلَّا فَمَجَازٌ مُرْسَلٌ -كَمَا فِي الْمِثَالِ الثَّانِيْ.[2]

---

[1] والأُنمُلة بضم الهمزة والميم؛ وأُصْبُع بضم الهمزة والباء، وإِصْبَع بكسر الهمزة وفتح الباء لغتان.

[2] قولك زيد كالأسد في الشّجاعة تشبيه في غاية البساطة، ثمّ إذا حذفتَ وجه الشّبه وتقول: زيد كالأسد، يكون التّشبيه أحسن، وإذا حذفت أداة التّشبية، وتقول: زيد أسد، يكون التّشبيه مؤكّدا وأحسن، ولا بد في التّشبيه من الرّكنين الأساسيين أعني المشبّه والمشبّه به، وإذا أردت أن تحذف المشبّه يكون التّشبيه أحسن، وتقول جاء الأسد تعني به زيدا، فهو تشبيه في الحقيقة إلّا أنّ التّشبيه فَقَدَ أحدَ ركنيه الأساسيّين، فلم يبق تشبيهًا، بل أصبح استعارة. فالاستعارة تشبيه حذف منه المشبّه.

...

الاِسْتِعَارَةُ

الاِسْتِعَارَةُ هِيَ مَجَازٌ عَلَاقَتُهُ الْمُشَابَهَةُ، كَقَوْلِهِ تَعَالَى ﴿كِتَٰبٌ أَنزَلْنَٰهُ إِلَيْكَ لِتُخْرِجَ النَّاسَ مِنَ الظُّلُمَٰتِ إِلَى النُّورِ﴾ أَيْ مِنَ الضَّلَالِ إِلَى الْهُدَى، فَقَدِ اسْتُعْمِلَتِ الظُّلُمَاتُ وَالنُّوْرُ فِيْ غَيْرِ مَعْنَاهُمَا الْحَقِيْقِيِّ، وَالعَلَاقَةُ الْمُشَابَهَةُ بَيْنَ الضَّلَالِ وَالظَّلَامِ، وَالْهُدَى وَالنُّوْرِ، وَالْقَرِيْنَةُ ما قَبْلَ ذَلِكَ.

وَأَصْلُ الاسْتِعَارَةِ تَشْبِيْهٌ حُذِفَ أَحَدُ طَرَفَيْهِ وَوَجْهُ شَبَهِهِ وَأَدَاتُهُ.

وَالْمُشَبَّهُ يُسَمَّى مُسْتَعَارًا لَهُ، وَالْمُشَبَّهُ بِهِ مُسْتَعَارًا مِنْهُ.

فَفِي هَذَا الْمِثَالِ الْمُسْتَعَارُ لَهُ هُوَ الضَّلَالُ وَالْهُدَى، وَالْمُسْتَعَارُ مِنْهُ هُوَ مَعْنَى الظَّلَامِ وَالنُّوْرِ، وَلَفْظُ

الْمُشَبَّهُ	الْمُشَبَّهُ بِهِ	أَدَاةُ التَّشْبِيْهِ	وَجْهُ الشَّبَهِ	مِثَالٌ
✓	✓	✓ مرسل	✓ مفصل	زَيْدٌ كَالْأَسَدِ فِي الشَّجَاعَةِ
✓	✓	✓ مرسل	✗ مجمل	زَيْدٌ كَالْأَسَدِ
✓	✓	✗ مؤكد	✓ مفصل	زَيْدٌ أَسَدٌ فِي الشَّجَاعَةِ
✓	✓	✗ مؤكد	✗ مجمل	زَيْدٌ أَسَدٌ
		بليغ		
✗	✓	✗ اسْتِعَارَةٌ		يَخْطُبُ الأَسَدُ يَوْمَ الْجُمُعَةِ

سيأتي أربع مباحث على التّرتيب الآتي

مَجَازٌ فِي اللَّفْظِ			
مَجَازٌ فِيْ مُفْرَدٍ		مَجَازٌ فِيْ مُرَكَّبٍ	
لِعَلَاقَةِ التَّشْبِيْهِ	لِعَلَاقَةِ غَيْرِ التَّشْبِيْهِ	لِعَلَاقَةِ التَّشْبِيْهِ	لِعَلَاقَةِ غَيْرِ التَّشْبِيْهِ
اسْتِعَارَةٌ (الصّفحة ١٣٢)	مُرْسَلٌ (الصّفحة ١٣٩)	اسْتِعَارَةٌ تَمْثِيْلِيَّةٌ (الصّفحة ١٤١)	مَجَازٌ مُرَكَّبٌ (الصّفحة ١٤١)
مَجَازٌ فِي الْإِسْنَادِ			
مَجَازٌ عَقْلِيٌّ (الصّفحة ١٤١)			

الظُّلُمَاتِ وَالنُّوْرِ يُسَمَّى مُسْتَعَارًا.[1]

[تَقْسِيمُ الِاسْتِعَارَةِ إِلَى مُصَرَّحَةٍ وَمَكْنِيَّةٍ]

وَتَنْقَسِمُ الاسْتِعَارَةُ إِلَى مُصَرَّحَةٍ، وَهِيَ مَا صُرِّحَ فِيْهَا بِلَفْظِ الْمُشَبَّهِ بِهِ[2]، كَمَا فِيْ قَوْلِهِ:

فَأَمْطَرَتْ لُؤْلُؤًا مِنْ نَرْجِسٍ وَسَقَتْ وَرْدًا وَعَضَّتْ عَلَى الْعُنَّابِ بِالْبَرَدِ

فَقَدِ اسْتَعَارَ اللُّؤْلُؤَ وَالنَّرْجِسَ وَالْوَرْدَ وَالْعُنَّابَ وَالْبَرَدَ لِلدُّمُوْعِ وَالْعُيُوْنِ وَالْخُدُوْدِ وَالْأَنَامِلِ وَالْأَسْنَانِ.[3]

---

[1] في الاستعارة ثلاثة أركان: معنى الضّلال والهدى وهو المستعار له، ومعنى الظّلام والنّور وهو المستعار منه، ولفظ الظّلمات والنور وهو المستعار.

مُسْتَعَارٌ لَهُ (الْمُشَبَّهُ)	مُسْتَعَارٌ مِنْهُ (الْمُشَبَّهُ بِهِ)	(وَجْهُ الشَّبَهِ)	مُسْتَعَارٌ
الضَّلَالُ	الظَّلَامُ		الظُّلُمَاتُ
الهُدَى	النُّوْرُ		النُّوْرُ

[2] يسمّي الاستعارة المصرّحة تصريحية

[3] يقال أَمْطَرَتِ السَّماءُ إذا أَنْزَلَتْ مَطَرا، والنَّرجِس نبتٌ من الرّياحين يقال له Narcissus وdaffodil؛ والورد هو rose، ويقال عضَّه إذا أمسكه بأسنانه وشدَّ عليه، والعُنّاب جمع عنَّابة، وهو ثَمَرٌ أحمر حلو لذيذ الطّعم زيتونيّ الشّكل، يقال له jujube.

بيّن هيئة بكائها وسقوط الدّموع على خدّها وعضّها على أناملها، غير أنّه لم يذكر أيّا منها، إنّما ذكر المشبّه بها، فدموعها كَاللؤلؤ، وعينها كَالنرجس، وخدها كَالورد، وأناملها كَالعنّاب وأسنانها كَالبرَد.

...

وَإِلَى مَكْنِيَّةٍ،[1] وَهِيَ مَا حُذِفَ فِيهَا الْمُشَبَّهُ بِهِ، وَرُمِزَ إِلَيْهِ بِشَيْءٍ مِنْ لَوَازِمِهِ، كَقَوْلِهِ تَعَالَى ﴿وَاخْفِضْ لَهُمَا جَنَاحَ الذُّلِّ مِنَ الرَّحْمَةِ﴾، فَقَدِ اسْتَعَارَ الطَّائِرَ لِلذُّلِّ ثُمَّ حَذَفَهُ، وَدَلَّ عَلَيْهِ بِشَيْءٍ مِنْ لَوَازِمِهِ، وَهُوَ الْجَنَاحُ.[2]

مُسْتَعَارٌ لَهُ	مُسْتَعَارٌ مِنْهُ	مُسْتَعَارٌ
الدُّمُوْع	اللُّؤْلُؤ	اللُّؤْلُؤ [اسم غير مشتق]
الْعُيُوْن	النَّرْجس	النَّرْجس [اسم غير مشتق]
الْخُدُوْد	الْوَرْد	الْوَرْد [اسم غير مشتق]
الْأَنَامِل	الْعُنَّاب	الْعُنَّاب [اسم غير مشتق]
الْأَسْنَان	الْبَرَد	الْبَرَد [اسم غير مشتق]

ومثله قوله تعالى ﴿وَاعْتَصِمُوا بِحَبْلِ اللَّهِ﴾

مُسْتَعَارٌ لَهُ	مُسْتَعَارٌ مِنْهُ	مُسْتَعَارٌ
الْقُرْآنُ	حَبْلٌ	حَبْلٌ [اسم غير مشتق]

[1] الاستعارة المكنية ما يُذكر المشبّه، ويحذف منه المشبّه به ويذكر شيء من لازم المشبّه به.

مُسْتَعَارٌ لَهُ (الْمُشَبَّهُ)	مُسْتَعَارٌ مِنْهُ (الْمُشَبَّهُ بِهِ)	لَازِمُ الْمُشَبَّهِ بِهِ	مُسْتَعَارٌ
الذّلّ	الطّير	جَنَاحٌ	جُنَاحٌ [اسم غير مشتق]

[2] ومنه قول النّبي ﷺ: «الإِيمَانُ بِضعٌ وَّسِتُّونَ شُعْبَةً، وَالحَيَاءُ شُعْبَةٌ مِنَ الإِيمَانِ» الشُّعبة غصن من الشّجر، فكأنّه ﷺ شبّه الإيمان بشجرة عظيمة، ولم يذكر المشبّه به وهو الشّجرة، بل ذكر شيئا من لازمه وهو الشّعبة،

مُسْتَعَارٌ لَهُ (الْمُشَبَّهُ)	مُسْتَعَارٌ مِنْهُ (الْمُشَبَّهُ بِهِ)	لَازِمُ الْمُشَبَّهِ بِهِ	مُسْتَعَارٌ
الإيمان	شَجَرَةٌ	شُعْبَةٌ	شُعْبَةٌ [اسم غير مشتق]

ومنه قوله تعالى ﴿فَمَا بَكَتْ عَلَيْهِمُ السَّمَآءُ وَالْأَرْضُ﴾ شُبّهت السّماء والأرض بالإنسان، ولم يُذكر المشبّه به، بل ذُكر شيء من لازمه وهو البكاء، وذُكر المشبّه، وهو السّماء والأرض.

...

وَإِثْبَاتُ الْجَنَاحِ لِلذُّلِّ يُسَمُّوْنَهُ اسْتِعَارَةً تَخْيِيْلِيَّةً.[1]

[تَقْسِيمُ الاسْتِعَارَةِ إِلَى أَصْلِيَّةٍ وَتَبَعِيَّةٍ]

وَتَنْقَسِمُ الْاسْتِعَارَةُ إِلَى أَصْلِيَّةٍ، وَهِيَ مَا كَانَ فِيْهَا الْمُسْتَعَارُ اسْمًا غَيْرَ مُشْتَقٍّ، كَاسْتِعَارَةِ الظَّلَامِ لِلضَّلَالِ، وَالنُّوْرِ لِلْهُدَى.[2]

مُسْتَعَارٌ لَهُ (الْمُشَبَّهُ)	مُسْتَعَارٌ مِنْهُ (الْمُشَبَّهُ بِهِ)	لَازِمُ الْمُشَبَّهِ بِهِ	مُسْتَعَارٌ
السَّمَاءُ	الْإِنْسَانُ	بُكَاءٌ	بَكَتْ [فعل]
الْأَرْضُ	الْإِنْسَانُ	بُكَاءٌ	بَكَتْ [فعل]

ومثله قول النّبي ﷺ: «بُنِيَ الإِسْلَامُ عَلَى خَمْسٍ» شبّه الإسلام بخِبَاء، ولم يذكُر المشبّه به، بل ذكر البناء الّذي هو من لوازم الخباء، وذكر المشبّه وهو الإسلام.

مُسْتَعَارٌ لَهُ (الْمُشَبَّهُ)	مُسْتَعَارٌ مِنْهُ (الْمُشَبَّهُ بِهِ)	لَازِمُ الْمُشَبَّهِ بِهِ	مُسْتَعَارٌ
الإِسْلَامُ	خِبَاءٌ	بِنَاءٌ	بُنِيَ [فعل]

[1] ثمّ في المكنيّة يُثبَت شيء من لوازم المشبّه به للمشبّه، ولا يكون ذلك اللّازم ممّا يوصف به المشبّه، مثل إثبات البكاء للسماء والأرض في قوله تعالى ﴿فَمَا بَكَتْ عَلَيْهِمُ السَّمَآءُ وَالْأَرْضُ﴾، وإثبات الشُعب للإيمان في قوله ﷺ «الإِيمَانُ بِضْعٌ وَسِتُّونَ شُعْبَةً»، ويسمّى إثبات لازم المشبه به للمشبه يسمّى تخييلية، فإنه لا شعبة للإيمان حقيقة، وكذلك إثبات البناء للإيمان

ومنه قول الله تعالى ﴿وَإِذَا الْكَوَاكِبُ انْتَثَرَتْ﴾، يقال نثر الشّيءَ إذا رمى به متفرّقًا، ويقال نثره فانتثر. فهذه استعارة مكنية حيث شُبّهت الكواكب بجواهر متناثرة، وذكر فعل انتثرت وهو لازم الجواهر، وهي أيضًا تخييلية حيث أثبت الانتثار للكواكب.

مُسْتَعَارٌ لَهُ (الْمُشَبَّهُ)	مُسْتَعَارٌ مِنْهُ (الْمُشَبَّهُ بِهِ)	لَازِمُ الْمُشَبَّهِ بِهِ	مُسْتَعَارٌ
الْكَوَاكِبُ	جَوَاهِرُ	انْتِثَارٌ	انْتَثَرَتْ [فعل]

[2] فانظر إلى قوله تعالى ﴿كِتَٰبٌ أَنزَلْنَٰهُ إِلَيْكَ لِتُخْرِجَ النَّاسَ مِنَ الظُّلُمَٰتِ إِلَى النُّورِ﴾، فالضّلالة هو المشبّه ويُسمّى المستعار له، والظّلام هو المشبّه به ويُسمّى المستعار منه، ولفظ الظلمات هو المستعار، وهو اسم غير مشتقّ، فهذا الاستعارة الأصليّة.

وَإِلَى تبَعِيَّةٍ، وَهِيَ مَا كَان فِيْهَا الْمُسْتَعَارُ

فِعْلًا[1]

أَوْ حَرْفًا

أَوِ اسْمًا مُشْتَقًّا،

نَحْوُ: فُلَانٌ رَكِبَ كَتِفَيْ غرِيْمِهِ، أَيْ لَازَمَهُ مُلَازَمَةً شَدِيْدَةً[2]، وَقَوْلُهُ تَعَالَى: ﴿أُولَٰٓئِكَ عَلَىٰ هُدًى مِّن رَّبِّهِمْ﴾ أَيْ تَمَكَّنُوْا مِنَ الْحُصُوْلِ عَلَى الْهِدَايَةِ التَّامَّةِ،[3] وَنَحْوُ قَوْلِهِ:

---

[1] ثم انظر إلى قوله تعالى ﴿وَإِذَا ٱلْكَوَاكِبُ ٱنتَثَرَتْ﴾ فالكواكب هو المستعار له، والجواهر هو المستعار منه، ولفظ انتثرت هو المستعار، وهو فعل

[2] إجرائه كما يلي:

مُسْتَعَارٌ لَهُ (الْمُشَبَّهُ)	مُسْتَعَارٌ مِنْهُ (الْمُشَبَّهُ بِهِ)	مُسْتَعَارٌ
الْمُلَازَمَةُ الشَّدِيْدَةُ	الرُّكُوْبُ	رَكِبَ [فعل]

ومثله قوله تعالى ﴿ضُرِبَتْ عَلَيْهِمُ ٱلذِّلَّةُ﴾ فهذه استعارة تبعيّة مكنيّة،

مُسْتَعَارٌ لَهُ (الْمُشَبَّهُ)	مُسْتَعَارٌ مِنْهُ (الْمُشَبَّهُ بِهِ)	لَازِمُ الْمُشَبَّهِ بِهِ	مُسْتَعَارٌ
الذِّلَّةُ	الْقُبَّةُ	ضَرْبٌ	ضُرِبَتْ [فعل]

[3] ثم انظر إلى قوله تعالى ﴿فَلَأُقَطِّعَنَّ أَيْدِيَكُمْ وَأَرْجُلَكُم مِّنْ خِلَافٍ وَلَأُصَلِّبَنَّكُمْ فِى جُذُوعِ ٱلنَّخْلِ﴾، حرف في بمعنى الظّرفية والأصل في الصّلب الاستعلاء المعبّر عنه بحرف على أي وَلَأُصَلِّبَنَّكُمْ على جُذُوعِ النَّخْلِ، وشبه الاستعلاء بالظرفية، والاستعارة تبعية لأنّ المستعار حرف في.

مُسْتَعَارٌ لَهُ (الْمُشَبَّهُ)	مُسْتَعَارٌ مِنْهُ (الْمُشَبَّهُ بِهِ)	مُسْتَعَارٌ
الظَّرْفِيَّةُ [فِي]	الاستِعْلَاءُ [عَلَى]	فِي [حرف]

ومثله تشبيه العلّة بالعاقبة في قوله تعالى ﴿فَٱلْتَقَطَهُۥٓ ءَالُ فِرْعَوْنَ لِيَكُونَ لَهُمْ عَدُوًّا وَحَزَنًا﴾.

وَلَـئِنْ نَطَقْـتُ بِشُـكْرِ بِـرِّكَ مُفْصِـحًا   فَلِسَـانُ حَـالِيْ بِالشِّـكَايَةِ أَنْطَـقُ[1]

وَنَحْوُ: أَذَقْتُهُ لِبَاسَ الْمَوْتِ أَيْ أَلْبَسْتُهُ إِيَّاهُ.[2]

---

[1] فهذا استعارة تبعية لأنّ كلمة أنطق مشتق من النطق وأصله الدلالة كالنطق.

مُسْتَعَارٌ لَهُ (الْمُشَبَّهُ)	مُسْتَعَارٌ مِنْهُ (الْمُشَبَّهُ بِهِ)	مُسْتَعَارٌ
الدَّلَالَةُ	النُّطْقُ	أَنْطَقُ [اسم مشتق]

[2] **فائدة مهمة**

اعلم أنّ كلّ استعارة مصرحّة تبعية يمكن أن نجريها استعارة مكنيّة.

ففي قوله تعالى ﴿أُولٰٓئِكَ الَّذِيْنَ اشْتَرَوُا الضَّلٰلَةَ بِالْهُدٰى ۖ فَمَا رَبِحَتْ تِّجَارَتُهُمْ﴾ لك أن تقول هذه إستعارة مصرّحة تبعيّة لأنّ اللّفظ المستعار هو اشتروا وهو فعل، ولك أن تقول أنّ الأصل الضّلالة كالسّلعة، وحذف المشبّه به ورمز بشيء من لوازمه وهو الشّراء.

	مُسْتَعَارٌ لَهُ (الْمُشَبَّهُ)	مُسْتَعَارٌ مِنْهُ (الْمُشَبَّهُ بِهِ)	لَازِمُ الْمُشَبَّهِ بِهِ	مُسْتَعَارٌ
مُصَرَّحَةٌ تَبَعِيَّةٌ	الاسْتِبْدَالُ	الاشْتِرَاءُ		اشْتَرَوْا [فعل]
اسْتِعَارَةٌ مَكْنِيَّةٌ	الْهُدَى	الثَّمَنُ	الاشْتِرَاءُ	اشْتَرَوْا [فعل]

ومنه قوله تعالى ﴿اِذْ اَبَقَ اِلَى الْفُلْكِ الْمَشْحُوْنِ﴾

	مُسْتَعَارٌ لَهُ (الْمُشَبَّهُ)	مُسْتَعَارٌ مِنْهُ (الْمُشَبَّهُ بِهِ)	لَازِمُ الْمُشَبَّهِ بِهِ	مُسْتَعَارٌ
مُصَرَّحَةٌ تَبَعِيَّةٌ	الْخُرُوْجُ بِغَيْرِ إِذْنٍ	إِبَاقٌ		أَبَقَ [فعل]
اسْتِعَارَةٌ مَكْنِيَّةٌ	يُوْنُسُ عليه السلام	عَبْدٌ	إِبَاقٌ	أَبَقَ [فعل]

ومثله قوله تعالى ﴿خَلَقْنَا النُّطْفَةَ عَلَقَةً فَخَلَقْنَا الْعَلَقَةَ مُضْغَةً فَخَلَقْنَا الْمُضْغَةَ عِظٰمًا فَكَسَوْنَا الْعِظٰمَ لَحْمًا ۗ ثُمَّ اَنْشَاْنٰهُ خَلْقًا اٰخَرَ ۗ فَتَبٰرَكَ اللّٰهُ اَحْسَنُ الْخٰلِقِيْنَ ﴿١٣﴾﴾

	مُسْتَعَارٌ لَهُ (الْمُشَبَّهُ)	مُسْتَعَارٌ مِنْهُ (الْمُشَبَّهُ بِهِ)	لَازِمُ الْمُشَبَّهِ بِهِ	مُسْتَعَارٌ
مُصَرَّحَةٌ تَبَعِيَّةٌ	خَلْقُ اللَّحْمِ عَلَى الْعَظْمِ	الْكَسْوُ		كَسَوْنَا [فعل]
اسْتِعَارَةٌ مَكْنِيَّةٌ	اللَّحْمُ	الثَّوْبُ	الْكَسْوُ	كَسَوْنَا [فعل]

[تَقْسِيمُ الِاسْتِعَارَةِ إِلَى مُرَشَّحَةٍ وَمُجَرَّدَةٍ وَمُطْلَقَةٍ]

وَتَنْقَسِمُ الِاسْتِعَارَةُ إِلَى مُرَشَّحَةٍ، وَهِيَ مَا ذُكِرَ فِيهَا مُلَائِمُ الْمُشَبَّهِ بِهِ، نَحْوُ: ﴿أُولَٰٓئِكَ ٱلَّذِينَ ٱشۡتَرَوُاْ ٱلضَّلَٰلَةَ بِٱلۡهُدَىٰ فَمَا رَبِحَت تِّجَٰرَتُهُمۡ﴾.

فَالاشْتِرَاءُ مُسْتَعَارٌ لِلاسْتِبْدَالِ، وَذِكْرُ الرِّبْحِ وَالتِّجَارَةِ تَرْشِيحٌ.[1]

---

[1] الترشيح هو التقوية، يقال رشّحتُ الصبيّ باللبن إذا قويته به، فلفظ اشترَوا مستعار في قوله تعالى ﴿أُولَٰٓئِكَ ٱلَّذِينَ ٱشۡتَرَوُاْ ٱلضَّلَٰلَةَ بِٱلۡهُدَىٰ فَمَا رَبِحَت تِّجَٰرَتُهُمۡ﴾، وأصله الاستبدال كالاشتراء، والقرينة المانعة من إرادة المعنى الحقيقي هو الضلالة فإنّه لا يشترى ولا يباع. ومع القرينة نجد شيئا آخر، وهو قوله تعالى ﴿فَمَا رَبِحَت تِّجَٰرَتُهُمۡ﴾ وهذا يلائم – يناسب– المشبّه به وهو الاشتراء. فإذا كان مع الاستعارة ما يلائم المشبّه به يقال لها استعارة مرشّحة أي مقوّية لأنّ المشبّه تنوسي وتقوّى المشبّه به.

أَرْكَانُ التَّشْبِيهِ الْمَحْذُوفِ		أَرْكَانُ الاسْتِعَارَةِ الْمَذْكُورَةِ فِي النَّصِّ		
مُسْتَعَارٌ لَهُ (الْمُشَبَّهُ)	مُسْتَعَارٌ مِنْهُ (الْمُشَبَّهُ بِهِ)	مُسْتَعَارٌ	مُلَائِمُ الْمُشَبَّهِ	مُلَائِمُ الْمُشَبَّهِ بِهِ [تَرْشِيحٌ]
الاسْتِبْدَالُ	الاشْتِرَاءُ	اشْتَرَوْا [فعل]	×	رَبِحَت تِّجَٰرَتُهُمۡ

واعلم أنّ الملائم هو اللّازم، إلّا أنه إذا حذف المشبّه به وأقيم هو مقامه يسمّى لازما، وإذا ذكر المشبّه به وذكر معه يسمّى ملائمًا.

ومنه قوله تعالى ﴿ٱهۡدِنَا ٱلصِّرَٰطَ ٱلۡمُسۡتَقِيمَ﴾ المستعار لفظ الصّراط والمستعار له الإسلام، والقرينة المانعة طلب الهداية من الله تعالى فأنّه لا يطلب منه معرفة الطرق والسبل، والمستقيم ترشيح للمشبه به.

أَرْكَانُ التَّشْبِيهِ الْمَحْذُوفِ		أَرْكَانُ الاسْتِعَارَةِ الْمَذْكُورَةِ فِي النَّصِّ	
مُسْتَعَارٌ لَهُ (الْمُشَبَّهُ)	مُسْتَعَارٌ مِنْهُ (الْمُشَبَّهُ بِهِ)	مُسْتَعَارٌ	مُلَائِمُ الْمُشَبَّهِ بِهِ [تَرْشِيحٌ]
الْإِسْلَامُ	الصِّرَاطُ	صِرَاطٌ [اسم غير مشتق]	الْمُسْتَقِيمُ

وقريب منه قوله تعالى ﴿هُوَ ٱلَّذِي جَعَلَ لَكُمُ ٱلۡأَرۡضَ ذَلُولٗا فَٱمۡشُواْ فِي مَنَاكِبِهَا﴾ شُبّهت الأرض بالذّلول، وهو الحيوان المنقاد، وقوله مَنَاكِبِهَا ترشيح، فإنّه يقوّي المشبّه به.

ومنه قول بنات الأنصار حين قدم عليهم النبيّ ﷺ

...

وَإِلَى مُجَرَّدَةٍ، وَهِيَ الَّتِيْ ذُكِرَ فِيْهَا مُلَائِمُ الْمُشَبَّهِ، نَحْوُ: ﴿فَأَذَاقَهَا اللّٰهُ لِبَاسَ الْجُوْعِ وَالْخَوْفِ﴾، أُسْتُعِيْرَ اللِّبَاسُ لِمَا غَشِيَ الإِنْسَانَ عِنْدَ الْجُوْعِ وَالْخَوْفِ، وَالْإِذَاقَةُ تَجْرِيْدٌ لِذٰلِكَ.[1]

طلــــع البـــــدرُ علينـــــا   مـــــن ثنيـــــات الــــــوداع

شُبّه النّبيّ ﷺ بالبدر المنير، وفعل طلع ترشيح لأنّه يلائم المشبّه به، وهو البدر.

أَرْكَانُ التَّشْبِيهِ الْمَحْذُوفِ		أَرْكَانُ الاسْتِعَارَةِ الْمَذْكُورَةِ فِي النَّصِّ		
مُسْتَعَارٌ لَهُ (الْمُشَبَّهُ)	مُسْتَعَارٌ مِنْهُ (الْمُشَبَّهُ بِهِ)	مُسْتَعَارٌ	مُلَائِمُ الْمُشَبَّهِ	مُلَائِمُ الْمُشَبَّهِ بِهِ [تَرْشِيحٌ]
النّبيّ	الْبَدْرُ	البدر [اسم غير مشتق]	×	طلع

منه قول الحجّاج بن يوسف حين خاطب أهل الكوفة: والله يا أهل العراق! إنّي أرى رؤوسا قد أينعت وحان قِطافها وإني لصاحبها. يقال أَيْنَعَ الثَّمَرُ إذا طَابَ ونضِج، وقطاف الأثمار قطعها. فهذه استعارة مكنية لأنّه لم يصرح بالشّبه به، إنّما ذكر المشبّه وهو الرّؤوس، وإثبات الإيناع للرؤوس تخييلية، وقوله حان قطافها ترشيح لأنّه يلائم المشبّه به.

أَرْكَانُ التَّشْبِيهِ الْمَحْذُوفِ			أَرْكَانُ الاسْتِعَارَةِ الْمَذْكُورَةِ فِي النَّصِّ		
مُسْتَعَارٌ لَهُ (الْمُشَبَّهُ)	مُسْتَعَارٌ مِنْهُ (الْمُشَبَّهُ بِهِ)	لَازِمُ الْمُشَبَّهِ بِهِ	مُسْتَعَارٌ	مُلَائِمُ الْمُشَبَّهِ	مُلَائِمُ الْمُشَبَّهِ بِهِ [تَرْشِيحٌ]
الرُّؤُوسُ	أَثْمَارٌ	إِيْنَاعٌ	أَيْنَعَتْ [فعل]	×	قِطَافٌ

[1] وإجْرَائها كما يلي:

أَرْكَانُ التَّشْبِيهِ الْمَحْذُوفِ		أَرْكَانُ الاسْتِعَارَةِ الْمَذْكُورَةِ فِي النَّصِّ		
مُسْتَعَارٌ لَهُ (الْمُشَبَّهُ)	مُسْتَعَارٌ مِنْهُ (الْمُشَبَّهُ بِهِ)	مُسْتَعَارٌ	مُلَائِمُ الْمُشَبَّهِ [تجريد]	مُلَائِمُ الْمُشَبَّهِ بِهِ [تَرْشِيحٌ]
الْعَذَابُ	لِبَاسٌ	لِبَاسٌ [اسم غير مشتق]	أذاق	×

اعلم أن هذا الإجراء لا يستقيم إلّا إذا قدّر الإذاقة ملائم للعذاب، وإلّا لم أهتد إلى ما أرادوا في إجرائه مجردة، وفي الآية من البيان ما ينطبق على قواعدهم، ففيه تشبيه بليغ على منوال لجين الماء وذهب الأصيل، أي جوع وخوف شاملان لهم شُمولَ اللباس لابسَه، ثمّ عدل عن قوله: ألبسهم إلى قوله أذاقهم لباس الجوع والخوف لأنّ الإذاقة أشدّ عذابا وأكثر ذلّة

ومن الاستعارة المجرّدة قوله تعالى ﴿قُلْ إِنَّنِي هَدَىٰنِي رَبِّيٓ إِلَىٰ صِرَٰطٍ مُّسْتَقِيمٍ دِينًا قِيَمًا مِّلَّةَ إِبْرَٰهِيمَ حَنِيفًا

...

وَإِلَى مُطْلَقَةٍ، وَهِيَ الَّتِي لَمْ يُذْكَرْ مَعَهَا مُلَائِمٌ، نَحْوُ: ﴿يَنْقُضُونَ عَهْدَ اللهِ﴾.[1]

وَلَا يُعْتَبَرُ التَّرْشِيحُ وَالتَّجْرِيدُ إِلَّا بَعْدَ تَمَامِ الِاسْتِعَارَةِ بِالْقَرِينَةِ.[2]

وَمَا كَانَ مِنَ الْمُشْرِكِينَ ﴿١٦١﴾ الإسلام المشبّه والصراط المشبّه به وقوله دِينًا قِيَمًا يلائم المشبّه، وكذلك كلمة ملة والمشركين تلائمان الإسلام الّذي هو المشبّه.

أَرْكَانُ التَّشْبِيهِ الْمَحْذُوفِ		أَرْكَانُ الاسْتِعَارَةِ الْمَذْكُورَةِ فِي النَّصِّ		
مُسْتَعَارٌ لَهُ (الْمُشَبَّهُ)	مُسْتَعَارٌ مِنْهُ (الْمُشَبَّهُ بِهِ)	مُسْتَعَارٌ	مُلَائِمُ الْمُشَبَّهِ [تجريد]	مُلَائِمُ الْمُشَبَّهِ بِهِ [تَرْشِيحٌ]
الْإِسْلَامُ	صراط	صراط [اسم غير مشتق]	دِينًا قِيَمًا مِلَّةَ	×

[1] وإجْرَائها كما يلي:

أَرْكَانُ التَّشْبِيهِ الْمَحْذُوفِ			أَرْكَانُ الاسْتِعَارَةِ الْمَذْكُورَةِ فِي النَّصِّ		
مُسْتَعَارٌ لَهُ (الْمُشَبَّهُ)	مُسْتَعَارٌ مِنْهُ (الْمُشَبَّهُ بِهِ)	لَازِمُ الْمُشَبَّهِ بِهِ	مُسْتَعَارٌ	مُلَائِمُ الْمُشَبَّهِ [تجريد]	مُلَائِمُ الْمُشَبَّهِ بِهِ [تَرْشِيحٌ]
الْعَهْدُ	شَيْءٌ مَحْسُوسٌ	نَقْضٌ	يَنْقُضُونَ [فعل]	×	×

وكذلك لو ذُكر ملائم للمشبّه به وملائم للمشبّه معًا، وانظر إلى قول كُثَيِّر في معشوقته عَزّة كيف جمع بين التجريد والترشيح:

رَمَتْنِي بِسَهْمٍ رِيشُهُ الْكُحْلُ لَمْ يَضِرْ ... ظَوَاهِرَ جِلْدِي وَهُوَ لِلْقَلْبِ جَارِحُ

وريش السّهم مُؤخِّرته، ويقال ضارَ الشّيءُ فلانا إذا ضَرَّه من ضارَ يَضِير ضَيْرًا، شبّه نظرتها إليه بسهم، والقرينة المانعة من إرادة المعنى الحقيقي هو الكحل، فأنّ السّهم لايكون له ريش، ثم ذكر الرّمي، وهو ملائم للمشبّه به، وذكر أنّ السّهم لم يضرّ ظواهر الجلد، فهذا يلائم المشبّه به فهو ترشيح، ثم ذكر جرح القلب هو يلائم النّظر أي المشبّه فهو تجريد، فاستوى الأمران فأصبحت استعارة مطلقة

أَرْكَانُ التَّشْبِيهِ الْمَحْذُوفِ		أَرْكَانُ الاسْتِعَارَةِ الْمَذْكُورَةِ فِي النَّصِّ		
مُسْتَعَارٌ لَهُ (الْمُشَبَّهُ)	مُسْتَعَارٌ مِنْهُ (الْمُشَبَّهُ بِهِ)	مُسْتَعَارٌ	مُلَائِمُ الْمُشَبَّهِ [تجريد]	مُلَائِمُ الْمُشَبَّهِ بِهِ [تَرْشِيحٌ]
النَّظْرَةُ	سَهْمٌ	سَهْمٌ [اسم غير مشتق]	كُحْلٌ	رِيشٌ

[2] أي لا يصحّ أن يُعتبر أيّ كلمة من الجملة ترشيحا أو تجريدا إلّا بعد ثبوت القرينة المانعة من إرادة المعنى ...

الْمَجَازُ الْمُرْسَلُ

هُوَ مَجَازٌ عَلَاقَتُهُ غَيْرُ الْمُشَابَهَةِ[١]:

١) كَالسَّبَبِيَّةِ فِيْ قَوْلِكَ: عَظُمَتْ يَدُ فُلَانٍ أَيْ نِعْمَتُهُ الَّتِيْ سَبَبُهَا الْيَدُ.[٢]

٢) وَالْمُسَبَّبِيَّةِ فِيْ قَوْلِكَ: أَمْطَرَتِ السَّمَاءُ نَبَاتًا أَيْ مَطَرًا يَتَسَبَّبُ عَنْهُ النَّبَاتُ.[٣]

٣) وَالْجُزْئِيَّةِ فِيْ قَوْلِكَ: أَرْسَلْتُ الْعُيُوْنَ لِتَطَّلِعَ عَلَى أَحْوَالِ الْعَدُوِّ أَي الْجَوَاسِيْسَ.[٤]

٤) وَالْكُلِّيَّةِ فِيْ قَوْلِهِ تَعَالَى ﴿يَجْعَلُوْنَ اَصَابِعَهُمْ فِيْٓ اٰذَانِهِمْ﴾ أَيْ أَنَامِلَهُمْ.[٥]

٥) وَاعْتِبَارِ مَا كَانَ فِيْ قَوْلِهِ تَعَالَى ﴿وَاٰتُوا الْيَتٰمٰٓى اَمْوَالَهُمْ﴾ أَيْ الْبَالِغِيْنَ.[٦]

الحقيقي. فلا يقال في: رأيت أسدا يخطب إنّ قوله يخطب تجريد لأنّه يلائم المشبّه لأنّ الاستعارة لم تتمّ بعدُ لأنّه تحتاج إلى قرينة، وهو قوله يخطُب، ولو قال رأيت أسدا يزأر على المنبر يكون يزأر ترشيح لأنّ الاستعارة تمت بقرينة على المنبر.

[١] يقال أَرسَلَ الشّيءَ إذا أطلقه وأهمله، وإنّما سمّي مجازا مرسلا لكونه مطلقا عن التّقييد بعلاقة المشابهة.

[٢] ومن السّببيّة قول النّبي ﷺ: «مَا لِأَحَدٍ عِنْدَنَا يَدٌ إِلَّا وَقَدْ كَافَيْنَاهُ مَا خَلَا أَبَا بَكْرٍ، فَإِنَّ لَهُ عِنْدَنَا يَدًا يُكَافِئُهُ اللهُ بِهِ يَوْمَ القِيَامَةِ»، ومنها قوله ﷺ «الْمُسْلِمُ مَنْ سَلِمَ الْمُسْلِمُونَ مِنْ لِسَانِه وَيَدِهِ» المراد باللسان كلماته والمراد باليد ما صدر منه من الأفعال.

[٣] ومنه قوله تعالى ﴿هُوَ الَّذِيْ يُرِيْكُمْ اٰيٰتِهٖ وَيُنَزِّلُ لَكُمْ مِّنَ السَّمَاۤءِ رِزْقًا﴾ المراد بالرّزق الماء الّذي يكون سببا للرّزق، ومنه قوله تعالى ﴿وَسَارِعُوْٓا اِلٰى مَغْفِرَةٍ مِّنْ رَّبِّكُمْ وَجَنَّةٍ عَرْضُهَا السَّمٰوٰتُ وَالْاَرْضُۙ اُعِدَّتْ لِلْمُتَّقِيْنَ ﴿١٣٣﴾﴾ المراد بالمغفرة والجنّة الأعمال الّتي تكون سببا لحصولهما.

[٤] المراد بالجزئية إطلاق الجزء مع إرادة الكلّ، مثل قوله تعالى ﴿فَتَحْرِيْرُ رَقَبَةٍ﴾ ذُكر الجزء أي الرّقبة وأريد به الكلّ وهو الرّقيق، ومنه ﴿فَقُلْ اَسْلَمْتُ وَجْهِيَ لِلّٰهِ﴾ أريد بالوجه النّفس كلّها إلّا أنّه ذُكر الوجه لأنّه أشرف الأعضاء.

[٥] المراد بالكليّة إطلاق الكلّ مع إرادة الجزء.

[٦] المراد باعتبار ما كان ذكر حالٍ سابقةٍ وإرادة حال موجودة.

٦) واعتبارِ ما يكونُ فِي قَوْلِهِ تَعَالَى ﴿إِنِّيٓ أَرَىٰنِيٓ أَعۡصِرُ خَمۡرٗا﴾ أَيْ عِنبًا.[١]

٧) وَالْمَحَلِّيَّةِ فِيْ نَحْوِ قَرَّرَ الْمَجْلِسُ ذَلِكَ أَيْ أَهلُهُ.[٢]

٨) وَالْحَالِيَّةُ فِيْ قَوْلِه تَعَالَى ﴿فَفِي رَحۡمَةِ ٱللَّهِۖ هُمۡ فِيهَا خَٰلِدُونَ ١٠٧﴾ أَيْ جَنَّتِهِ.[٣]

الْمَجَازُ الْمُرَكَّبُ

الْمُرَكَّبُ إِنِ اسْتُعْمِلَ فِيْ غَيْرِ مَا وُضِعَ لَهُ فَإِنْ كَانَ لِعَلَاقَةٍ غَيْرِ الْمُشَابَهَةِ سُمِّيَ مَجَازًا مُرَكَّبًا، كَالْجُمَلِ الْخَبَرِيَّةِ إِذَا اسْتُعْمِلَتْ فِي الْإِنْشَاءِ، نَحْوُ قَوْلِهِ:

هَـوَايَ مَـعَ الرَّكْـبِ الْيَمَـانِيْنَ مُصْـعِدٌ ... جَـنِـيْـبٌ وَجُـثْـمَـانِـيْ بِـمَـكَّـةَ مُـوثَـقُ

فَلَيْسَ الْغَرَضُ مِنْ هَذَا الْبَيْتِ الْإِخْبَارَ، بَلْ إِظْهَارَ التَّحَزُّنِ وَالتَّحَسُّرِ.[٤]

[اسْتِعَارَةٌ تَمْثِيْلِيَّةٌ]

وَإِنْ كَانَتْ عَلَاقَتُهُ الْمُشَابَهَةَ سُمِّيَ اسْتِعَارَةً تَمْثِيْلِيَّةً، كَمَا يُقَالُ لِلْمُتَرَدِّدِ فِيْ أَمْرٍ: أَرَاكَ تُقَدِّمُ رِجْلًا

---

[١] المراد باعتبار ما يكون ذكر حال مستقبلة وإرادة حال موجودة، ومنه قوله تعالى ﴿وَلَا يَلِدُوٓاْ إِلَّا فَاجِرٗا كَفَّارٗا﴾ المراد به من يكون فاجرا كفّارا في المستقبل، فإنّ كلّ مولود يولد على الفطرة.

[٢] المراد بالمحلّية ذكر المحلّ مع إرادة من هو في المحلّ، ومنه قوله تعالى ﴿فَلۡيَدۡعُ نَادِيَهُۥ﴾ ذكر النّادي وأريد به أصحابه، ومثله قوله تعالى ﴿أَوۡ كَٱلَّذِي مَرَّ عَلَىٰ قَرۡيَةٖ وَهِيَ خَاوِيَةٌ عَلَىٰ عُرُوشِهَا قَالَ أَنَّىٰ يُحۡيِۦ هَٰذِهِ ٱللَّهُ بَعۡدَ مَوۡتِهَاۖ﴾ المراد بهذه القرية أصحابها. ومنه ﴿وَإِلَىٰ مَدۡيَنَ أَخَاهُمۡ شُعَيۡبٗا﴾ أي إلى أهل مدين، ومنه ﴿يَقُولُونَ بِأَفۡوَٰهِهِم﴾ ذكر الفم وأريد ما فيه أي اللّسان.

[٣] والمراد بالحاليّة ذكر الحال مع إرادة المحلّ، ومنه ﴿إِنَّ ٱلۡأَبۡرَارَ لَفِي نَعِيمٍ﴾ ومنه ﴿يَٰبَنِيٓ ءَادَمَ خُذُواْ زِينَتَكُمۡ عِندَ كُلِّ مَسۡجِدٖ﴾ المراد بالزّينة اللّباس فإنّه محلّها. وكذلك المراد بالمسجد الصّلاة فإنّه محلّها.

ومن علاقات المجاز المرسل:

الآلية: يعني ذكر الآلة، نحو: ﴿وَجَعَلۡنَا لَهُمۡ لِسَانَ صِدۡقٍ عَلِيّٗا﴾ ولك أن تقول هذا من السّببية.

[٤] وقد مر أمثلته في علم المعاني.

وَتُؤَخِّرُ أُخْرَى.[1]

الْمَجَازُ الْعَقْلِيُّ

هُوَ إِسْنَادُ الْفِعْلِ أَوْ مَا فِي مَعْنَاهُ إِلَى غَيْرِ مَا هُوَ لَهُ عِنْدَ الْمُتَكَلِّمِ فِي الظَّاهِرِ لِعَلَاقَةٍ، نَحْوُ قَوْلِهِ:

أَشَابَ الصَّغِيْرَ وَأَفْنَى الْكَبِيْـ ... ـرَ كَرُّ الْغَدَاةِ وَمَرُّ الْعَشِيِّ[2]

فَإِنَّ إِسْنَادَ الْإِشَابَةِ وَالْإِفْنَاءِ إِلَى كَرِّ الْغَدَاةِ وَمُرُوْرِ الْعَشِيِّ إِسْنَادٌ إِلَى غَيْرِ مَا هُوَ لَهُ، إِذِ الْمُشِيْبُ وَالْمُفْنِي فِي الْحَقِيْقَةِ هُوَ اللهُ تَعَالَى.

وَمِنَ الْمَجَازِ الْعَقْلِيِّ ...

إِسْنَادُ مَا بُنِيَ لِلْفَاعِلِ إِلَى الْمَفْعُوْلِ، نَحْوُ: ﴿عِيشَةٍ رَّاضِيَةٍ﴾[3]، وَعَكْسُهُ، نَحْوُ: سَيْلٌ مُفْعَمٌ[4]

---

[1] ومنه قول النّبي ﷺ: «لا يُلدغ المؤمن من جُحْر واحد مرّتين»، ومنه قولهم فلان يلعب بالنّار إلي غير ذلك، ومنه قولهم هو يضرب في حديد بارد لمن يعمل شيئا لا جدْوى فيه. وقولهم حاطِبُ ليلٍ لمن ينقل كلّ ما يسمع، ومنه قولهم أتاكَ بلبنه ريّانَ.

وإن اشتهرت الاستعارة التّمثيليّة يقال له مثلًا، وإذن لا يتغيّر شيء من صيغته، ويخاطَب الواحد والتثنية والجمع والمذكر والمؤنث كلّهم وِفق الصيغة الّتي ورد فيها المثل دون تغيير. ومنه قولهم: أن تسمع بالمُعَيْدِيّ (هو اسم رجل) خير من أن تراه، يقال لمن له ذِكر في النّاس وليس له جسم يملأ العين.

[2] يقال أشابَ الكِبَرُ أو الحزنُ أو الخوفُ فلانًا إذا هَرَّمَهُ وبَيّض شَعْرَه. ويقال أفنى الشّيءَ أو الشّخصَ إذا أباده وأنهى وجودَه، ويُقال كرَّ النّهارُ واللّيْلُ إذا عادَا مَرَّةً بَعْدَ أُخْرَى، وتنازع الفعلان أشاب وأفني في كرّة الغداة، والغَدَاةُ ما بين الفجر وطلوع الشّمس، والعشيّ الوقت من زوال الشّمس إلى المغرب، أو من صلاة المغرب إلى العَتَمَةِ.

[3] أي استعمال اسم الفاعل مقام المفعول، فالمراد براضية مرضيّة، ومثله ﴿أَوَلَمْ يَرَوْا أَنَّا جَعَلْنَا حَرَمًا آمِنًا﴾ أي حرما مأمونا، ومنه قوله تعالى ﴿لَا عَاصِمَ الْيَوْمَ مِنْ أَمْرِ اللَّهِ﴾ أي لا معصوم على قولٍ.

[4] يقال أفعم فلان الإناءَ إذا ملأه وأتمَّ ملأه، السّيل المفعم السّيل الفائض، ومنه قوله تعالى ﴿وَإِذَا قَرَأْتَ الْقُرْآنَ جَعَلْنَا بَيْنَكَ وَبَيْنَ الَّذِينَ لَا يُؤْمِنُونَ بِالْآخِرَةِ حِجَابًا مَسْتُورًا﴾ أي حجابا ساترا. وكذلك قوله تعالى ﴿إِنَّهُ كَانَ وَعْدُهُ مَأْتِيًّا﴾ أي آتيا

وَالْإِسْنَادُ إِلَى الْمَصْدَرِ، نَحْوُ: جَدَّ جِدُّهُ،

وَإِلَى الزَّمَانِ، نَحْوُ: نَهَارُهُ صَائِمٌ،

وَإِلَى الْمَكَانِ، نَحْوُ: نَهْرٌ جَارٍ[١]،

وَإِلَى السَّبَبِ، نَحْوُ: بَنَى الْأَمِيرُ الْمَدِينَةَ.[٢]

وَيُعلَمُ مِمَّا سَبَقَ أَنَّ الْمَجَازَ اللُّغوِيَّ يَكُونُ فِي اللَّفْظِ، وَالْمَجَازَ الْعَقْلِيَّ يَكُونُ فِي الْإِسْنَادِ.[٣]

---

[١] النّهر الموضع في الأرض وهو لا يجري، إنّما يجري الماء الّذي فيه، ومنه قوله تعالى ﴿تَجْرِى مِن تَحْتِهَا الْأَنْهٰرُ﴾، ومنه قوله تعالى ﴿أَنزَلَ مِنَ السَّمَآءِ مَآءً فَسَالَتْ أَوْدِيَةٌۢ بِقَدَرِهَا﴾

[٢] ومنه قوله تعالى ﴿فَأَوْقِدْ لِى يٰهٰمٰنُ عَلَى الطِّينِ فَاجْعَل لِّى صَرْحًا لَّعَلِّىٓ أَطَّلِعُ إِلٰىٓ إِلٰهِ مُوسٰى﴾، إسناد البناء إلى هامان مجاز عقليّ لأنّ العاملين هم العملة. ومنه قوله تعالى ﴿يُذَبِّحُ أَبْنَآءَهُمْ وَيَسْتَحْىِۦ نِسَآءَهُمْ﴾، نسبة التّذبيح إلى فرعون مجاز لأنّه الذّابحين الجنود. ومنه قوله تعالى ﴿يَوْمًا يَجْعَلُ الْوِلْدٰنَ شِيبًا﴾

[٣] والجدول الآتي يبيّن أقسام المجاز بأسرِها:

- الْمَجَازُ
  - فِي اللَّفْظِ
    - الْمُفْرَدُ
      - اِسْتِعَارَةٌ
        - مُصَرَّحَةٌ، مَكْنِيَّةٌ
        - أَصْلِيَّةٌ تَبَعِيَّةٌ
        - مُرَشَّحَةٌ، مُجَرَّدَةٌ، مُطْلَقَةٌ
      - مُرْسَلٌ
    - مُرَكَّبٌ
      - اِسْتِعَارَةٌ تَمْثِيلِيَّةٌ
      - مَجَازٌ مُرَكَّبٌ
  - فِي الْإِسْنَادِ
    - مَجَازٌ عَقْلِيٌّ

الْكِنَايَةُ

هِيَ لَفْظٌ أُرِيْدَ بِهِ لَازِمُ مَعْنَاهُ مَعَ جَوَازِ إِرَادَةِ ذَلِكَ الْمَعْنَى، نَحْوُ: طَوِيْلُ النِّجَادِ أَيْ طَوِيْلُ الْقَامَةِ.[1]

[تَقْسِيمُ الْكِنَايَةِ بِاعْتِبَارِ الْمَكْنِيِّ عَنْهُ]

وَتَنْقَسِمُ بِاعْتِبَارِ الْمَكْنِيِّ عَنْهُ إِلَى ثَلَاثَةِ أَقْسَامٍ:

---

[1] الكناية مصدر من كني يكني إذا تكلم بكلمة وأراد غيره، مثاله قول النبي ﷺ: «مَنْ يَضْمَنْ لِي مَا بَيْنَ لَحْيَيْهِ وَمَا بَيْنَ رِجْلَيْهِ أَضْمَنْ لَهُ الجَنَّةَ» كنى ﷺ بقوله :ما بين رجليه عن الفرج، فالمعنى الحقيقي جائز ولكن المقصود لازمه.

كذا قولهم فلان طويل النِّجاد – بكسر النون وهو حَمَالة السّيف- المراد منه أنّه طويل لأنّ طول النّجاد يلزم طول القامة. والفارق بين المجاز والكناية إرادة المعني الحقيقي، ففي الكناية تجوز إرادة المعنى الحقيقي، نحو: قولهم فلان ينام إلى الظّهر، المقصود منه بيان كسله مع إمكان حقيقته ولكنها غير لازمة، بخلاف المجاز فلا يجوز إرادة الظلمات والضلال معًا.

وللكناية ثلاثة أركان

١) المعنى المكني عنه الّذي لم يذكر صريحا في الكلام

٢) اللّفظ المكني به المذكور في الكلام

٣) القرينة الدّالّة على المعنى المكني عنه

فانظر إلى قوله تعالى ﴿مَا الْمَسِيحُ ابْنُ مَرْيَمَ إِلَّا رَسُولٌ قَدْ خَلَتْ مِن قَبْلِهِ الرُّسُلُ وَأُمُّهُ صِدِّيقَةٌ كَانَا يَأْكُلَانِ الطَّعَامَ﴾

فقوله تعالى كانا يأكلان الطّعام هو اللّفظ المكني به، أي اللّفظ المذكور الّذي لم يُرد منه المعنى الحقيقي وإن كان المعنى الحقيقي جائزا بل واقعًا، فإنهما كانا يأكلان حقيقة، ولكن المعنى المكني عنه لازم الأكل وهو إمّا التّغوّط وإمّا الحاجة إلى قوْت، وكلاهما منافيان للألوهيّة.

الْمَكْنِيُّ عَنْهُ	الوسائط	الْمَكْنِيُّ بِهِ
التّغوّط [صفة] الحاجة إلى قوْت [صفة]	⇐	كانا يأكلان الطعام

الْأَوَّلُ كِنَايَةٌ يَكُوْنُ الْمَكْنِيُّ عَنْهُ فِيْهَا صِفَةً[1]، كَقَوْلِ الْخَنْسَاءِ:

طَوِيْلُ النِّجَادِ رَفِيْعُ الْعِمَادِ   كَثِيْرُ الرَّمَادِ إِذَا مَا شَتَا[2]

---

[1] وقد علمت -رحمك الله- أنّ في الجملة ثلاثة أركان:

الأوّل المسند إليه وهو موصوف،

والثّاني المسند وهو المراد بالصفة – وليس المراد بالصفة معناه الاصطلاحي أي النعت-

والثّالث النّسبة بينهما، وليس له لفظ صريح.

ففي الكناية قد يكني المتكلّم عن موصوف فلا يذكر المتكلّم موصوفًا صريحًا،

منه قول النبي ﷺ: «مَنْ يَضْمَنْ لِي مَا بَيْنَ لَحْيَيْهِ وَمَا بَيْنَ رِجْلَيْهِ أَضْمَنْ لَهُ الجَنَّةَ» لم يصرّح ﷺ بالموصوفَين، بل كنى عنهما فالمراد بمَا بَيْنَ لَحْيَيْهِ اللّسان، والمراد بمَا بَيْنَ رِجْلَيْهِ الفرج. فهذه كناية عن موصوفين.

الْمَكْنِيُّ بِهِ	الوسائط	الْمَكْنِيُّ عَنْهُ
مَا بَيْنَ لَحْيَيْه	⊂	لِسَان[موصوف]
مَا بَيْنَ رِجْلَيْه	⊂	فَرْجٌ[موصوف]

وكذلك قد يكني عن صفة، وانظر إلى قوله تعالى: ﴿قَالَتْ رَبِّ أَنَّىٰ يَكُونُ لِي وَلَدٌ وَلَمْ يَمْسَسْنِي بَشَرٌ﴾ كنى بقوله وَلَمْ يَمْسَسْنِي بَشَرٌ عن ذكر الجماع.

الْمَكْنِيُّ بِهِ	الوَسَائِطُ	الْمَكْنِيُّ عَنْهُ
لَمْ يَمْسَسْنِي بَشَرٌ	⊂	جِمَاعٌ[صفة]

وقد لا يذكر المتكلم النّسبة بين الموصوف وصفته صريحًا بل يكني في النّسبة. فانظر إلى قوله: الْمَجْدُ بين ثوبيه، ذكر المجد وهو الموصوف صريحًا، ولكن لم يقل هو ماجد أو له مجد أو صاحب مجد، بل كنى في نسبة المجد إليه حيث قال إنّ المجد في ثوبه، فلازم كون المجد في ثوبه أن يكون هو صاحب مجد. فافهم.

الْمَكْنِيُّ بِهِ	الوَسَائِطُ	الْمَكْنِيُّ عَنْهُ
الْمَجْدُ بَيْنَ ثَوْبَيْه	⊂	هُوَ ماجِدٌ[نسبة]

[2] هذا في وصف أخيها صخر، ونِجَادُ السَّيْفِ: حَمَالَتُهُ، والعِمَادُ خشبة تقوم عليها الخيمة، ويقال شتا الرَّجلُ بالمكان إذا أقام فيه شِتاءً.

ففيه ثلاث كنايات عن ثلاث صفات،

...

تُرِيْدُ أَنَّهُ طَوِيْلُ الْقَامَةِ سَيِّدٌ كَرِيْمٌ.

وَالثَّانِيْ كِنَايَةٌ يَكُوْنُ الْمَكْنِيُّ عَنْهُ فِيْهَا نِسْبَةً، نَحْوُ: الْمَجْدُ بَيْنَ ثَوْبَيْهِ، وَالْكَرَمُ تَحْتَ رِدَائِهِ، تُرِيْدُ نِسْبَةَ الْمَجْدِ وَالْكَرَمِ إِلَيْهِ.

وَالثَّالِثُ كِنَايَةٌ يَكُوْنُ الْمَكْنِيُّ عَنْهُ فِيْهَا غَيْرَ صِفَةٍ وَلَا نِسْبَةٍ[1]، كَقَوْلِهِ:

الأوّل عن طوله بقولها طويل النّجاد لأنّ لازم طول الحمالة طول القامة،

والثّاني عن سيادته بقولها رفيع العماد لأنّ لازم رفع الخيمة سيادة صاحبه،

والثّالث عن كرمه بقولها كثير الرّماد، وذلك لأنّ كثرة الرّماد يقتضي كثرة الطّبخ، وذلك يقتضي كثرة الضّيوف وذلك يقتضي كرمه.

المَكْنِيُّ عَنْهُ	الوَسَائِطُ	المَكْنِيُّ بِهِ
الطول [صفة]	⊂	طويل النّجاد
السّيادة [صفة]	⊂	رفيع العماد
الكرم [صفة]	⊂	كثير الرّماد

ومنه قوله تعالى ﴿قٰصِرٰتُ الطَّرْفِ﴾ المراد به أنّهنّ عفيفات.

ومثله قوله تعالى ﴿وَلَا يُظْلَمُوْنَ نَقِيْرًا﴾ أي قليلا.

ومنه قوله تعالى ﴿وَلَا تَجْعَلْ يَدَكَ مَغْلُوْلَةً اِلٰى عُنُقِكَ﴾ وهذه كناية عن البخل،

ومنه قوله تعالى ﴿فَاَصْبَحَ يُقَلِّبُ كَفَّيْهِ عَلٰى مَآ اَنْفَقَ فِيْهَا﴾ كناية عن النّدم.

ومنه قوله تعالى ﴿يُوَلُّوْكُمُ الْاَدْبَارَ﴾ هذه كناية عن الانهزام،

وقوله تعالى ﴿قَالَ رَبِّ اِنِّيْ وَهَنَ الْعَظْمُ مِنِّيْ وَاشْتَعَلَ الرَّأْسُ شَيْبًا﴾ هذه كناية عن الهرم

[1] والمراد به موصوف. ومنه قوله تعالى ﴿وَحَمَلْنٰهُ عَلٰى ذَاتِ اَلْوَاحٍ وَّدُسُرٍ﴾ المراد به السّفينة، والدُّسُر جمع دِسار وهو المسمار،

المَكْنِيُّ عَنْهُ	الوَسَائِطُ	المَكْنِيُّ بِهِ
السَّفِيْنَةُ	⊂	ذَاتِ أَلْوَاحٍ وَدُسُرٍ

ومنه قوله تعالى ﴿وَلَا يَاْتِيْنَ بِبُهْتَانٍ يَّفْتَرِيْنَهٗ بَيْنَ اَيْدِيْهِنَّ وَاَرْجُلِهِنَّ﴾ المراد به الولد الّذي تلصقه بزوجها كذبًا.

...

الضَّـــارِبِيْنَ بِكُـلِّ أَبْـيَضَ مِـخْـذَمٍ　　وَالـطَّـاعِـنِـيْـنَ مَـجَـامِـعَ الْأَضْـــغَـانِ[1]

فَإِنَّهُ كَنَى بِمَجَامِعِ الْأَضْغَانِ عَنِ الْقُلُوْبِ.

[تَقْسِيْمُ الْكِنَايَةِ بِاعْتِبَارِ الْوَسَائِطِ]

وَالْكِنَايَةُ إِنْ كَثُرَتْ فِيْهَا الْوَسَائِطُ سُمِّيَتْ تَلْوِيْحًا، نَحْوُ: هُوَ كَثِيْرُ الرَّمَادِ أَيْ كَرِيْمٌ فَإِنَّ كَثْرَةَ الرَّمَادِ تَسْتَلْزِمُ كَثْرَةَ الْإِحْرَاقِ، وَكَثْرَةَ الْإِحْرَاقِ تَسْتَلْزِمُ كَثْرَةَ الطَّبْخِ وَالْخَبْزِ، وَكَثْرَتَهُمَا تَسْتَلْزِمُ كَثْرَةَ الْآكِلِيْنَ، وَهِيَ تَسْتَلْزِمُ كَثْرَةَ الضِّيْفَانِ، وَكَثْرَةَ الضِّيْفَانِ تَسْتَلْزِمُ الْكَرَمَ.[2]

ومنه قوله تعالى ﴿إِذْ قَالَ لِأَبِيهِ يَٰٓأَبَتِ لِمَ تَعْبُدُ مَا لَا يَسْمَعُ وَلَا يُبْصِرُ وَلَا يُغْنِي عَنكَ شَيْـًٔا﴾ المراد به الأصنام

ومنه قوله تعالى ﴿وَتَوَدُّونَ أَنَّ غَيْرَ ذَاتِ الشَّوْكَةِ تَكُونُ لَكُمْ﴾ المراد به عير أبي سفيان.

[1] الأبيض السّيف، والمِخْذَم القاطع، يقال خذمه إذا قطعه بسرعة، والأضغان جمع ضِغْنٌ وهو الحقد والحسد، والمراد بمجامع الأضغان هو القلب.

الْمَكْنِيُّ بِهِ	الْوَسَائِطُ	الْمَكْنِيُّ عَنْهُ
مَجَامِعُ الْأَضْغَانِ	⬅	الْقُلُوْبُ

[2]

	الْمَكْنِيُّ بِهِ	الْوَسَائِطُ	الْمَكْنِيُّ عَنْهُ
تَلْوِيْحٌ	كَثِيْرُ الرَّمَادِ	كَثْرَةُ الضّيوف ⬅ كَثْرَةُ الآكلين ⬅ كَثْرَةُ الطّبخ والخبز ⬅ كَثْرَةُ الإحراق	الكَرَمُ

ومنه قوله تعالى ﴿إِن كُلُّ نَفْسٍ لَّمَّا عَلَيْهَا حَافِظٌ﴾ هذه كناية تلويحية ذالك بأن إقامة الحافظ تستلزم شيئا يحفظه، وهو الأعمال خيرها وشرها، وذلك يستلزم إرادة المحاسبة عليها والجزاء بما تقتضيه جزاء مؤخرا بعد الحياة الدنيا لئلا تذهب أعمال العاملين سدى، وذلك يستلزم أن الجزاء مؤخر إلى ما بعد هذه الحياة وهذا الجزاء المؤخر يستلزم إعادة حياة للذّوات الصادرة منها الأعمال؛ فهذه لوازم أربعة بها كانت الكناية تلويحية رمزية. [التحرير والتنوير]

وَإِنْ قَلَّتْ وَخَفِيَتْ سُمِّيَتْ رَمْزًا، نَحْوُ: هُوَ سَمِينٌ رِخْوٌ أَيْ غَبِيٌّ بَلِيْدٌ.[1]

وَإِنْ قَلَّتْ فِيْهَا الْوَسَائِطُ أَوْ لَمْ تَكُنْ وَوَضَحَتْ، سُمِّيَتْ إِيْمَاءً وَإِشَارَةً، نَحْوُ:

أَوَ مَا رَأَيْتَ الْمَجْدَ أَلْقَى رَحْلَهُ ... فِيْ آلِ طَلْحَةَ ثُمَّ لَمْ يَتَحَوَّلِ

كِنَايَةً عَنْ كَوْنِهِمْ أَمْجَادًا.[2]

[فَائِدَةٌ]

وَهُنَاكَ نَوْعٌ مِنَ الْكِنَايَةِ[3] يُعْتَمَدُ فِيْ فَهْمِهِ عَلَى السِّيَاقِ يُسَمَّى تَعْرِيْضًا، وَهُوَ إِمَالَةُ الْكَلَامِ إِلَى عُرْضٍ أَيْ نَاحِيَةٍ[4]، كَقَوْلِكَ لِشَخْصٍ يَضُرُّ الناسَ: خَيْرُ النَّاسِ مَنْ يَنْفَعُهُمْ.[5]

---

[1] وهذه كناية خفيّة غريبة، وهي أنّ الرّخو والسمن يستلزمان -فيما يزعمون- استرخاء القوى الذّهنيّة وسكونها، وهما يستلزمان الغباوة والبلادة، فالكناية خفيّة غير واضحة وإن قلت وسائطها.

	الْمَكْنِيُّ عَنْهُ	الوَسَائِطُ	الْمَكْنِيُّ بِهِ
رَمْزٌ	بَلِيْدٌ [صفة]	استرخاء القوى	سمن رخو

[2] ومن الإيماء قوله تعالى ﴿وَلَا يُكَلِّمُهُمُ اللّٰهُ يَوْمَ الْقِيٰمَةِ﴾

فائدة: كون الكناية خفية أو واضحة أمر اعتباريّ يختلف بالأشخاص والأزمان والأعراف.

[3] اختلفت آراء أهل البلاغة في التعريض، فمنهم من جعله مرادفا للكناية، ومنهم من جعله مغايرا لها ومنهم من جعل قسما منها. والوجه في جعلها مغايرا لها أن المراد بالكناية يفهم من لازم المذكور وأمّا في التّعريض فيفهم من السّياق دون اللّازم.

[4] ومنه قوله تعالى ﴿وَلَقَدْ اُوْحِيَ اِلَيْكَ وَاِلَى الَّذِيْنَ مِنْ قَبْلِكَ ۚ لَئِنْ اَشْرَكْتَ لَيَحْبَطَنَّ عَمَلُكَ وَلَتَكُوْنَنَّ مِنَ الْخٰسِرِيْنَ ﴿٦٥﴾﴾ من المعلوم أنّ النّبي ﷺ لم يكن ليشرك بالله، فالخطاب له ﷺ وأُميل الكلام إلى غيره.

ومنه قول النّبي ﷺ: «الْمُسْلِمُ مَنْ سَلِمَ الْمُسْلِمُونَ مِنْ لِسَانِهِ وَيَدِهِ»

[5] فحاصل ما في الكناية كما يلي

...

وَسَائِطُ قَلِيْلَةٌ (أَوْ مَعْدُوْمَةٌ)		وَسَائِطُ كَثِيْرَةٌ
وَاضِحَةُ الدَّلَالَةِ	خَفِيَّةُ الدَّلَالَةِ	
إيماء أو إشارة	رمز	تلويح

هذا، وقد سلك قوم منهجا غير هذا المنهج الذكور، وهو كما يلي:

كِنَايَةٌ قَرِيْبَةٌ		كِنَايَةٌ بَعِيْدَةٌ
كِنَايَةٌ وَاضِحَةٌ	كِنَايَةٌ خَفِيَّةٌ	

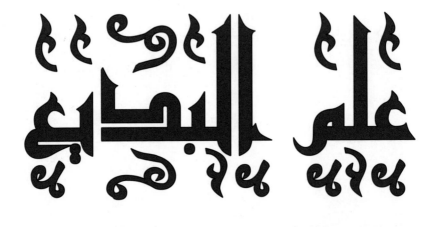

علم البديع

الْبَدِيْعُ[1] عِلْمٌ يُعْرَفُ بِهِ وُجُوْهُ تَحْسِيْنِ الْكَلَامِ الْمُطَابِقِ لِمُقْتَضَى الْحَالِ.

وَهَذِهِ الْوُجُوْهُ ...

مَا يَرْجِعُ مِنْهَا إِلَى تَحْسِيْنِ الْمَعْنَى يُسَمَّى بِالْمُحَسِّنَاتِ الْمَعْنَوِيَّةِ،

وَمَا يَرْجِعُ مِنْهَا إِلَى تَحْسِيْنِ اللَّفْظِ يُسَمَّى بِالْمُحَسِّنَاتِ اللَّفْظِيَّةِ.[2]

مُحَسِّنَاتٌ مَعْنَوِيَّةٌ

١) التَّوْرِيَةُ: أَنْ يُذْكَرَ لَفْظٌ لَهُ مَعْنَيَانِ ...

قَرِيْبٌ يَتَبَادَرُ فَهْمُهُ مِنَ الْكَلَامِ،

وَبَعِيْدٌ هُوَ الْمُرَادُ بِالْإِفَادَةِ لِقَرِيْنَةٍ خَفِيَّةٍ،

نَحْوُ: ﴿وَهُوَ الَّذِى يَتَوَفَّىٰكُم بِالَّيْلِ وَيَعْلَمُ مَا جَرَحْتُم بِالنَّهَارِ﴾ أَرَادَ بِقَوْلِهِ جَرَحْتُمْ مَعْنَاهُ الْبَعِيْدَ، وَهُوَ ارْتِكَابُ الذُّنُوْبِ[3].

وَكَقَوْلِهِ:

يَا سَيِّدًا حَازَ لُطْفًا	لَهُ الْبَرَايَا عَبِيْدُ
أَنْتَ الْحُسَيْنُ وَلَكِنْ	جَفَاكَ فِيْنَا يَزِيْدُ[4]

---

[1] واعلم أنّ هذا هو الفنّ الثّالث من فنون البلاغة، وهو يشتمل على بابين وخاتمة:

عِلْمُ الْبَدِيْعِ		
مُحَسِّنَاتٌ مَعْنَوِيَّةٌ	مُحَسِّنَاتٌ لفظية	خاتِمَةٌ فِي سَرِقَاتِ الْكَلَامِ

[2] لو غيّر اللّفظ في المعنويّة بما يرادفه لاستقام التّحسين، بخلاف اللّفظيّة فإنّه لا يلتئم مع تغيير اللّفظ لأنّ التّحسين يرجع إلى اللّفظ دون معناه.

[3] والْمَعنَى الْقَرِيْبُ الشَّقُّ والطَّعْنُ

[4] القائل غير معروف، يُقَالُ حاز الشَّيءَ أو حاز على الشَّيء إذا ضمّه وملكه، من حازَ يَحوز حَوْزًا وحِيازةً، ويقال حازَتِ الْمَرْأَةُ طِفْلَها إلى صَدْرِها إذا ضَمَّتْهُ إِلَيْها، وَاللُّطْفُ في العمل الرِّفق فيه، والبَرَايَا جمع البَرِيَّة وهي ...

مَعْنَى يَزِيْد الْقَرِيْبُ أَنَّهُ عَلَمٌ، وَمَعْنَاهُ الْبَعِيْدُ الْمَقْصُوْدُ أَنَّهُ فِعْلٌ مُضَارِعٌ مِنْ زَادَ.[1]

الْخَلْق، وَالجَفَا: غِلظةُ الطَّبع وفظاظته.

فقيل معناه القريب الفعل المضارع ومعناه البعيد العلم.

[1] ومنه قول إبراهيمَ عليه السلام ﴿فَقَالَ إِنِّي سَقِيمٌ﴾، معناه القريب مريض الجسم، ولكن أراد معناه البعيد، وهو ﴿إِنِّي سَقِيمٌ﴾ بِالنِّسْبَةِ إِلَى مَا يُسْتَقْبَلُ، يَعْنِي: مَرَضَ الْمَوْتِ. وَقِيلَ: أَرَادَ ﴿إِنِّي سَقِيمٌ﴾ أَيْ: مَرِيضُ الْقَلْبِ مِنْ عِبَادَتِكُمُ الْأَوْثَانَ مِنْ دُونِ اللهِ عَزَّ وَجَلَّ. [ابن كثير]

ومنه ما روى أحمد عن أَنَس بْن مَالِكٍ رضي الله عنه قال: أَقْبَلَ نَبِيُّ اللهِ ﷺ إِلَى الْمَدِينَةِ وَهُوَ مُرْدِفٌ أَبَا بَكْرٍ رضي الله عنه وَأَبُو بَكْرٍ شَيْخٌ يُعْرَفُ، وَنَبِيُّ اللهِ ﷺ شَابٌّ لَا يُعْرَفُ، قال: فَيَلْقَى الرَّجُلُ أَبَا بَكْرٍ فَيَقُولُ: يَا أَبَا بَكْرٍ مَنْ هَذَا الرَّجُلُ الَّذِي بَيْنَ يَدَيْكَ؟ فَيَقُولُ: هَذَا الرَّجُلُ يَهْدِينِي السَّبِيلَ، فَيَحْسِبُ الْحَاسِبُ أنه إِنَّمَا يَهْدِيهِ الطَّرِيقَ، وَإِنَّمَا يَعْنِي سَبِيلَ الْخَيْرِ.

ومنه ما روى البخاري عن أَنَسِ بْنِ مَالِكٍ رضي الله عنه قال: كَانَ ابْنٌ لِأَبِي طَلْحَةَ رضي الله عنه يَشْتَكِي، فَخَرَجَ أَبُو طَلْحَةَ، فَقُبِضَ الصَّبِيُّ، فَلَمَّا رَجَعَ أَبُو طَلْحَةَ، قال: مَا فَعَلَ ابْنِي، قالتْ أُمُّ سُلَيْمٍ رضي الله عنها: هُوَ أَسْكَنُ مَا كَانَ، فَقَرَّبَتْ إِلَيْهِ العَشَاءَ فَتَعَشَّى، ثُمَّ أَصَابَ مِنْهَا، فَلَمَّا فَرَغَ قالتْ: وَارُوا الصَّبِيَّ.

أرادت بقولها: هو أسكن ما كان- معناها البعيد وهو السّكون الأبدي، ألا وهو الموت، وتبادر إلى فهم أبي طلحة معناها القريبُ، وهو البُرْءُ من المرض.

ومنه قول النّبي ﷺ: «انْصُرْ أَخَاكَ ظَالِمًا أَوْ مَظْلُومًا»، أراد ﷺ بقوله «ظالما» معناها البيعد، وهو نصره بمنعه من الظّلم، وتبادر إلى أذهانهم معناها القريب، وهو نصره على ظلمه.

ومنه قول الشّاعر

وَقَالَتْ رُحْ بِرَبِّكَ مِنْ أَمَامِيْ ... فَقُلْتُ لَهَا بِرَبِّكِ أَنْتِ رُوْحِيْ

فمعنى روحي القريب المبتادر إلى الفهم أنّه فعل أمر من راح، ومعناه البعيد أنّه مركب من كلمة الرّوح وضمير المتكلم.

وكذالك قول الشّاعر:

أَقُوْلُ وَقَدْ شَدُّوْا إِلَى الْحَرْبِ غَارَةً ... دَعُوْنِيْ فَإِنِّيْ آكِلُ الْخُبْزَ بِالْجُبْنِ

فمعنى القريب من قوله الجبن هو ما جُمِّدَ من اللَّبَن، أمّا معناه البعيد أنه ضد الشَّجاعة.

٢) الْإِبْهَامُ: إِيْرَادُ الْكَلَامِ مُحْتَمِلًا لِوَجْهَيْنِ مُتَضَادَّيْنِ[١]، نَحْوُ:

بَارَكَ اللهُ لِلْحَسَنْ ... وَلِبُورَانَ فِي الْخَتَنْ

يَا إِمَامَ الْهُدَى ظَفَرْ ... تَ وَلَكِنْ بِبِنْتِ مَنْ

فَإِنَّ قَوْلَهُ بِبِنْتِ مَنْ يَحْتَمِلُ أَنْ يَكُوْنَ مَدْحًا لِعَظَمَةٍ وَأَنْ يَكُوْنَ ذَمًّا لِدَنَاءَةٍ.[٢]

٣) التَّوْجِيْهُ: إِفَادَةُ مَعْنًى بِأَلْفَاظٍ مَوْضُوْعَةٍ لَهُ، وَلَكِنَّهَا أَسْمَاءٌ لِنَاسٍ أَوْ غَيْرِهِمْ، كَقَوْلِ بَعْضِهِمْ يَصِفُ نَهْرًا:

إِذَا فَاخَرَتْهُ الرِّيْحُ وَلَّتْ عَلِيْلَةً ... بِأَذْيَالِ كُثْبَانِ الثَّرَى تَتَعَثَّرُ

بِهِ الْفَضْلُ يَبْدُوْ وَالرَّبِيْعُ وَكَمْ غَدَا ... بِهِ الرَّوْضُ يَحْيَى وَهُوَ لَا شَكَّ جَعْفَرُ[٣]

---

[١] ولو قيل ما الفرق بين الإبهام والتّورية، نقول ذكروا لها عدّة وجوه:

	التَّوْرِيَةُ	الإِبْهَامُ
الأوّل	الكلمة تحتمل المعنيين	الكلام كلّه يحتمل المعنيين
الثّاني	للكلمة في أصل الوضع معنيان	فله معنى واحد في أصل الوضع، وإنّما جاء احتمال المعنى الثّاني من القرينة الخارجة،
الثّالث	المعنيان متضادّان	المعنيان متغايران
الرّابع	احتمال المعنيين في الإبهام على السّواء	له معنى قريب يتبادر إلى الفهم

ولو قيل ما الفرق بين الإبهام والقسم الأوّل من الأسلوب الحكيم وهوَ تَلَقِّي المخاطَب بغيرِ ما يَترقّبه (انظر صفحة ١٢٦)، نقول الإبهام صنيع المتكلم والأسلوب الحكيم من صنيع المخاطَبِ.

[٢] وبوران هِيَ بنت الحسن بن سهل واسمها خديجة، تزوّجها الخليفة المأمون لمكان أبيها منه

ومن الإبهام قول الشّاعر لأعور خاط قباء:

خَاطَ لِي عَمْرٌو قَبَاءً ... لَيْتَ عَيْنَيْهِ سَوَاءً

والْقَبَاءُ ثوبٌ يُلبَسُ فوق الثياب أو القميص.

[٣] الشّاعر هو القاضي محي الدين بن عبد الظاهر الحلبي (٦٢٠-٦٩٢هـ)، يقال فاخره إذا بَاهَاهُ وازْدَهَاهُ، والذّيل ...

فَالْفَضْلُ وَالرَّبِيْعُ وَيَحْيى وَجَعْفَرٌ أَسْمَاءُ نَاسٍ، وَكَقَوْلِهِ:

وَمَا حُسْنُ بَيْتٍ لَهُ زُخْرُفٌ[1] تَرَاهُ إِذَا زُلْزِلَتْ لَمْ يَكُنْ

فَإِنَّ زُخْرُفًا وَإِذَا زُلْزِلَتْ وَلَمْ يكُنْ أَسْمَاءُ سُوَرٍ مِنَ الْقُرْآنِ.[2]

٤) الطِّبَاقُ: هُوَ الْجَمْعُ بَيْنَ مَعْنَيَيْنِ مُتَقَابِلَيْنِ، نَحْوُ: قَوْلِهِ تَعَالَى ﴿وَتَحْسَبُهُمْ أَيْقَاظًا وَهُمْ رُقُودٌ﴾،

له معان: ذيل الحيوان هو ذنَبه؛ وذيل الثّوب هو ما جرّ منه إذا أرخي؛ وذيل الرّيح هو ما تجرّه على وجه الأرض من التّراب أو غيره؛ والكُثْبَان جمع الكَثِيبُ، وهو تلّ أو مرتفع من الرّمال كوّمته الرّياحُ في الصّحاري أو على الشّواطئ؛ ويقال ثريت الأرض ثَرًى إذا نَدِيَتْ ولانت؛ والثّرى الأرض؛ ويقال تعسّر إذا اشتدّ وصعُب؛ ويقال غدا فلان مسرورا أي صار مسرورًا؛ والرّوض جمع روضة وهي الأرضُ ذاتُ الخُضرة؛ والجعفر نهر صغير. والمعنى إذا فاخرت الرّيح هذا النّهر غلبها النّهر وولّت الرّيح كثيبًا تجرّ معها الرّمال، ويظهر الفضل والرّبيع بالنّهر أي مائه ويصير به الأرض الميتة حيّا.

[1] أصل الـزخرف الذّهب، ثمّ اتسع في كلّ شيء مزيَّن مـزخرَف.

[2] التّورية والإبهام والتّوجيه كلّها من وادٍ واحد، حتّى أنّ بعضهم يعُدّها كلمات مترادفة لمعنى واحد، وهو إيراد كلمة تحتمل معنيين. وبعضهم غايروا بين التّورية والتّوجيه، أمّا مصنفو هذا الكتاب فقد عرّفوا الثّلاثة على غير ما عرّفها الأكثرون.

	لفظ له معنيان متغايران	كلام له معنيان متضادّان	لفظ له معنيان أحدهما علَم
الرّأي الأوّل	التّورية، الإبهام، التّوجيه		
الرّأي الثّاني	التّورية / الإبهام	التّوجيه	
مصنّفو دروس البلاغة	التّورية	الإبهام	التّوجيه

التورية تجتمع مع الكناية في أنّ لكلّ منهما معنيين، والفرق بينهما أنّ المعنى القريب في الكناية واقع موجود والمعنى الموجود مقصوْد لزومًا، وأمّا التّورية فالمعنى القريب ظاهر يلائمه المقام والحال، والمعنى البعيد خفيّ غير لازم من المعنى القريب.

	القرينة	العلاقة بين المعنيين
الكناية	ظاهرة	علاقة بينهما
التّورية	خفية	لا علاقة بينهما

﴿وَلَٰكِنَّ أَكْثَرَ النَّاسِ لَا يَعْلَمُونَ ۞ يَعْلَمُونَ ظَاهِرًا مِّنَ الْحَيَوٰةِ الدُّنْيَا﴾[1].

مِنَ الطِّبَاقِ الْمُقَابَلَةُ[2]: وَهُوَ أَن يُؤْتَى بِمَعْنَيَيْنِ أَوْ أَكْثَرَ، ثُمَّ يُؤْتَى بِمَا يُقَابِلُ ذَلِكَ عَلَى التَّرْتِيبِ، نَحْوُ: قَوْلِهِ تَعَالَى ﴿فَلْيَضْحَكُوا قَلِيلًا وَلْيَبْكُوا كَثِيرًا﴾.

---

[1] ويُسمّى الطّباق التّضادّ والمطابقة، وهو يكون بين:

اسمين، نحو: ﴿يُخْرِجُهُم مِّنَ الظُّلُمَٰتِ إِلَى النُّورِ﴾، ونحو: ﴿هُوَ الْأَوَّلُ وَالْآخِرُ وَالظَّاهِرُ وَالْبَاطِنُ﴾

وبين فعلين، نحو: ﴿قُلِ اللَّهُمَّ مَٰلِكَ الْمُلْكِ تُؤْتِي الْمُلْكَ مَن تَشَاءُ وَتَنزِعُ الْمُلْكَ مِمَّن تَشَاءُ وَتُعِزُّ مَن تَشَاءُ وَتُذِلُّ مَن تَشَاءُ بِيَدِكَ الْخَيْرُ إِنَّكَ عَلَىٰ كُلِّ شَيْءٍ قَدِيرٌ ۞﴾

وبين حرفين، نحو: ﴿وَلَهُنَّ مِثْلُ الَّذِي عَلَيْهِنَّ بِالْمَعْرُوفِ﴾، ونحو: ﴿لَهَا مَا كَسَبَتْ وَعَلَيْهَا مَا اكْتَسَبَتْ﴾

وبين اسم وفعل، نحو: ﴿أَوَمَن كَانَ مَيْتًا فَأَحْيَيْنَٰهُ﴾

والطّباق نوعين، طباقُ إيجاب وطباق سلب؛ وطباق السّلب أن يُجمع بين فعلي مصدر أحدهما مثبت والآخر منفي كما في ﴿لَا يَعْلَمُونَ ۞ يَعْلَمُونَ﴾، أو أحدهما أمر والآخر نهي، نحو: ﴿فَلَا تَخْشَوْهُمْ وَاخْشَوْنِي﴾

فَائِدَة: قد يكون اللطّباق خفيّا، نحو: ﴿أُغْرِقُوا فَأُدْخِلُوا نَارًا﴾، فإنّ معناه أغرقوا وأحرقوا. فطوبق بين الغرق الّذي لازمه الماء وبين النّار.

[2] والْمُقابلة هو الطّباق إلّا أنّ فيه مقابلة معنيين وأكثر، وفي الطّباق مقابلة معنى واحد.

ويكون المقابلة بين اثنين، نحو: ﴿وَيَرْجُونَ رَحْمَتَهُ وَيَخَافُونَ عَذَابَهُ﴾ قابل بين الرّجاء والخوف وبين الرّحمة والعذاب، ونحو: ﴿وَعَسَىٰ أَن تَكْرَهُوا شَيْئًا وَهُوَ خَيْرٌ لَّكُمْ وَعَسَىٰ أَن تُحِبُّوا شَيْئًا وَهُوَ شَرٌّ لَّكُمْ﴾؛ ومنه ما روي عن النّبيّ ﷺ من قوله للأنصار «إِنَّكُمْ لَتَكْثُرُونَ عِنْدَ الْفَزَعِ وَتَقِلُّونَ عِنْدَ الطَّمَعِ»

ويكون بين ثلاث، نحو: ﴿وَيُحِلُّ لَهُمُ الطَّيِّبَٰتِ وَيُحَرِّمُ عَلَيْهِمُ الْخَبَٰٓئِثَ﴾ قابل بين التّحليل والتّحريم، وبين الطّيّبات والخبائث، وبين اللّام وعَلى.

ومنه قول الشّاعر

مَا أَحْسَنَ الدِّيْنَ وَالدُّنْيَا إِذَا اجْتَمَعَا ... وَأَقْبَحَ الْكُفْرَ وَالْإِفْلَاسَ بِالرَّجُلِ

ويكون بين ما فوق ثلاث، نحو: ﴿فَأَمَّا مَنْ أَعْطَىٰ وَاتَّقَىٰ ۞ وَصَدَّقَ بِالْحُسْنَىٰ ۞ فَسَنُيَسِّرُهُ لِلْيُسْرَىٰ ۞ وَأَمَّا مَنۢ بَخِلَ وَاسْتَغْنَىٰ ۞ وَكَذَّبَ بِالْحُسْنَىٰ ۞ فَسَنُيَسِّرُهُ لِلْعُسْرَىٰ ۞﴾

وَمِنْهُ **التَّدْبِيْجُ**[1]: وَهُوَ التَّقَابُلُ بَيْنَ أَلْفَاظِ الْأَلْوَانِ، كَقَوْلِهِ:

تَرَدَّى ثِيَابَ الْمَوْتِ حُمْرًا فَمَا أَتَى ... لَهَا اللَّيْلُ إِلَّا وَهِيَ مِنْ سُنْدُسٍ خُضْرِ

٥) الْإِدْمَاجُ: أَنْ يُضَمَّنَ كَلَامٌ سِيْقَ لِمَعْنًى مَعْنًى آخَرَ، نَحْوُ: قَوْلِ أَبِي الطَّيِّبِ:

أُقَلِّبُ فِيْهِ أَجْفَانِي كَأَنِّي ... أَعُدُّ بِهَا عَلَى الدَّهْرِ الذُّنُوْبَا[2]

فَإِنَّهُ ضَمَّنَ وَصْفَ اللَّيْلِ بِالطُّوْلِ الشِّكَايَةَ مِنَ الدَّهْرِ.

وَمِنَ الْإِدْمَاجِ مَا يُسَمَّى بِالاسْتِتْبَاعِ، وَهُوَ الْمَدْحُ بِشَيْءٍ عَلَى وَجْهٍ يُسْتَتْبَعُ الْمَدْحُ بِشَيْءٍ آخَرَ[3]، كَقَوْلِ الْخَوَارَزْمِيِّ:

سَمْحُ الْبَدَاهَةِ لَيْسَ يُمْسِكُ لَفْظَهُ ... فَكَأَنَّمَا أَلْفَاظُهُ مِنْ مَالِهِ[4]

---

[1] يُقَال دبّج الْمَطَر الأَرْض إذا سَقَاهَا فاخضرّت وأزهرت، وهو نوع من الطّباق مختصّ بالألوان.

يقال تَرَدَّى بِالرِّدَاءِ إذا لَبِسَهُ، وحمرا حال من الثّياب وهو جمع أحمر، مثل أخضر وخضر، والسُّنْدُسُ ضَرْبٌ مِنْ نَسِيجِ الحَرِيرِ أَوِ الدِّيبَاجِ، أي ارتدى الثّياب الملطخة بالدّم فلم ينقضِ يوم قتله ولم يدخل ليلته إلّا وقد صارت الثّياب خضرا من ثياب الجنّة.

ومنه قوله تعالى ﴿يَّوْمَ تَبْيَضُّ وُجُوهٌ وَّتَسْوَدُّ وُجُوهٌ ۚ فَاَمَّا الَّذِيْنَ اسْوَدَّتْ وُجُوْهُهُمْ ۗ اَكَفَرْتُمْ بَعْدَ اِيْمَانِكُمْ فَذُوْقُوا الْعَذَابَ بِمَا كُنْتُمْ تَكْفُرُوْنَ ﴿١٠٦﴾ وَاَمَّا الَّذِيْنَ ابْيَضَّتْ وُجُوْهُهُمْ فَفِيْ رَحْمَةِ اللّٰهِ ؕ هُمْ فِيْهَا خٰلِدُوْنَ ﴿١٠٧﴾﴾

[2] الإدماج لُغة إدخال شيء في آخر، أَجْفَان جمع جَفْن، وهو غِطاء العين مِن أعلى إلى أسفل. ومن الإدماج قوله تعالى ﴿وَرَبُّكَ يَخْلُقُ مَا يَشَآءُ وَيَخْتَارُ ؕ مَا كَانَ لَهُمُ الْخِيَرَةُ ؕ سُبْحٰنَ اللّٰهِ وَتَعٰلٰى عَمَّا يُشْرِكُوْنَ ﴿٦٨﴾ وَرَبُّكَ يَعْلَمُ مَا تُكِنُّ صُدُوْرُهُمْ وَمَا يُعْلِنُوْنَ ﴿٦٩﴾ وَهُوَ اللّٰهُ لَآ اِلٰهَ اِلَّا هُوَ ؕ لَهُ الْحَمْدُ فِى الْاُوْلٰى وَالْاٰخِرَةِ ۫ وَلَهُ الْحُكْمُ وَاِلَيْهِ تُرْجَعُوْنَ ﴿٧٠﴾﴾ الغرَض الّذي سيق الكلام لأجله هو وصفه تعالى بالحمد وأُدمج فيه إثبات المعاد والبعث.

[3] فالاستتباعُ مُخْتَصٌّ بالمدح، والإدماجُ يَشْمَل المدح وغيره، فكلّ استتباع إدماج وليس كلّ إدماج استتباعا.

[4] السَّمَح الجود والعطاء عن كرم وسَخاء، والبداهة طلاقة اللّسان، والمقصود من الكلام مدح اللممدوح بطلاقة اللّسان، واستتبع المدح بطلاقة اللّسان بالمدح بالكرم.

٦) مُرَاعَاةُ النَّظِيْرِ: هِيَ جَمْعُ أَمْرٍ وَمَا يُنَاسِبُهُ لَا بِالتَّضَادِّ[١]، كَقَوْلِهِ:

إِذَا صَدَقَ الْجَدُّ افْتَرَى الْعَمُّ، لِلْفَتَى   مَكَارِمُ لَا تَخْفَى، وَإِنْ كَذَبَ الْخَالُ

فَقَدْ جَمَعَ بَيْنَ الْجَدِّ وَالْعَمِّ وَالْخَالِ، وَالْمُرَادُ بِالْأَوَّلِ الْحَظُّ، وَبِالثَّانِي عَامَّةُ النَّاسِ، وَبِالثَّالِثِ الظَّنُّ.[٢]

٧) الِاسْتِخْدَامُ: هُوَ ذِكْرُ اللَّفْظِ بِمَعْنًى، ...

وَإِعَادَةُ ضَمِيرٍ عَلَيْهِ بِمَعْنًى آخَرَ،

أَوْ إِعَادَةُ ضَمِيْرَيْنِ تُرِيْدُ بِثَانِيْهِمَا غَيْرَ مَا أَرَدْتَهُ بِأَوَّلِهِمَا.[٣]

فَالْأَوَّلُ نَحْوُ: قَوْلِهِ تَعَالَى ﴿فَمَنْ شَهِدَ مِنكُمُ الشَّهْرَ فَلْيَصُمْهُ﴾، أَرَادَ بِالشَّهْرِ الْهِلَالَ، وَبِضَمِيْرِهِ الزَّمَانَ الْمَعْلُوْمَ[٤].

---

[١] ويسمّى التّناسب، والتّوفيق والتّلفيق، وأمّا قوله لا بالتّضادّ فاحتراز عن الطّباق. ومنه ﴿ٱلشَّمْسُ وَٱلْقَمَرُ بِحُسْبَانٍ﴾ ومنه ﴿وَهُوَ ٱلسَّمِيعُ ٱلْعَلِيمُ﴾

[٢] ومنه ما يسمّى إيهام التّناسب، وهو أن يذكر لفظ له معنيان: أحدهما مراد إلّا أنّ المعنى غير المراد له تناسب بما سبق، نحو: قوله تعالى ﴿ٱلشَّمْسُ وَٱلْقَمَرُ بِحُسْبَانٍ ۝٥ وَٱلنَّجْمُ وَٱلشَّجَرُ يَسْجُدَانِ ۝٦﴾ فالنّجم له معنيان: الأوّل النّبات الّذي ينجم أي يظهر على الأرض لا ساقَ له كالبقول، ففيه تناسب مع ما بعده، والمعنى الثّاني هو النّجم المعروف، وله تناسب بالشمس والقمر وإن لم يكن مرادا على رأي من المفسرين.

[٣] الاستخدام ذكر لفظ له معنيان مرّتين أو أكثر يراد به معنى مختلف كلّما ذُكِر، سواء كان المعنيان مجازيين أم حقيقين أم مختلفين.

وكان من الأحسن أن يذكر الاستخدام بعد التّورية -كما فعل الأكثر- لما فيهما من مشاركة في دلالة اللّفظ على معنيين.

[٤] يدلّ الاسم الظاهر أعني الشّهر على معنى الهلال ويدلّ الضمير العائد عليه على معنى الزّمان. وهذا على حمل شَهِدَ على معنى رأى وبصر، وإن حمل على معنى الشّهود فلا استخدام حينئذ.

وفي الاستخدام نوع من الإيجاز لإغنائه عن ذكر اللّفظ مرّتين، فقوله من شهد منكم الشّهر فليصمه أوجز مِن قولنا مَن شهد منكم الهلال فليصم شهره، وكذلك فيه تنبيه المخاطب وإيقاظه.

وَالثَّانِي كَقَوْلِهِ:

فَسَقَى الغَضَا وَالسَّاكِنِيْهِ وَإِنْ هُمُوْ　　شَبُّوْهُ بَيْنَ جَوَانِحِيْ وَضُلُوْعِيْ[1]

الغَضَا: شَجَرٌ بِالْبَادِيَةِ، وَضَمِيْرُ سَاكِنِيْهِ يَعُوْدُ إِلَيْهِ بِمَعْنَى مَكَانِهِ، وَضَمِيْرِ شَبُّوْهُ يَعُوْدُ إِلَيْهِ بِمَعْنَى نَارِهِ.[2]

---

[1] القائل البحتري، والغَضا جمع غَضَاة وهي شجر من الأثْلِ، والجملة دعائية، وفي قوله السّاكنيه إضافة لفظية فجاز ال في المضاف، وزيدت الواو في همو لضرورة الشّعر، ويقال شبَّتِ النّار إذا توقَّدت، وشبّها إذا أوقدها، والجوانح جمع جانحة، وهي العظْمُ مما يلي الصدرَ كِناية عن القلْبِ، والضّلوع جمع الضِّلْع، وهو العظْم ممّا يلي الظّهْرَ، وقال الدّسوقي: ضلوعي هو الموجود في جميع نسخ المصنف والصّواب بين جوانحي وقلوبي، لأنّ البيت من قصيدة بائية للبحتري (انتهى كلامه). فالمعنى سقى الله الشّجر المسمّى الغضا والسّاكنين حول الغضا.

[2] ومن الاستخدام قوله تعالى ﴿النَّبِيَّ الْأُمِّيَّ الَّذِي يَجِدُونَهُ مَكْتُوبًا عِندَهُمْ فِي التَّوْرَاةِ وَالْإِنجِيلِ﴾ أراد بالظّاهر الذّات وبالضّمير الاسم أي يجدون اسمه ووصفه.

ومنه قوله تعالى ﴿وَلَقَدْ خَلَقْنَا الْإِنسَانَ مِن سُلَالَةٍ مِّن طِينٍ ﴿١٢﴾ ثُمَّ جَعَلْنَاهُ نُطْفَةً فِي قَرَارٍ مَّكِينٍ ﴿١٣﴾﴾ المراد بالإنسان آدم، والمراد بالضّمير نسله.

ومنه قوله تعالى ﴿مَّنْ أَعْرَضَ عَنْهُ فَإِنَّهُ يَحْمِلُ يَوْمَ الْقِيَامَةِ وِزْرًا ﴿١٠٠﴾ خَالِدِينَ فِيهِ﴾ الضمير يرجع إلى الوزر والمراد عذاب الوزر

...

٨) **الاِسْتِطْرَادُ: هُوَ أَنْ يَخْرُجَ الْمُتَكَلِّمُ مِنَ الْغَرَضِ الَّذِيْ هُوَ فِيْهِ إِلَى آخَرَ لِمُنَاسَبَةٍ، ثُمَّ يَرْجِعُ إِلَى تَتْمِيْمِ الْأَوَّلِ،**[1] كَقَوْلِ السَّمُوْءَلِ:

وَإِنَّا أُنَاسٌ لَا نَرَى الْقَتْلَ سُبَّةً ... إِذَا مَا رَأَتْهُ عَامِرٌ وَسَلُوْلُ

ذِكْرُ كَلِمَةٍ يَحْتَمِلُ مَعْنَيَيْنِ		
التَّوْرِيَةُ	جَرَحْتُمْ بِالنَّهَارِ معناه القريب: الشّق	معناه البعيد: ارتكاب الذّنوب
التَّوْجِيْهُ	بِهِ الرَّوْضُ يَحْيَى المعنى الأوّل: فعل مضارع	المعنى الثّاني: اسم علم
الاِسْتِخْدَامُ	النَّبِيَّ الْأُمِّيَّ الَّذِي يَجِدُونَهُ مَكْتُوبًا ذكر المرجع بمعنى	ذكر الضمير بمعنى
ذِكْرُ كَلَامٍ يَحْتَمِلُ مَعْنَيَيْنِ		
الْإِبْهَامُ	ظَفِرْتَ وَلَكِنْ بِبِنْتِ مَنْ المعنى الأوّل: مدح	المعنى الثّاني: ذم
الْكِنَايَةُ	طويل النجاد المعنى الحقيقي: طويل النجاد	المعنى المكني عنه: طويل القامة

[1] ومنه قوله تعالى ﴿وَاِذْ قَالَ لُقْمٰنُ لِابْنِهٖ وَهُوَ يَعِظُهٗ يٰبُنَيَّ لَا تُشْرِكْ بِاللّٰهِ ؕ اِنَّ الشِّرْكَ لَظُلْمٌ عَظِيْمٌ ﴿١٣﴾ وَوَصَّيْنَا الْاِنْسَانَ بِوَالِدَيْهِ ۚ حَمَلَتْهُ اُمُّهٗ وَهْنًا عَلٰى وَهْنٍ وَّفِصٰلُهٗ فِيْ عَامَيْنِ اَنِ اشْكُرْ لِيْ وَلِوَالِدَيْكَ ؕ اِلَيَّ الْمَصِيْرُ ﴿١٤﴾ وَاِنْ جٰهَدٰكَ عَلٰۤى اَنْ تُشْرِكَ بِيْ مَا لَيْسَ لَكَ بِهٖ عِلْمٌ فَلَا تُطِعْهُمَا وَصَاحِبْهُمَا فِي الدُّنْيَا مَعْرُوْفًا ۫ وَّاتَّبِعْ سَبِيْلَ مَنْ اَنَابَ اِلَيَّ ۚ ثُمَّ اِلَيَّ مَرْجِعُكُمْ فَاُنَبِّئُكُمْ بِمَا كُنْتُمْ تَعْمَلُوْنَ ﴿١٥﴾ يٰبُنَيَّ اِنَّهَاۤ...﴾ **كان الكلام في ما قال لقمان عليه السلام لابنه، ثمّ استطرد إلى الوصيّة بالوالدين.**

ومنه ﴿وَهُوَ الَّذِيْ يُرْسِلُ الرِّيٰحَ بُشْرًاۢ بَيْنَ يَدَيْ رَحْمَتِهٖ ؕ حَتّٰۤى اِذَاۤ اَقَلَّتْ سَحَابًا ثِقَالًا سُقْنٰهُ لِبَلَدٍ مَّيِّتٍ فَاَنْزَلْنَا بِهِ الْمَآءَ فَاَخْرَجْنَا بِهٖ مِنْ كُلِّ الثَّمَرٰتِ ؕ كَذٰلِكَ نُخْرِجُ الْمَوْتٰى لَعَلَّكُمْ تَذَكَّرُوْنَ ﴿٥٧﴾ وَالْبَلَدُ الطَّيِّبُ يَخْرُجُ نَبَاتُهٗ بِاِذْنِ رَبِّهٖ ۚ وَالَّذِيْ خَبُثَ لَا يَخْرُجُ اِلَّا نَكِدًا ؕ كَذٰلِكَ نُصَرِّفُ الْاٰيٰتِ لِقَوْمٍ يَّشْكُرُوْنَ ﴿٥٨﴾﴾ **الكلام في آيات الله في الخلق، فاستطرد إلى كيفيّة البعث.**

يُقَـرِّبُ حُـبُّ الْمَـوْتِ آجَالَنَـا لَنَـا وَتَكْـرَهُهُ آجَـالُهُمْ فَتَطُـوْلُ
وَمَـا مَـاتَ مِنَّـا سَـيِّدٌ حَتْـفَ أَنْفِـهِ وَلَا طَـلَّ مِنَّـا حَيْـثُ كَـانَ قَتِيـلُ[1]

فَسِيَاقُ الْقَصِيْدَةِ لِلْفَخْرِ، وَاسْتَطْرَدَ مِنْهُ إِلَى هِجَاءِ عَامِرٍ وَسُلُوْل، ثُمَّ عَادَ إِلَيْهِ.

٩) وَالِافْتِنَانُ: هُوَ الْجَمْعُ بَيْنَ فَنَّيْنِ مُخْتَلِفَيْنِ كَالْغَزَلِ[2] وَالْحَمَاسَةِ، وَالْمَدْحِ وَالْهِجَاءِ، وَالتَّعْزِيَةِ وَالتَّهْنِئَةِ[3]، كَقَوْلِ عَبْدِ اللهِ بْنِ هَمَّامٍ السَّلُوْلِيِّ حِيْنَ دَخَلَ عَلَى يَزِيْدَ، وَقَدْ مَاتَ أَبُوْهُ مُعَاوِيَةُ، وَخَلَّفَهُ هُوَ فِي الْمُلْكِ: آجَرَكَ اللهُ عَلَى الرَّزِيَّةِ، وَبَارَكَ لَكَ فِي الْعَطِيَّةِ، وَأَعَانَكَ عَلَى الرَّعِيَّةِ، فَقَدْ رُزِئْتَ عَظِيْمًا، وَأُعْطِيْتَ جَسِيْمًا، فَاشْكُرِ اللهَ عَلَى مَا أُعْطِيْتَ، وَاصْبِرْ عَلَى مَا رُزِئْتَ، فَقَدْ فَقَدْتَ الْخَلِيْفَةَ، وَأُعْطِيْتَ الْخِلَافَةَ، فَفَارَقْتَ خَلِيْلًا، وَوُهِبْتَ جَلِيْلًا:

اصْـبِرْ يَـزِيْـدُ فَقَـدْ فَـارَقْتَ ذَا ثِقَـةٍ وَاشْـكُرْ حِبَاءَ الَّذِيْ بِالْمُلْكِ أَصْـفَاكَ
لَا رُزْءَ أَصْـبَحَ فِي الْأَقْـوَامِ نَعْـلَمُـهُ كَمَـا رُزِئْـتَ وَلَا عُقْبَـى كَعُقْبَـاكَ

١٠) الْجَمْعُ: هُوَ أَنْ يُجْمَعَ بَيْنَ مُتَعَدِّدٍ فِيْ حُكْمٍ وَاحِدٍ، كَقَوْلِهِ:

---

[1] السُّبَّةُ العارُ، المراد بحتف الأنف أنّه ماتَ على فراشه بلا ضَرْب ولا قَتْل، وذلك أنّ العرَبَ كان من عقيدتهم أنّ المرءَ إذا قُتل خرج روحه من حيث أصيب، وإذا مات بلا قَتْل خرَج روحه من أنفه. ويقال طَلَّ دَمُ القَتِيلِ إذا لَمْ تُؤْخذ الثّأر والدّية.

[2] الغزل الشِّعْرُ الَّذِي يُقَالُ فِي النِّسَاءِ وَوَصْفِهِنَّ، والحَمَاسَة الشّجَاعَة، والهجاء الذّمّ وعدّ المعايب، والتّعزية المواساة في الحزن والكَرْب، والتّهنئة عكس التّعزية، والرّزيّة المصيبة، والعطيّة العطاءُ، ويقال رَزَأَتْهُ مُصِيبَةٌ إذا أَصَابَتْهُ يقال رزأ مالَ فلان إذا أخذ منه شيئًا فنقصه، والحِبَاءُ بكسر الحاء العَطاء وما يُكْرِم المرءُ به صاحبَه، والرُّزْءُ بضم الرّاء المصِيبَة والجمع أَرْزَاء، والعقبى آخرُ كلِّ شيء وخاتمتُه. وقوله يزيد مبني على الضم في محل النّصب منادًى لحرف نداء محذوف. قد جمع بين التعزية بموت أبيه والتهنئة بالخلافة.

[3] ومنه قوله تعالى ﴿وَإِنْ مِّنْكُمْ اِلَّا وَارِدُهَا ۚ كَانَ عَلٰى رَبِّكَ حَتْمًا مَّقْضِيًّا ﴿٧١﴾ ثُمَّ نُنَجِّي الَّذِيْنَ اتَّقَوْا وَّنَذَرُ الظّٰلِمِيْنَ فِيْهَا جِثِيًّا ﴿٧٢﴾﴾ جمع بين التّبشير والتّنذير.

إِنَّ الشَّـبَابَ وَالْفَـرَاغَ وَالْجِـدَهْ مَفْسَـدَةٌ لِلْمَـرْءِ أَيُّ مَفْسَـدَهْ[١]

١١) التَّفْرِيْقُ: هُوَ أَن يُفَرِّقَ بَيْنَ شَيْئَيْنِ مِنْ نَوْعٍ وَاحِدٍ، كَقَوْلِهِ:

[١] الجدِة مصدر وجد بمعنى الغنى، يقال وجد فلان إذا صار ذا مال، والمفسدة الضّرر. وأيّ يدلّ على الكمال فهي صفة للمفسدة، أي مَفْسَدَةٌ عَظِيْمَةٌ

جُمع كلُّ من الشّباب والفراغ والجدة في حكم كونهنّ ضررا عظيما للمرء، ومثله ﴿إِنَّمَا الْخَمْرُ وَالْمَيْسِرُ وَالْأَنْصَابُ وَالْأَزْلَامُ رِجْسٌ مِّنْ عَمَلِ الشَّيْطَٰنِ﴾ ومثله ﴿الْمَالُ وَالْبَنُونَ زِينَةُ الْحَيَوٰةِ الدُّنْيَا﴾ ومثله ﴿وَاعْلَمُوٓا أَنَّمَآ أَمْوَٰلُكُمْ وَأَوْلَٰدُكُمْ فِتْنَةٌ﴾

جَمْعُ مَعَانٍ مُخْتَلِفَةٍ				
الطِّبَاقُ	وَتَحْسَبُهُمْ	أَيْقَاظًا معنى أ	وَّهُمْ	رُقُوْدٌ معنى متقابل أ
التَّدْبِيْجُ	تَبْيَضُّ لون أ	وُجُوْهٌ	وَتَسْوَدُّ لون متقابل أ	وُجُوْهٌ
الْمُقَابَلَةُ	فَلْيَضْحَكُوْا معنى أ	قَلِيلًا معنى ب	وَّلْيَبْكُوْا معنى متقابل أ	كَثِيرًا معنى متقابل ب
الْجَمْعُ	الْمَالُ معنى أ	وَالْبَنُونَ معنى ب		زِينَةُ الْحَيَوٰةِ الدُّنْيَا حكم واحد لكلّ من أ وب
جَمْعُ مَعَانٍ مُنَاسِبَةٍ				
مُرَاعَاةُ النَّظِيرِ	الشَّمْسُ معنى أ	وَالْقَمَرُ معنى مناسب أ	بِحُسْبَانٍ	
تَشَابُهُ الْأَطْرَافِ اللَّفْظِيِّ	لَا تُدْرِكُهُ الْأَبْصَارُ معنى أ في أوّل الكلام	وَهُوَ يُدْرِكُ	الْأَبْصَارَ وَهُوَ	اللَّطِيفُ الْخَبِيرُ معنى مناسب أ في أوّل الكلام

مَـــا نَـــوَالُ الْغَمَـــامِ وَقْـــتَ رَبِيْـــعِ كَنَـــوَالِ الْأَمِيْـــرِ يَـــوْمَ سَـــخَاءِ[1]
فَنَـــوَالُ الْأَمِيْـــرِ بَـــدْرَةُ عَـــيْنٍ وَنَـــوَالُ الْغَمَـــامِ قَطْـــرَةُ مَـــاءِ

١٢) التَّقْسِيْمُ: هُوَ ...

إِمَّا اسْتِيْفَاءُ أَقْسَامِ الشَّيْءِ، نَحْوُ قَوْلِهِ:

وَأَعْلَـــمُ عِلْـــمَ الْيَـــوْمِ وَالْأَمْـــسِ قَبْلَـــهُ وَلَكِـنَّنِـيْ عَنْ عِلْـمِ مَـا فِـيْ غَـدٍ عَـمِ[2]

وَإِمَّا ذِكْرُ مُتَعَدِّدٍ وَإِرْجَاعُ مَا لِكُلٍّ إِلَيْهِ عَلَى التَّعْيِيْنِ، كَقَوْلِهِ[3]:

---

[1] النَّوال بفتح النون هو العطاء، والغمام هو السّحاب وفي التّنزيل ﴿وَظَلَّلْنَا عَلَيْكُمُ الْغَمَامَ﴾. البَدْرة كيس فيه مقدار من المال ويُقدّم في العطايا، وبَدْرَة عَيْن اسم لكيسٍ فيه مقدارٌ من المال، ويختلف المقدار باختلاف الأزمان، قد يوضع فيه عشرة آلاف درهم وقد يوضع فيه أكثر من ذلك أو أقلّ.

ومن التّفريق ﴿وَمَا يَسْتَوِي الْبَحْرَانِ هَٰذَا عَذْبٌ فُرَاتٌ سَائِغٌ شَرَابُهُ وَهَٰذَا مِلْحٌ أُجَاجٌ﴾

واعلم – رحمك الله – قد يكون الجمع مع التّفريق، نحو: ﴿وَجَعَلْنَا اللَّيْلَ وَالنَّهَارَ آيَتَيْنِ فَمَحَوْنَا آيَةَ اللَّيْلِ وَجَعَلْنَا آيَةَ النَّهَارِ مُبْصِرَةً﴾ جُمع الليل والنّهار في كونهما من آيات الله ثم فرّق بينهما.

[2] عَمٍ بفتح الفاء وكسر العين، حذفت منه الياء لأنّه اسم منقوص، صفة مشبهة من عمِي يَعمَى،

ومنه ﴿وَكُنتُمْ أَزْوَاجًا ثَلَاثَةً ۝٧ فَأَصْحَابُ الْمَيْمَنَةِ مَا أَصْحَابُ الْمَيْمَنَةِ ۝٨ وَأَصْحَابُ الْمَشْأَمَةِ مَا أَصْحَابُ الْمَشْأَمَةِ ۝٩ وَالسَّابِقُونَ السَّابِقُونَ ۝١٠ أُولَٰئِكَ الْمُقَرَّبُونَ ۝١١ فِي جَنَّاتِ النَّعِيمِ ۝١٢﴾ استوفت الآية أصنافَ النّاس يوم القيامة.

وَمِنْهُ ﴿الَّذِينَ يَذْكُرُونَ اللَّهَ قِيَامًا وَقُعُودًا وَعَلَىٰ جُنُوبِهِمْ﴾ استوفت الآية هيئات الإنسان كلها. ومثله ﴿وَإِذَا مَسَّ الْإِنسَانَ الضُّرُّ دَعَانَا لِجَنبِهِ أَوْ قَاعِدًا أَوْ قَائِمًا﴾

ومنه ﴿يَخْلُقُ مَا يَشَاءُ ۚ يَهَبُ لِمَن يَشَاءُ إِنَاثًا وَيَهَبُ لِمَن يَشَاءُ الذُّكُورَ ۝٤٩ أَوْ يُزَوِّجُهُمْ ذُكْرَانًا وَإِنَاثًا ۖ وَيَجْعَلُ مَن يَشَاءُ عَقِيمًا ۚ إِنَّهُ عَلِيمٌ قَدِيرٌ ۝٥٠﴾ استوفت أقسام الأمّهات.

[3] الضَّيم الظُّلم أَو الإِذلال، والأذلّ اسم تفضيل من ذلّ يذِلُّ، والعِير ما جُلِبَ عليه الطَّعامُ من قوافل الإبل والبغالِ والحميرِ والمراد هنا الحمار، والوتد بفتح التّاء وكسرها ما ثُبِّتَ في الأرض أو الحائط من خشب ...

وَلَا يُقِــيْمُ عَلَــى ضَــيْمٍ يُــرَادُ بِــهِ إِلَّا الْأَذَلَّانِ عِــيْرُ الْـحَــيِّ وَالْـوَتَـدُ

هَـذَا عَلَى الْخَسْـفِ مَرْبُوْطٌ بِرُمَّتِهِ وَذَا يُشَــجُّ فَـلَا يَـرْثِـي لَـهُ أَحَـدُ[1]

وَإِمَّا ذِكْرُ أَحْوَالِ الشَّيْءِ مُضَافًا إِلَى كُلٍّ مِنْهَا مَا يَلِيْقُ بِهِ، كَقَوْلِهِ:

سَــأَطْلُبُ حَقِّــيْ بِالْقَنَــا وَمَشَــايِخَ كَـأَنَّهُـمْ مِنْ طُوْلِ مَـا الْتَثَـمُوْا مُرْدُ

ثِقَــالٌ إِذَا لَاقَــوْا خِفَــافٌ إِذَا دُعُــوْا كَثِيْــرٌ إِذَا شَــدُّوْا قَلِيْــلٌ إِذَا عُــدُّوْا[2]

ونحوه لتثبيت خيمة أو ربط حيوان.

الخسْف الذّل، والرُّمَّةُ قطعة من الحبْل البالية، ويقال شَجَّ رَأْسَهُ إذا شَقَّهُ أو جَرَحَهُ من شجّ يشُجّ، ويقال رَثَا فلان الفَقِيدَ إذا بَكَاهُ وَعَدَّدَ مَحَاسِنَهُ.

ذكر عِيْر الحيّ والوتد ثمّ ذكر للعير ما لها بالتّعيين أي إنّه على الخسف مربوطة، ثمّ ذكر للوتد ما لها بالتّعيين أي إنّه يُشجّ

[1] ومنه ﴿كَذَّبَتْ ثَمُودُ وَعَادٌ بِالْقَارِعَةِ ۝٤ فَأَمَّا ثَمُودُ فَأُهْلِكُوا بِالطَّاغِيَةِ ۝٥ وَأَمَّا عَادٌ فَأُهْلِكُوا بِرِيحٍ صَرْصَرٍ عَاتِيَةٍ ۝٦﴾ ذُكرت ثمود وعاد ثمّ ذكر ما لهما على التّعيين.

قد يكون التّقسيم مع الجمع، نحو: ﴿اللَّهُ يَتَوَفَّى الْأَنفُسَ حِينَ مَوْتِهَا وَالَّتِي لَمْ تَمُتْ فِي مَنَامِهَا ۖ فَيُمْسِكُ الَّتِي قَضَىٰ عَلَيْهَا الْمَوْتَ وَيُرْسِلُ الْأُخْرَىٰ إِلَىٰ أَجَلٍ مُّسَمًّى ۚ﴾ جُمعت الأنفس في حكم أنّها تُتوفّى عند المنام ثم فرّق بين الأنفس وذكر ما لكلّ منها على التّعيين.

وقد يكون التّقسيم مع الجمع والتّفريق، نحو: ﴿يَوْمَ يَأْتِ لَا تَكَلَّمُ نَفْسٌ إِلَّا بِإِذْنِهِ ۚ فَمِنْهُمْ شَقِيٌّ وَسَعِيدٌ ۝١٠٥ فَأَمَّا الَّذِينَ شَقُوا فَفِي النَّارِ لَهُمْ فِيهَا زَفِيرٌ وَشَهِيقٌ ۝١٠٦ خَالِدِينَ فِيهَا مَا دَامَتِ السَّمَاوَاتُ وَالْأَرْضُ إِلَّا مَا شَاءَ رَبُّكَ ۚ إِنَّ رَبَّكَ فَعَّالٌ لِّمَا يُرِيدُ ۝١٠٧ وَأَمَّا الَّذِينَ سُعِدُوا فَفِي الْجَنَّةِ خَالِدِينَ فِيهَا مَا دَامَتِ السَّمَاوَاتُ وَالْأَرْضُ إِلَّا مَا شَاءَ رَبُّكَ ۖ عَطَاءً غَيْرَ مَجْذُوذٍ ۝١٠٨﴾ جمعت الأنفس في حكم واحد، وهو أنّها لا تتكلّم يوم القيامة، ثم فرّق بينها بأنّ بعضها شقيّ وبعضها سعيد، ثم ذكر للسّعيد منها ما لها وذكر للشّقيّ ما لها.

[2] القنا جمع قناة وهي الرّمح الأجوف، واللِّثَامُ ما يُوضَع على الأنف وما حوله من طرف ثوبٍ أو نقابٍ، ويقال الْتَثَمَتِ المرأَةُ إذا شَدَّت اللِّثَامَ، والْمُرد جمع الأمرد وهو من لم تنبُت لحيتُه. ثقال جمع ثقيل وهو الشّديد، والمراد هنا أشدّاء على الأعداء في الحرب، وخفاف جمْع خَفيفٍ أي مسرعين إلى الإجابةِ في مهمّ. ويقال شدَّ ...

١٣) الطَّيُّ وَالنَّشْرُ: هُوَ ذِكْرُ مُتَعَدِّدٍ عَلَى التَّفْصِيلِ أَوِ الإِجْمَالِ، ثُمَّ ذِكْرُ مَا لِكُلِّ وَاحِدٍ مِنَ الْمُتَعَدِّدِ مِنْ غَيْرِ تَعْيِينٍ اعْتِمَادًا عَلى فَهْمِ السَّامِعِ.[١]

كَقَوْلِهِ تَعَالَى: ﴿جَعَلَ لَكُمُ الَّيْلَ وَالنَّهَارَ لِتَسْكُنُوْا فِيْهِ وَلِتَبْتَغُوْا مِنْ فَضْلِهِ﴾، فَالسُّكُوْنُ رَاجِعٌ إِلَى اللَّيْلِ، وَالِابْتِغَاءُ رَاجِعٌ إِلَى النَّهَارِ.

وَكَقَوْلِ الشَّاعِرِ:

ثَلَاثَةٌ تُشْرِقُ الدُّنْيَا بِبَهْجَتِهَا ... شَمْسُ الضُّحَى وَأَبُوْ إِسْحَاقَ وَالْقَمَرُ[٢]

على القوم في الحرب إذا حمل عليهم وهاجمهم. فذكرت أحوال المشايخ وهي الثّقال، والخفاف، والكثير والقليل، وأضيف إلى كلّ واحد منها ما يلائمه.

ومنه قول الشّاعر

سَفَرْنَ بُدُوْرا وَانْتَقَبْنَ أَهِلَّةً ... وَمِسْنَ غُصُوْنًا وَالْتَفَتْنَ جَآذِرا

[١] ويقال له اللّف والنّشر، والفارق بين الطيّ والنشر والقسم الثّاني من التقسيم التّعيين، ففي التقسيم يعين ما لكلٍ، أمّا في الطّيّ والنّشر فيعتمد على فهم السّامع.

والطّي والنشّر قسمان:

مرتّب كما في الآية، ونحو: قوله تعالى ﴿وَلَا تَجْعَلْ يَدَكَ مَغْلُوْلَةً اِلٰى عُنُقِكَ وَلَا تَبْسُطْهَا كُلَّ الْبَسْطِ فَتَقْعُدَ مَلُوْمًا مَّحْسُوْرًا﴾ فللّوم يناسب البخيل الّذي لاينفق والحسر –وهو الندم- يناسب التّبذير.

وغير مرتّب ويقال له مُشوِّش، نحو: ﴿وَجَعَلْنَا الَّيْلَ وَالنَّهَارَ اٰيَتَيْنِ فَمَحَوْنَآ اٰيَةَ الَّيْلِ وَجَعَلْنَآ اٰيَةَ النَّهَارِ مُبْصِرَةً لِّتَبْتَغُوْا فَضْلًا مِّنْ رَّبِّكُمْ وَلِتَعْلَمُوْا عَدَدَ السِّنِيْنَ وَالْحِسَابَ﴾ ومنه قوله تعالى ﴿اَلَمْ يَجِدْكَ يَتِيْمًا فَاٰوٰى ۝٦ وَوَجَدَكَ ضَآلًّا فَهَدٰى ۝٧ وَوَجَدَكَ عَآىِٕلًا فَاَغْنٰى ۝٨ فَاَمَّا الْيَتِيْمَ فَلَا تَقْهَرْ ۝٩ وَاَمَّا السَّآىِٕلَ فَلَا تَنْهَرْ ۝١٠ وَاَمَّا بِنِعْمَةِ رَبِّكَ فَحَدِّثْ ۝١١﴾

[٢] يقال أشْرَقَتِ الشّمسُ إذا طلعت وأضاءَت على الأرضِ، والبهجة النَّضارَةُ والحسن. فهذا مثال لذكر المتعدد مجملا ثم ذكر ما لكلّ أحد، ومنه قوله تعالى ﴿وَقَالُوْا لَنْ يَّدْخُلَ الْجَنَّةَ اِلَّا مَنْ كَانَ هُوْدًا اَوْ نَصٰرٰى﴾ أيْ: وقالَتِ اليَهُودُ: لَنْ يَدْخُلَ الجَنَّةَ إلّا مَن كانَ هُودًا. وقالَتِ النَصارى: لَنْ يَدْخُلَ الجَنَّةَ إلّا مَن كانَ نَصارى. فَلَفَّ بَيْنَ القَوْلَيْنِ ثم نشر بدون تعيين ﴿مَنْ كَانَ هُوْدًا اَوْ نَصٰرٰى﴾

١٤) إِرْسَالُ الْمَثَلِ وَالْكَلَامِ الْجَامِعِ: هُوَ أَن يُؤتَى بِكَلَامٍ صَالِحٍ لِأَن يُتَمَثَّلَ بِهِ فِي مَوَاطِنَ كَثِيرَةٍ.

وَالْفَرْقُ بَيْنَهُمَا أَنَّ الْأَوَّلَ يَكُونُ بَعْضَ بَيْتٍ كَقَوْلِهِ:

لَيْسَ التَّكَحُّلُ فِي الْعَيْنَيْنِ كَالْكَحَلِ[1]

وَالثَّانِي يَكُونُ بَيْتًا كَامِلًا، كَقَوْلِهِ:

إِذَا جَاءَ مُوسَى وَأَلْقَى الْعَصَا ... فَقَدْ بَطَلَ السِّحْرُ وَالسَّاحِرُ

١٥) الْمُبَالَغَةُ: هِيَ ادِّعَاءُ بُلُوغِ وَصْفٍ فِي الشِّدَّةِ أَوِ الضَّعْفِ حَدًّا يَبْعُدُ أَوْ يَسْتَحِيلُ. وَتَنْقَسِمُ إِلَى ثَلَاثَةِ أَقْسَامٍ:

تَبْلِيغٌ إِنْ كَانَ ذَلِكَ مُمْكِنًا عَقْلًا وَعَادَةً، كَقَوْلِهِ فِي وَصْفِ فَرَسٍ:

إِذَا مَا سَابَقَتْهَا الرِّيحُ فَرَّتْ ... وَأَلْقَتْ فِي يَدِ الرِّيحِ التُّرَابَا[2]

وَإِغْرَاقٌ، إِنْ كَانَ مُمْكِنًا عَقْلًا لَا عَادَةً، كَقَوْلِهِ:

وَنُكْرِمُ جَارَنَا مَا دَامَ فِينَا ... وَنُتْبِعُهُ الْكَرَامَةَ حَيْثُ مَا لَا[3]

وَغُلُوٌّ، إِنِ اسْتَحَالَ عَقْلًا وَعَادَةً، كَقَوْلِهِ:

تَكَادُ قِسِيُّهُ مِنْ غَيْرِ رَامٍ ... تُمَكِّنُ فِي قُلُوبِهِمُ النِّبَالَا[4]

---

[1] يقال تَكَحَّلَتِ المرأةُ إذا وضعتِ الكُحْل في عينيها، ويقال كَحِلت العَينُ إذا اسودّت أجفانها خِلقةً، من كحِلَ يَكحَل كَحَلًا.

[2] إذا حرف شرط وما زائدة، يصف الشّاعر -وهو صفي الدِّين الْحِلِيّ- فرسه وسرعته.

[3] أي حيث ما لا يكون.

[4] القِسيُّ جمع قوس ويؤنث، وهو آلة على هيئة هِلال تُرمى بها السِّهامُ. والنِّبال جمع النَّبْلُ وهو السِّهام، ويقال مكَّن له في الشّيء إذا جعل له عليه سلطانًا وقدرة، وفي التّنزيل ﴿إِنَّا مَكَّنَّا لَهُۥ فِى ٱلۡأَرۡضِ﴾. والمراد تكاد القسي تثبُت النّبال في قلوب الأعداء بدون رام. وقريب من الغلو قوله تعالى ﴿يَكَادُ زَيۡتُهَا يُضِىٓءُ وَلَوۡ لَمۡ تَمۡسَسۡهُ نَارٞ﴾ إلّا أنّه اقترن معه يكاد، فليس فيه غلو بل تأكيد

...

١٦) الْمُغَايَرَةُ: هِيَ مَدْحُ الشَّيْءِ بَعْدَ ذَمِّهِ، أَوْ عَكْسُهُ، كَقَوْلِهِ فِيْ مَدْحِ الدِّيْنَارِ:

أَكْرِمْ بِهِ أَصْفَرَ رَاقَتْ صُفْرَتُه[١]

بَعْدَ ذَمِّهِ فِيْ قَوْلِهِ:

واعلم أنّ الغلوّ قد يكون تملّقًا، وقد يؤكد مقصود الكلام مثل قوله تعالى ﴿وَلَا يَدْخُلُوْنَ الْجَنَّةَ حَتّٰى يَلِجَ الْجَمَلُ فِيْ سَمِّ الْخِيَاطِ﴾ فهذا يؤكّد عدم دخولهم الجنة، ومنه قوله تعالى ﴿وَبَلَغَتِ الْقُلُوْبُ الْحَنَاجِرَ﴾، ولا يخفى عليك أنّ من المبالغة ما أصبح كناية.

	مُبَالَغَةٌ		
	تَبْلِيْغٌ	إِغْرَاقٌ	غُلُوٌّ
مُمْكِنٌ عَقْلًا	✓	✓	✗
مُمْكِنٌ عَادَةً	✓	✗	✗

[١] ويقال له الرّجوع، أَكْرِمْ بِهِ فعل تعجب، يقال راق الشيء إذا صفا، والصفرة لوْنٌ كَالذَّهَبِ أَوِ النُّحَاسِ، وأصفر حال من الضمير في به، وهو من قول الحريري في المقامة الدينارية:

أَكْرِمْ بِهِ أصفَرَ راقَتْ صُفرَتُهْ	جوّابَ آفاقٍ ترامَتْ سَفرَتُهْ
مأثورَةٌ سُمعَتُهُ وشُهرَتُهْ	قد أُودِعَتْ سِرَّ الغِنى أسرّتُهْ
وقارَنَتْ نُجحَ المَساعي خطرَتُه	وحُبِّبَتْ الى الأنامِ غُرّتُه
كأنّما منَ القُلوبِ نُقْرَتُهْ	بهِ يصولُ مَنْ حوَتْهُ صُرّتُهْ
وإنْ تفانَتْ أو توانَتْ عِتْرَتُهْ	يا حبّذا نُضارُهُ ونَضْرَتُهْ
وحبّذا مَغْناتُهُ ونصْرَتُهْ	كمْ آمِرٍ بهِ استَتَبّتْ إمرَتُهْ
ومُتْرَفٍ لوْلاهُ دمَتْ حسْرَتُهْ	وجيْشِ همٍّ هزمَتْهُ كرّتُهْ
وبدرِ تِمٍّ أنزَلَتْهُ بدْرَتُهْ	ومُستَشيطٍ تتلظّى جمْرَتُهْ
أسَرَّ نجْواهُ فلانَتْ شِرّتُهْ	وكمْ أسيرٍ أسْلمَتْهُ أُسرَتُهْ
أنقَذَهُ حتى صفَتْ مسرّتُهْ	وحقِّ مولًى أبدَعَتْهُ فِطْرَتُهْ

تبًّا لَهُ مِنْ خَادِعٍ مُمَاذِقِ[1]

[1] تبًا مفعول مطلق حذف من فعله بمعنى الهلاك، ويقال مَاذَقَ فلانا إذا لم يُخْلِص له الوُدَّ. وتمامه

تـبّـا لـهُ مـن خـادِعٍ مُـمـاذِقِ — أصْـفَـرَ ذي وجْـهَـيْـنِ كـالـمُـنـافِـقِ
يَـبدو بـوَصْـفَـيـنِ لـعَـيـنِ الرّامِـقِ — زيـنَـةِ مـعْـشـوقٍ ولَـوْنِ عـاشِـقِ
وحُـبّـهُ عـنـدَ ذَوي الـحَـقـائِـقِ — يـدْعـو إلى ارتِـكـابِ سُـخْـطِ الخالِـقِ
لـوْلاهُ لـمْ تُـقْـطَـعْ يَـمـيـنُ سـارِقِ — ولا بـدَتْ مـظْـلِـمَـةٌ مـنْ فـاسِـقِ
ولا اشْـمـأزّ بـاخِـلٌ مـنْ طـارِقِ — ولا شـكـا الـمَـمـطـولُ مطلَ العـائِـقِ
ولا اسـتُـعـيـذَ مـنْ حَـسـودٍ راشِـقِ — وشـرّ مـا فـيـهِ مـنَ الـخـلائِـقِ
أنْ لـيـسَ يُـغْـنـي عـنْـكَ في المَضـايِـقِ — إلاّ إذا فـرّ فِـرارَ الآبِـقِ
واهـاً لـمَـنْ يـقْـذِفُـهُ مـنْ حـالِـقِ — ومَـنْ إذا نـاجـاهُ نـجْـوى الـوامِـقِ
قـال لـهُ قـوْلَ الـمُـحـقّ الصّـادِقِ — لا رأيَ في وصـلِـكَ لـي فـفـارِقِ

ومن المغايرة قول النّبي ﷺ: «إِنَّكُمْ لَتُبَخِّلُونَ وَتُجَبِّنُونَ وَتُجَهِّلُونَ، وَإِنَّكُمْ لَمِنْ رَيْحَانِ اللهِ» والريحان من النّبات طيب الرّائحة

ومنه ما روى ابن شيبة في مصنّفه من قول النّبيّ ﷺ: يا معشر الأنصار! ألم أجدكم ضلّالا فهداكم الله؟ فجعلوا يقولون: نعوذ بالله من غضب الله ومن غضب رسوله. فقال ﷺ:يا معشر الأنصار ألم أجدكم عالة فأغناكم الله! فجعلوا يقولون: نعوذ بالله من غضب الله ومن غضب رسوله! قال:ألا تُجيبون؟ قالوا: الله ورسوله أمنُ وأفضل، فلما سري عنه، قال: ولو شئتم لقلتم فصدقتم ألم نجدك طريدا فأويناك ومكذَّبا فصدّقناك وعائلا فآسيناك ومخذولا فنصرناك؟ فجعلوا يبكون ويقولون: الله ورسوله أمنّ وأفضل.

...

١٧) تَأْكِيْدُ الْمَدْحِ بِمَا يُشْبِهُ الذَّمَّ: ضَرْبَانِ:

أَحَدُهُمَا أَنْ يُسْتَثْنَى مِنْ صِفَةِ ذَمٍّ مَنْفِيَّةٍ صِفَةُ مَدْحٍ عَلَى تَقْدِيرِ دُخُوْلِهَا فِيْهَا، كَقَوْلِهِ:

وَلَا عَيْبَ فِيْهِمْ غَيْرَ أَنَّ سُيُوْفَهُمْ ... بِهِنَّ فُلُوْلٌ مِن قِرَاعِ الْكَتَائِبِ[١]

وَثَانِيهِمَا: أَنْ يُثْبَتَ لِشَيْءٍ صِفَةُ مَدْحٍ، وَيُؤْتَى بَعْدَهَا بِأَدَاةِ اسْتِثْنَاءٍ تَلِيْهَا صِفَةُ مَدْحٍ أُخْرَى،

جَمْعُ الْكَلَامِ			
الإدماج	أُقَلِّبُ فِيهِ أَجْفَانِي كلام سيق لمعنى	كَأَنِّي أَعُدُّ بِهَا عَلَى الدَّهْرِ الذُّنُوْبَا معنى آخر	
الاستتباع	سَمْحُ الْبَدَاهَةِ لَيْسَ يُمْسِكُ لَفْظَهُ الْمَدْحُ بِشَيْءٍ	فَكَأَنَّمَا أَلْفَاظُهُ مِنْ مَالِهِ الْمَدْحُ بِشَيْءٍ آخَرَ	
الاستطراد	وَإِنَّا أُنَاسٌ لَا نَرَى الْقَتْلَ سُبَّةً الغرض الأصلي	إِذَا مَا رَأَتْهُ عامِرٌ وَسَلُوْلُ غرض آخر مناسب	يُقَرِّبُ حُبُّ الْمَوْتِ آجَالَنَا لَنَا الغرض الأصلي
الافتنان	آجَرَكَ اللهُ عَلَى الرَّزِيَّةِ وَبَارَكَ لَكَ فِي الْعَطِيَّةِ جمع: فن أ (التعزية) فن ب (التهنئة)	وَبَارَكَ لَكَ فِي الْعَطِيَّةِ وَأَعَانَكَ عَلَى الرَّعِيَّةِ جمع: فن أ (التعزية) فن ب (التهنئة)	
الْمُغَايَرَةُ	تَبًّا لَهُ مِنْ خَادِعٍ مُمَاذِقٍ الذم	أَكْرِمْ بِهِ أَصْفَرَ رَاقَتْ صُفْرَتُه المدح	

[١] فُلول جمع الفَلّ، وفلّ السّيف كسْر في حدّه، والكتائب جمع كتيبة وهي الجيش، والقِراع مصدر قارع، يقال قارَعَ الأبطالُ إذا ضربَ بعضُهم بعضًا بالسُّيوف في الحرب. ومثله

لَيْسَ بِهِ عَيْبٌ سِوَى أَنَّهُ ... لا تَقَعُ الْعَيْنُ عَلَى شِبْهِهِ

ومثله

ولا عَيْبَ فِي مَعْرُوْفِهِمْ غَيْرَ أَنَّه ... يُبَيِّنُ عَجْزَ الشَّاكِرِينَ عَنِ الشُّكْرِ

ومنه قول الله تعالى ﴿لَا يَسْمَعُونَ فِيهَا لَغْوًا وَلَا تَأْثِيمًا ﴿٣٥﴾ إِلَّا قِيلًا سَلَامًا سَلَامًا ﴿٣٦﴾﴾ ومنه ﴿وَمَا نَقَمُوا مِنْهُمْ إِلَّا أَنْ يُؤْمِنُوا بِاللَّهِ الْعَزِيزِ الْحَمِيدِ﴾

كَقَوْلِهِ:

فَتَى كَمُلَتْ أَوْصَافُه غَيْرَ أَنَّهُ جَوَادٌ فَمَا يُبْقِي عَلَى الْمَالِ بَاقِيًا[1]

١٨) تَأْكِيدُ الذَّمِّ بِمَا يُشْبِهُ الْمَدْحَ: ضَرْبَانِ أَيْضًا،

الْأَوَّلُ أَنْ يُسْتَثْنَى مِنْ صِفَةِ مَدْحٍ مَنْفِيَّةٍ صِفَةُ ذَمٍّ عَلَى تَقْدِيرِ دُخُولِهَا فِيهَا، نَحْوُ: فُلَانٌ لَا خَيْرَ فِيهِ، إِلَّا أَنَّهُ يَتَصَدَّقُ بِمَا يَسْرِقُ.

وَالثَّانِي أَن يُثْبَتَ لِشَيْءٍ صِفَةُ ذَمٍّ، وَيُؤْتَى بَعْدَهَا بِأَدَاةِ اسْتِثْنَاءٍ تَلِيهَا صِفَةُ ذَمٍّ أُخْرَى، كَقَوْلِهِ:

هُوَ الْكَلْبُ إِلَّا أَنَّ فِيهِ مَلَالَةً وَسُوءَ مُرَاعَاةٍ وَمَا ذَاكَ فِي الْكَلْبِ[2]

١٩) التَّجْرِيدُ: هُوَ أَنْ يُنْتَزَعَ مِنْ أَمْرٍ ذِي صِفَةٍ أَمْرٌ آخَرُ مِثْلُه فِيهَا مُبَالَغَةً لِكَمَالِهَا فِيهِ، وَيَكُونُ

بِمِنْ نَحْوُ: لِيْ مِنْ فُلَانٍ صَدِيْقٌ حَمِيْمٌ[3]،

أَوْ فِي، كَمَا فِيْ قَوْلِهِ تَعَالَى ﴿لَهُمْ فِيهَا دَارُ الْخُلْدِ﴾[4]

أَوِ الْبَاءِ، نَحْوُ: لَئِنْ سَأَلْتَ فُلَانًا لَتَسْأَلَنَّ بِهِ الْبَحْرَ.[5]

---

[1] الجواد كَثِيرُ العَطَاءِ، ومثله قول النّبي ﷺ: «أَنَا أَفْصَحُ الْعَرَبِ بَيْدَ أَنِّي من قُرَيْشٍ»

[2] يقال مَلَّ فلانٌ الشّيءَ وعن الشّيء إذا سئمه وضَجِرَ منه، والمراعاة الملاحظة.

ومنه قوله تعالى ﴿وَالَّذِينَ يَدْعُونَ مِنْ دُونِهِ لَا يَسْتَجِيبُونَ لَهُمْ بِشَيْءٍ إِلَّا كَبَاسِطِ كَفَّيْهِ إِلَى الْمَاءِ لِيَبْلُغَ فَاهُ وَمَا هُوَ بِبَالِغِهِ﴾ ومنه ﴿إِنَّ الَّذِينَ كَفَرُوا وَظَلَمُوا لَمْ يَكُنِ اللَّهُ لِيَغْفِرَ لَهُمْ وَلَا لِيَهْدِيَهُمْ طَرِيقًا ۝١٦٨ إِلَّا طَرِيقَ جَهَنَّمَ خَالِدِينَ فِيهَا أَبَدًا﴾ ومنه، ﴿وَمِنْهُمْ أُمِّيُّونَ لَا يَعْلَمُونَ الْكِتَابَ إِلَّا أَمَانِيَّ﴾

[3] فالمراد به أنّ في فلان صفة الصّداقة إلي حد يمكن أن يُخرج منه شخص آخر، فأصله فلان حميم لي، ولكن عدل عن الظّاهر وقال في فلان حميم لي كأنّ فيه الشّخص حميم. ومنه قوله تعالى ﴿وَلْتَكُنْ مِنْكُمْ أُمَّةٌ يَدْعُونَ إِلَى الْخَيْرِ وَيَأْمُرُونَ بِالْمَعْرُوفِ وَيَنْهَوْنَ عَنِ الْمُنْكَرِ﴾ هذا على قول من المفسّرين، وقيل من للتّبعيض.

[4] وَمِنْهُ قَوْلُه تعالى ﴿لَقَدْ كَانَ لَكُمْ فِي رَسُولِ اللَّهِ أُسْوَةٌ حَسَنَةٌ﴾،

[5] وَمِنْهُ قوله:

...

أَوْ بِمُخَاطَبَةِ الْإِنْسَانِ نَفْسَهُ، كَقَوْلِهِ

لَا خَيْلَ عِنْدَكَ تُهْدِيهَا وَلَا مَالُ فَلْيَسْعَدِ النُّطْقُ إِنْ لَمْ تَسْعَدِ الْحَالُ[1]

أَوْ بِغَيْرِ ذٰلِكَ، كَقَوْلِهِ:

فَلَئِنْ بَقِيتُ لَأَرْحَلَنَّ لِغَزْوَةٍ تَحْوِي الْغَنَائِمَ أَوْ يَمُوتَ كَرِيمُ[2]

٢٠) حُسْنُ التَّعْلِيلِ: هُوَ أَنْ يُدَّعَى لِوَصْفٍ عِلَّةٌ غَيْرُ حَقِيقِيَّةٍ فِيهَا غَرَابَةٌ، كَقَوْلِهِ:

لَوْ لَمْ تَكُنْ نِيَّةُ الْجَوْزَاءِ خِدْمَتَهُ لَمَا رَأَيْتَ عَلَيْهَا عِقْدَ مُنْتَطِقِ[3]

فَتًى كُنْتُ أَرْتَابُ فِي شَأْنِهِ وَأَحْسَبُهُ مَاكِرًا فَاسِقًا

فَلَمَّا تَقَصَّيْتُ أَسْرَارَهُ رَأَيْتُ بِهِ وَرِعًا صَادِقًا

[1] النّطْقُ بِفَتْحِ النُّوْنِ وَضَمِّهَا مصدر نطق.

[2] ومن فوائد التجريد إفادة التّشبيه الضّمنيّ فقوله لَئِنْ سَأَلْتَ فُلَانًا لَتَسْأَلَنَّ بِهِ الْبَحْرَ يفيد تشبيهه بالبحر ضمنا، وقد يكون فيه التفات كما في قوله أو يموت كريم.

[3] الجوزاء أحد أبراج السّماء، والمنتطق بكسر الطاءِ اسمُ فاعل من انْتَطَقَ، يقال انتطق الشَّخصُ إذا شدَّ وسَطَه بحزام يُسمَّى نطاقًا أو مِنْطقة. والعِقد خَيْطٌ يُنْظَمُ فيه الخَرَزُ ونحوه. ومن عجائب حسن التعليل:

فَكَأَنَّمَا لَطَمَ الصَّبَاحُ جَبِيْنَه فَاقْتَصَّ مِنْهُ فَخَاضَ فِيْ أَحْشَائِهِ

يصف الشّاعر فرسه وجبينه الأبيض وقوائمه البيضاء فيقول إنّما جاء البياض في جبين الفرس من لطم الصّباح، ثم انتقم الفرس ودسّ الصّباحَ في التّراب وخاض بقوائمه على أحشائه – وهي ما دون الحجاب الحاجز ممّا يلي البطن، كالكبد والمعدة والأمعاء وغيرها – فابيضّت القوائم.

...

٢١) ائْتِلَافُ اللَّفْظِ مَعَ الْمَعْنَى: هُوَ أَن تَكُوْنَ الْأَلْفَاظُ مُوَافِقَةً لِلْمَعَانِيْ، فَتُخْتَارُ الْأَلْفَاظُ الْجَزْلَةُ وَالْعِبَارَاتُ الشَّدِيْدَةُ لِلْفَخْرِ وَالْحَمَاسَةِ، وَالْكَلِمَاتُ الرَّقِيْقَةُ وَالْعِبَارَاتُ اللَّيِّنَةُ لِلْغَزَلِ[١] وَنَحْوُهُ، كَقَوْلِهِ:

إِذَا مَـا غَضِـبْنَا غَضْـبَةً مُضَـرِيَّةً ... هَتكْنَـا حِجَابَ الشَّمْسِ أَوْ قَطَرَتْ دَمَا[٢]

إِذَا مَـا أَعَرْنَـا سَـيِّدًا مِـنْ قَبِيْلَـةٍ ... ذُرَى مِنْبَـرٍ صَـلَّى عَلَيْنَـا وَسَـلَّمَا[٣]

وَقَوْلِهِ:

لَـمْ يَطُـلْ لَيْلِـيْ وَلَكِـنْ لَـمْ أَنَـمْ ... وَنَفَـى عَنِّـي الْكَـرَى طَيْـفُ أَلَـمَّ[٤]

ما يفيد التّوكيد والمبالغة		
الْمُبَالَغَةُ	إِذَا مَـا سَـابَقَـتْهَـا الـرِّيْحُ فَـرَّتْ	وَأَلْـقَـتْ فِـي يَـدِ الـرِّيْـحِ الـتُّـرَابَا
تَأْكِيْدُ الْمَدْحِ بِمَا يُشْبِهُ الذَّمَّ	وَلَا عَيْـبَ فِيْهِمْ غَيْرَ أَنَّ سُـيُوْفَهُمْ	بِـهِـنَّ فُـلُـوْلٌ مِـن قِـرَاعِ الْـكَـتَـائِـبِ
تَأْكِيْدُ الذَّمِّ بِمَا يُشْبِهُ الْمَدْحِ	هُـوَ الْـكَـلْـبُ إِلَّا أَنَّ فِـيْـه مَـلَالَـةً	وَسُـوْءَ مُرَاعَـاةٍ وَمَـا ذَاكَ فِـي الْكَلْـبِ
التَّجْرِيْدُ	﴿لَهُمْ فِيهَا دَارُ الْخُلْدِ﴾	
حُسْنُ التَّعْلِيْلِ	لَوْ لَمْ تَكُنْ نِيَّةُ الْجَوْزَاءِ خِدْمَتَهُ	لَـمَا رَأَيْـتَ عَـلَيْـهَـا عِـقْـدَ مُـنْـتَـطِـقِ

[١] يقال جزُل اللّفظ إذا اسْتَحْكَمَتْ قوّتُه، الجَزْل من الكلام: القويّ الفصيح الجامع، والحَماسة بتخفيف الميم دون تشديدها هي الشّجاعة. والغَزَل الشِّعْر فِي النّساء ومحاسنهنّ.

[٢] المضريّة نسبة إلى قبيلة مضر، ويقال هَتَكَ الثّوْبَ إذا شقّهُ طُولًا، والظّاهر أن المراد بالحجاب هو الأرض، كما في قوله تعالى ﴿حَتَّىٰ تَوَارَتْ بِالْحِجَابِ﴾ حيث شُبّه غروب الشّمس بتخبئة امرأة بحجابها، فحجاب الشّمس الأرض، فالمراد به هتكنا الأرض أي حجاب الشّمس بأن ملأناها خيلا ورجالا. والضّمير في قطرت راجع إلى السّيوف وإن لم يذكر للعلم به، كما لم يذكر في التنزيل ﴿كَلَّآ إِذَا بَلَغَتِ التَّرَاقِيَ﴾ أي الرّوح.

[٣] يقال أعار فلانا الشّيء إذا أعطاه إيّاه على أن يُعيدَه إليه، وذُرى الشّيء أعلاه. والمراد بقوله صلى وسلّم الدّعاء.

[٤] يقال كرِي فلان إذا نام ونعس، والكرى النوم، وطَيْفُ الخيال ما يراه الشّخص في النّوم أو الخيال، ويقال ألَمّ ...

مُحَسِّنَاتٌ لَفظِيَّةٌ

[تَشَابُهُ الْأَطْرَافِ]

تَشَابُهُ الْأَطْرَافِ[1]: هُوَ جَعْلُ آخِرِ جُمْلَةٍ صَدْرَ تَالِيَتِهَا، أَوْ آخِرِ بَيْتٍ صَدْرَ مَا يَلِيْهِ، كَقَوْلِهِ تَعَالَى: ﴿فِيهَا مِصْبَاحٌ ۖ الْمِصْبَاحُ فِي زُجَاجَةٍ ۖ الزُّجَاجَةُ كَأَنَّهَا كَوْكَبٌ دُرِّيٌّ﴾، وَكَقَوْلِ الشَّاعِرِ:

إِذَا نَزَلَ الْحَجَّاجُ أَرْضًا مَرِيْضَةً ... تَتَبَّعَ أَقْصَى دَائِهَا فَشَفَاهَا

شَفَاهَا مِنَ الدَّاءِ الْعُضَالِ الَّذِيْ بِهَا ... غُلَامٌ إِذَا هَزَّ الْقَنَاةَ سَقَاهَا[2]

١) الْجِنَاسُ: هُوَ تَشَابُهُ اللَّفْظَيْنِ فِي النُّطْقِ، لَا فِي الْمَعْنَى. وَيَكُوْنُ تَامًّا وَغَيْرَ تَامٍّ.

فَالتَّامُّ: مَا اتَّفَقَتْ حُرُوْفُهُ فِي الْهَيْئَةِ وَالنَّوْعِ وَالْعَدَدِ وَالتَّرْتِيْبِ.[3]

وَهُوَ مَتَمَاثِلٌ إِنْ كَانَ بَيْنَ لَفظَيْنِ مِنْ نَوْعٍ وَاحِدٍ، نَحْوُ:

فلان إذا أتى.

ومنه قوله تعالى ﴿مَنْ أَعْرَضَ عَنْ ذِكْرِي فَإِنَّ لَهُ مَعِيشَةً ضَنْكًا﴾ الضّنك الضيّق، ففي كلمة الضنك نوع شدة وهو يأتلف مع معناه، وكذالك قوله تعالى ﴿أَلَكُمُ الذَّكَرُ وَلَهُ الْأُنْثَىٰ ﴿٢١﴾ تِلْكَ إِذًا قِسْمَةٌ ضِيزَىٰ ﴿٢٢﴾﴾، وقريب منه قوله تعالى ﴿أَوَلَمْ يَرَوْا إِلَى الطَّيْرِ فَوْقَهُمْ صَافَّاتٍ وَيَقْبِضْنَ﴾ والمراد بصافات باسِطاتٍ أجْنِحَتَهُنَّ في الجَوِّ عِنْدَ طَيَرانِها ففي كلمة صافات امتداد صوت وهو يلائم معنى بسط الأجنحة، ذلك وفي اختيار اسم الفاعل له دلالة على الاستمرار وفي التعبير عن القبض بالفعل المضارع دلالة على التّجدّد.

[1] وهو على قسمين لفظيّ: وهو المذكور ومعنويّ: وهو ختم الكلام بما يناسب ابتدائه في المعنى، نحو: ﴿لَا تُدْرِكُهُ الْأَبْصَارُ وَهُوَ يُدْرِكُ الْأَبْصَارَ ۖ وَهُوَ اللَّطِيفُ الْخَبِيرُ ﴿١٠٣﴾﴾ فلفظ اللّطيف يناسب لا تدركه الأبصار، والخبير يناسب وهو يدرك الأبصار. ولمّا كان لتشابه الأطراف حظ في اللّفظ وحظ في المعنى تجد بعضهم يذكرونه في المحسّنات اللّفظيّة وبعضهم في المعنويّة، وأمّا الذين ذكروه في المعنويّة ذكروه تحت مراعاة النّظير.

[2] العضال بضم العين المرض الشّديد المعالجة، والقناة الرّمح الأجوف. والقائلة ليلى الأخيلية حين قدمت علَى الحجاج بن يوسف، فلما أنشدتها قال: أتقولين غلام؟ قولي همام. وروي إذا هز القناةَ ثناها.

[3] والمراد بالهيئة الحركات والسّكنات

لَمْ نَلْقَ غَيْرَكَ إِنْسَانًا يُلَاذُ بِهِ ... فَلَا بَرِحْتَ لِعَيْنِ الدَّهْرِ إِنْسَانًا[1]

وَمُسْتَوْفًى إِنْ كَانَ مِنْ نَوْعَيْنِ، نَحْوُ:

فَدَارِهِمْ مَا دُمْتَ فِي دَارِهِمْ ... وَأَرْضِهِمْ مَا دُمْتَ فِي أَرْضِهِمْ[2]

وَمُتَشَابِهٌ إِنْ كَانَ بَيْنَ لَفْظَيْنِ أَحَدُهُمَا مُرَكَّبٌ وَالْآخَرُ مُفْرَدٌ وَاتَّفَقَا فِي الْخَطِّ، نَحْوُ:

إِذَا مَلِكٌ لَمْ يَكُنْ ذَا هِبَهْ ... فَدَعْهُ فَدَوْلَتُهُ ذَاهِبَهْ[3]

وَمَفْرُوقٌ إِنْ لَمْ يَتَّفِقَا، نَحْوُ:

كُلُّكُمْ قَدْ أَخَذَ الْـ ... ـجَامَ وَلَا جَامَ لَنَا

مَا الَّذِي ضَرَّ مُدِيرَ الْـ ... ـجَامِ لَوْ جَامَلَنَا[4]

---

[1] يقال لاذ فلان بفلان إذا التجأ إليه واستغاث به، ولا برحتَ فعل ناقص مثل ما برح إلّا أنّه أتى بلا دون ما لأنّه دعاء. والإنسان الأوّل البشر والإنسان الثّاني إنسان العين وهو الحدقة أي الفتحة الّتي يمرّ فيها الضّوء إلى داخل العين. ومنه قوله تعالى ﴿وَيَوْمَ تَقُومُ السَّاعَةُ يُقْسِمُ الْمُجْرِمُونَ مَا لَبِثُوا غَيْرَ سَاعَةٍ﴾ السّاعة الأولى القيامة والسّاعة الثّانية مدّة من الدّهر.

[2] دارهم الأوّل أمر من المداراة أي لاطِفهم وعاملهم برفق يقال دَارَى صَاحِبَهُ إذا لَاطَفَهُ ولايَنَهُ، ودارهم الثّاني مركب إضافي، وأرضهم الأوّل أمر من الإرضاء، والثّاني إضافة.

[3] ذا هبة مركب من ذا بمعنى صاحب وهبة بمعنى عطيّة، وذاهبة اسم فاعل من ذهب. ومثله:

عضّنا الدهرُ بنَابِهْ ... ليت ما حلّ بِنا بِهِ

لا يوالي الدهرُ إلّا ... خاملا ليس بنابه

بنابه الأوّل حرف جار وكلمة ناب هو سنّ معروف جمعه أَنْيَاب، بنابه الثّاني مركب من بنا وبه والثالث حرف جار زائد واسم فاعل من نبه ينبه نباهة أي شَرُفَ واشْتَهَرَ ذِكْرُهُ.

[4] الجامُ إناءٌ للشّراب والطّعام من فضّة أَوْ، نحوها، ويقال جامله إذا أحسن عِشرتَه ومعاملته. ومثله:

لا تعرضنّ على الرّواة قصيدة ... ما لم تُبالغ قبلُ في تَهْذِيبِهَا

...

وَغَيْرُ التَّامِّ: مَا اخْتَلَفَ فِي وَاحِدٍ مِنَ الْأَرْبَعَةِ الْمُتَقَدِّمَةِ.

وَهُوَ مُحَرَّفٌ إِنِ اخْتَلَفَ لَفظَاهُ فِيْ هَيْئَةِ الْحُرُوْفِ فَقَطْ، نَحْوُ قَوْلِهِ: جُبَّةُ الْبُرْدِ جُنَّةُ الْبَرْدِ[1]

وَمُطَرَّفٌ إِنِ اخْتَلَفَا فِيْ عَدَدِ الْحُرُوْفِ فَقَط وَكَانَتِ الزِّيَادَةُ أَوَّلًا[2].

وَمُذَيَّلٌ إِنْ كَانَتِ الزِّيَادَةُ آخِرًا، نَحْوُ:

يَمُدُّوْنَ مِنْ أَيْدٍ عَوَاصٍ عَوَاصِمِ ... تَصُوْلُ بِأَسْيَافٍ قَوَاضٍ قَوَاضِبِ[3]

وَمُضَارِعٌ إِنِ اخْتَلَفَا فِيْ حَرْفَيْنِ غَيْرِ مُتَبَاعِدَيِ المَخْرَجِ، نَحْوُ: ﴿يَنْهَوْنَ﴾ و﴿وَيَنْـَٔوْنَ عَنْهُ﴾.

وَلَاحِقٌ إِنْ تَبَاعَدَا، نَحْوُ: ﴿إِنَّهُۥ عَلَىٰ ذَٰلِكَ لَشَهِيدٌ ۝٧ وَإِنَّهُۥ لِحُبِّ ٱلْخَيْرِ لَشَدِيدٌ ۝٨﴾.

فمتى عرضتَ الشِّعرَ غيرَ مهذَّب ... عَدُّوه منكَ وساوِسَ تَهْذِيْ بِهَا

يقال هذَى فلان إذا تكلَّم بكلام غير معقول.

الجِناسُ التَّامُّ			
مِنْ نَوْعٍ وَاحِدٍ (اِسْمَانِ)	مِنْ نَوْعَيْنِ (اِسْمٌ وَفِعْلٌ)	أَحَدُهُمَا مُرَكَّبٌ وَالْآخَرُ مُفْرَدٌ	
		مُتَّفِقَانِ فِي الْخَطِّ	غَيْرُ مُتَّفِقَيْنِ فِي الْخَطِّ
مُتَمَاثِلٌ	**مُسْتَوْفَى**	**مُتَشَابِهٌ**	**مَفْرُوْقٌ**
إِنْسَانٌ	أَرْضٍ	ذَا هِبَةٍ	جَامَ لَنَا، جَامَلَنَا

[1] البُرد بضم الباء كِساءٌ مُخَطَّطٌ يُلْتَحَفُ به. ومثله قولهم: هَلَّا نَهاكَ نُهاكَ يعني عقلك

[2] ومنه قوله تعالى ﴿وَٱلْتَفَّتِ ٱلسَّاقُ بِٱلسَّاقِ ۝٢٩ إِلَىٰ رَبِّكَ يَوْمَئِذٍ ٱلْمَسَاقُ ۝٣٠﴾ ففي السّاق والمساق جناس مطرّف لزيادة الميم في أوله.

[3] عواص أي ضارباتٍ للأعداءِ بالعصا جمع عاصية من فعل عَصِيَ بِسَيْفِهِ أي ضَرَبَ بِهِ كَمَا يَضْرِبُ بِالعَصَا، والمرادُ بالعصا هنا السّيفُ، وعواصم جمع عاصمة من عَصَمَه إذا حفِظَه، والمراد به أسياف تحفظ أصحابها، ويقال صالَ يَصُول صَوْلاً وصَوْلَةً إذا وثب على الفريسة، والقواضب جمع قاضبة وهي سيف شديد القطع. والمراد أنّهم يَمُدُّونَ للضرْبِ يومَ الحرْبِ سواعدَ من أيدٍ عواصٍ وتَصُولُ على الأعداءِ بسيوفٍ قواضٍ. ومثاله

أَشْكُو وأَشْكُرُ فِعلَه ... فَاعْجَبْ لِشَاكٍ مِنْه شَاكِرِ

وَجناسُ قَلْبٍ إِنِ اخْتَلَفَا فِيْ تَرْتِيْبِ الْحُرُوْفِ فَقَطْ، كَنَيْلٍ وَلَيْنٍ، وَسَاقَ وَقَاسَ.[1]

٢) التَّصْدِيْرُ وَيُسَمَّى رَدَّ الْعَجْزِ عَلَى الصَّدْرِ:

هُوَ فِي النَّثْرِ أَنْ يُجْعَلَ أَحَدُ اللَّفْظَيْنِ الْمُكَرَّرَيْنِ أَوِ الْمُتَجَانِسَيْنِ أَوِ الْمُلْحَقَيْنِ بِهِمَا -بِأَن جَمَعَهُمَا اشْتِقَاقٌ أَوْ شَبَهُهُ- فِيْ أَوَّلِ الْفِقْرَةِ وَالثَّانِي فِيْ آخِرِهَا، نَحْوُ: قَوْلِهِ تَعَالَى ﴿وَتَخْشَى النَّاسَ ۚ وَاللَّهُ أَحَقُّ أَنْ تَخْشَاهُ ۖ﴾، وَقَوْلِكَ: سَائِلُ اللَّئِيْمِ يَرْجِعُ وَدَمْعُهُ سَائِلٌ، الْأَوَّلُ مِنَ السُّؤَالِ، وَالثَّانِي مِنْ السَّيَلَانِ. وَنَحْوُ: ﴿اسْتَغْفِرُوا رَبَّكُمْ إِنَّهُ كَانَ غَفَّارًا﴾، وَنَحْوُ: ﴿قَالَ إِنِّي لِعَمَلِكُمْ مِنَ الْقَالِينَ[2]﴾

وَفِي النَّظْمِ أَن يَكُوْنَ أَحَدُهُمَا فِي آخِرِ الْبَيْتِ وَالْآخَرُ فِيْ صَدْرِ الْمِصْرَاعِ الْأَوَّلِ أَوْ بَعْدَهُ[3]، نَحْوُ: قَوْلِه:

سَرِيْعٌ إِلَى ابْنِ الْعَمِّ يَلْطِمُ وَجْهَهُ ... وَلَيْسَ إِلَى دَاعِي النَّدَى بِسَرِيعِ[4]

وَقَوْلِهِ:

---

[1]

الْجِناسُ غَيْرُ التَّامِّ					
اخْتِلَافٌ فِي الْهَيْئَةِ (الْحَرَكَةِ)	اخْتِلَافٌ فِي الْعَدَدِ		اخْتِلَافٌ فِي النَّوْعِ		اخْتِلَافٌ فِي التَّرْتِيبِ
	زِيَادَةٌ فِي أَوَّلِ الْكَلِمَةِ	زِيَادَةٌ فِي آخِرِ الْكَلِمَةِ	مُتَقَارِبُ الْمَخْرَجِ	مُتَبَاعِدُ الْمَخْرَجِ	
مُحَرَّفٌ	**مُطَرَّفٌ**	**مُذَيَّلٌ**	**مُضَارِعٌ**	**لَاحِقٌ**	**قَلْبٌ**
بُرْدٌ، بَرْدٌ	سَاق، مَسَاق	عَوَاص، عَوَاصِم	يَنْهَوْنَ، يَنْئَوْنَ	لَشَهِيْدٌ، شَدِيْدٌ	سَاق، قَاس

[2] القالين من قلَى، يقال قلى فلانًا إذا أبغضه وكرهه غاية الكراهة فتركه. فهذا من شبه الاشتقاق

[3] يعني أنّ اللّازم أن يكون أحد المتجانسين في آخر البيت، وأمّا الثّاني قد يكون في أوّل البيت، أو آخر الشّطر الأوّل، أو في غيرهما.

[4] النّدَى الكرم، يقول إنّه سريع إلى الشّرّ غير سريع إلى الخير. فتكرّر كلمة سريع، في آخر البيت وفي أوّل المصراع الأوّل، وهذا النّوع الأوّل من هذا القسم.

تَمَتَّـعْ مِـنْ شَـمِيْمِ عَـرَارِ نَجْـدٍ ... فَمَـا بَعْـدَ الْعَشِـيَّةِ مِـنْ عَـرَارِ[1]

٣) السَّجْعُ: هُوَ تَوَافُقُ الفَاصِلَتَيْنِ[2] نَثْرًا فِي الْحَرْفِ الْأَخِيْرِ. وَهُوَ ثَلَاثَةُ أَنْوَاعٍ:

مُطَرَّفٌ إِنِ اخْتَلَفَتِ الْفَاصِلَتَانِ فِي الْوَزْنِ، نَحْوُ: الْإِنْسَانُ بِآدَابِهِ لَا بِزِيِّهِ وَثِيَابِهِ.[3]

وَمُتَوَازٍ إِنِ اتَّفَقَتَا فِيْهِ، نَحْوُ: الْمَرْءُ بِعِلْمِهِ وَأَدَبِهِ، لَا بِحَسَبِهِ وَنَسَبِهِ.[4]

---

[1] الشَّمِيمُ الرّائحة الطيّبة وكلّ ما يُشَمُّ، والعَرَارُ بفتح العين نباتٌ طيِّب الرّائحَةِ، والنّجد اسم مكان معروف. والمعنى أَقُول لصاحبي وَالإِبل الّتي تسير بِنَا سَرِيعا تمتّع من طيب رَائِحَة عرار نجد، فهذا أوانه وهو لَا يُوجد بعد العشيّة حين نغادر المكان. فتكرّر كلمة عرار، في آخر البيت وفي حشو المصراع الأوّلِ، وهذا النّوع الثّاني من هذا القسم.

والحشو كلّ جزء في البيت الشّعري ما عدا العَروض -وهو آخر تفعيلة في الشّطر الأوّل- والضرب -وهو آخر تفعيلة في الشّطر الثّاني.

وقد يكون المكرّر في آخر البيت وفي آخر الشّطر الأوّلِ، نحو:

مَنْ كَـان بِـالْبِيْضِ الْكَـوَاعِـبِ مُغْرَمًـا ... فَمَا زِلْتُ بِالْـــبِيْضِ الْقَوَاضِـبِ مُغْرَمًا

وعدّ بعضهم ختم السّورة بالمضمون الّذي بدأ به من التّصدير كما في سورة القلم، بدأ السّورة بقوله ﴿نٓ وَالْقَلَمِ وَمَا يَسْطُرُوْنَ ۝١ مَآ اَنْتَ بِنِعْمَةِ رَبِّكَ بِمَجْنُوْنٍ ۝٢﴾ وختم السّورة بقوله ﴿وَاِنْ يَّكَادُ الَّذِيْنَ كَفَرُوْا لَيُزْلِقُوْنَكَ بِاَبْصَارِهِمْ لَمَّا سَمِعُوا الذِّكْرَ وَيَقُوْلُوْنَ اِنَّهٗ لَمَجْنُوْنٌ ۝٥١ وَمَا هُوَ اِلَّا ذِكْرٌ لِّلْعٰلَمِيْنَ ۝٥٢﴾

ومثله سورة الممتحنة ﴿يٰٓاَيُّهَا الَّذِيْنَ اٰمَنُوْا لَا تَتَّخِذُوْا عَدُوِّيْ وَعَدُوَّكُمْ اَوْلِيَآءَ﴾ و﴿يٰٓاَيُّهَا الَّذِيْنَ اٰمَنُوْا لَا تَتَوَلَّوْا قَوْمًا غَضِبَ اللّٰهُ عَلَيْهِمْ قَدْ يَىِٕسُوْا مِنَ الْاٰخِرَةِ كَمَا يَىِٕسَ الْكُفَّارُ مِنْ اَصْحٰبِ الْقُبُوْرِ﴾

[2] واعلم أنّ المراد بالفاصلة الكلمة الأخيرة من الجملة، وفي الشّعر يسمّى الحرف الأخير قافية، والقافِيَةُ لُغَةً آخرُ كلِّ شيءٍ.

[3] اللّفظان آدابه وثيابه اتّفقا في اللّفظ الأخير، ولكن كلمة آداب على وزن أفعال وكلمة الثّياب على وزن الفعال. والزِّيُّ اللِّبَاسُ، ومثله ﴿مَا لَكُمْ لَا تَرْجُوْنَ لِلّٰهِ وَقَارًا ۝١٣ وَقَدْ خَلَقَكُمْ اَطْوَارًا ۝١٤﴾

[4] فالكلمتان الأخيرتان أَدَب ونَسَب اتّفقتا على وزن فَعَل، ومثله قوله تعالى ﴿فِيْهَا سُرُرٌ مَّرْفُوْعَةٌ ۝١٣ وَّاَكْوَابٌ مَّوْضُوْعَةٌ ۝١٤ وَّنَمَارِقُ مَصْفُوْفَةٌ ۝١٥ وَّزَرَابِيُّ مَبْثُوْثَةٌ ۝١٦﴾

وَمُرَصَّعٌ إِنِ اتَّفَقَتْ أَلْفَاظُ الفِقْرَتَيْنِ أَوْ أَكْثَرُهَا فِي الْوَزْنِ وَالتَّقْفِيَةِ[1]، نَحْوُ: يَطْبَعُ الْأَسْجَاعَ بِجَوَاهِرِ لَفْظِهِ وَيَقْرَعُ الْأَسْمَاعَ بِزَوَاجِرِ وَعْظِهِ[2]

٤) مَا لَا يَسْتَحِيلُ بِالِانْعِكَاسِ: وَيُسَمَّى الْقَلْبَ، هُوَ كَوْنُ اللَّفْظِ يُقْرَأُ طَرْدًا وَعَكْسًا، نَحْوُ: كُنْ كَمَا أَمْكَنَكَ، ﴿وَرَبَّكَ فَكَبِّرْ﴾[3].

٥) الْعَكْسُ: هُوَ أَنْ يُقَدَّمَ جُزْءٌ فِي الْكَلَامِ عَلَى آخَرَ ثُمَّ يُعْكَسَ، نَحْوُ: قَوْلِكَ: قَوْلُ الْإِمَامِ إِمَامُ

---

[1] لقد سبق أنّ القافية لا يكون إلّا في الشّعر، ولا يكون السّجع إلّا في النّثر، فاستعملوا التقفية بمعنى الفاصلة توسعا.

[2] فجميع ألفاظ الفقرتين متّفقتين في الوزن،

ومثله ﴿وَآتَيْنَاهُمَا الْكِتَابَ الْمُسْتَبِينَ ﴿١١٧﴾ وَهَدَيْنَاهُمَا الصِّرَاطَ الْمُسْتَقِيمَ ﴿١١٨﴾﴾

وَ	أ	تَـ	ـيْـ	ـنَـ	ـا	ـهُـ	ـمَ		لْ	ـكِـ	ـتَـ	ـا	ـبَ		لْ	ـمُـ	ـسْـ	ـتَـ	ـبِـ	ـيْـ	ـنَ
وَ	هَـ	دَ	ـيْـ	ـنَـ	ـا	ـهُـ	ـمَ		صْ	ـصِـ	ـرَ	ـا	طَ		لْ	ـمُـ	ـسْـ	ـتَـ	ـقِـ	ـيْـ	ـمَ

ومثله ﴿إِنَّ إِلَيْنَا إِيَابَهُمْ ﴿٢٥﴾ ثُمَّ إِنَّ عَلَيْنَا حِسَابَهُمْ ﴿٢٦﴾﴾ ومنه قول النبي ﷺ: «مَا مِنْ يَوْمٍ يُصْبِحُ العِبَادُ فِيهِ، إِلَّا مَلَكَانِ يَنزِلَانِ، فَيَقُولُ أَحَدُهُمَا: اللَّهُمَّ أَعْطِ مُنْفِقًا خَلَفًا، وَيَقُولُ الآخَرُ: اللَّهُمَّ أَعْطِ مُمْسِكًا تَلَفًا»

	السَّجْعُ		
	مُطَرَّفٌ	مُتَوَازٍ	مُرَصَّعٌ
اتّفاق الفاصلتين في الحرف الأخير	✓	✓	✓
اتّفاق الفاصلتين في الوزن	×	✓	✓
اتّفاق جميع ألفاظ الفقرتين أو أكثرها في الوزن والحرف الأخير	×	×	✓

[3] أي يمكن قراءته طردا – أي من أوله إلى آخره – وعكسا – أي من آخره إلى أوّله. ومنه ﴿كُلٌّ فِي فَلَكٍ﴾

ك	ل	ف	ي	ف	ل	ك

ومنه

مَوَدَّتُهُ تَدُوْمُ لِكُلِّ هَوْلٍ   وَهَلْ كُلُّ مَوَدَّتِهِ تَدُوْمُ

الْقَوْلِ، حُرُّ الْكَلَامِ كَلَامُ الْحُرِّ.[1]

٦) التَّشْرِيْعُ: هُوَ بِنَاءُ الْبَيْتِ عَلى قَافِيَتَيْنِ بِحَيْثُ إِذَا سَقَطَ بَعْضُهُ كَانَ الْبَاقِي شِعْرًا مُفِيْدًا، كَقَوْلِهِ:

يَا أَيُّهَا الْمَلِكُ الَّذِي عَمَّ الْوَرَى ... مَا فِي الْكِرَامِ لَهُ نَظِيْرٌ يُنْظَرُ

لَوْ كَانَ مِثْلُكَ آخَرُ فِيْ عَصْرِنَا ... مَا كَانَ فِي الدُّنْيَا فَقِيْرٌ مُعْسِرُ[2]

فَإِنَّهُ يَصِحُّ أَنْ تُحْذَفَ أَوَاخِرُ الشُّطُوْرِ الْأَرْبَعَةِ وَيَبْقَى:

يَا أَيُّهَا الْمَلِكُ الَّذِي ... مَا فِي الْكِرَامِ لَهُ نَظِيْرُ

لَوْ كَانَ مِثْلُكَ آخَرُ ... مَا كَانَ فِي الدُّنْيَا فَقِيْرُ

٧) الْمُوَارَبَةُ: هِيَ أَن يَجْعَلَ الْمُتَكَلِّمُ كَلَامَهُ بِحَيْثُ يُمْكِنُه أَنْ يُغَيِّرَ مَعْنَاهُ بِتَحْرِيْفٍ أَوْ تَصْحِيْفٍ أَوْ

[1] ففي ما لا يستحيل بالانعكاس يصحّ قراءة الجملة عكسا حرفًا حرفا، أمّا في العكس فلا يكون كذالك.

والعكس يكون ...

في جملة واحدة، ، نحو: عادات السَّادات سادات العادات،

وفي جملتين، نحو: ﴿تُوْلِجُ الَّيْلَ فِي النَّهَارِ وَتُوْلِجُ النَّهَارَ فِي الَّيْلِ﴾، ومثله ﴿وَتُخْرِجُ الْحَىَّ مِنَ الْمَيِّتِ وَتُخْرِجُ الْمَيِّتَ مِنَ الْحَيِّ﴾، ونحو: ﴿لَا هُنَّ حِلٌّ لَّهُمْ وَلَا هُمْ يَحِلُّوْنَ لَهُنَّ﴾

ومن عجائب العكس قصيدة نظمها إسماعيل بن أبي بكر المقري:

طلبوا الّذي نالوا فما حُرموا ... رُفعتْ فما حُطّتْ لهم رُتبُ

وهَبوا وما تمّتْ لهم خُلقُ ... سلموا فما أودى بهم عطَبُ

جلبوا الّذي نرضى فما كَسَدوا ... حُمدتْ لهم شيمُ فما كَسَبوا رُفعتْ

فَهُوَ مَدْحٌ، أَمَّا إِذَا عُكِسَ وَقُرِء من اليسار إلى اليمين فإذا هُو ذمّ:

رُتب لهم حُطتْ فما رُفعتْ ... حُرموا فما نالوا الّذي طلبوا

عطَب بهم أودى فما سلموا ... خُلقٌ لهم تمّتْ وماوهبُوا

كَسَبوا فما شيمٌ لهم حُمدتْ ... كَسَدوا فما نرضى الّذي جلبُوا

[2] المعسر هُوَ المفتقر.

غَيْرِهِمَا، لِيَسْلَمَ مِنَ الْمُؤَاخَذَةِ، كَقَوْلِ أَبِيْ نُوَاسٍ:

لَقَدْ ضَاعَ شِعْرِيْ عَلَى بَابِكُمْ ... كَمَا ضَاعَ عِقْدٌ عَلَى خَالِصَهْ[1]

فَلَمَّا أَنْكَرَ عَلَيْهِ الرَّشِيْدُ ذَلِكَ، قَالَ: لَمْ أَقُلْ إِلَّا:

لَقَدْ ضَاءَ شِعْرِيْ عَلَى بَابِكُمْ ... كَمَا ضَاءَ عِقْدٌ عَلَى خَالِصَهْ

٨) **ائْتِلَافُ اللَّفْظِ مَعَ اللَّفْظِ**: هُوَ كَوْنُ أَلْفَاظِ الْعِبَارَةِ مِنْ وَادٍ وَاحِدٍ فِي الْغَرَابَةِ وَالتَّأَهُّلِ، كَقَوْلِهِ تَعَالَى: ﴿تَاللهِ تَفْتَؤُا تَذْكُرُ يُوْسُفَ﴾، لَمَّا أَتَى بِالتَّاءِ الَّتِيْ هِيَ أَغْرَبُ حُرُوْفِ الْقَسَمِ، أَتَى

---

[1] التّصحيف الالتباس في نُقَط الحروف المتشابهة في الشّكل كالباء والتّاء والثّاء، والجيم والحاء والخاء، والدّال والذّال، والرّاء والزّاي، والسّين والشين والصّاد والضّاد، والطّاء والظّاء.

أمّا التّحريفُ فهو التباس في شكل الحروف ورسمها كالدّال والرّاء، والدّال واللّام، والنّون والزّاي، والميم والقاف.

روي أَنَّ أبا نواس دخل على الخليفة هارون الرّشيد وهو جالس عند جاريته خالصة فامتدحه بقصيدة فلم يلتفت إليه الرّشيد، بل ظلّ مشغولا بمداعبة خالصة الحسناء فغضب أبو نواس وانصرف وهو حاقد على خالصة، ولمّا انتهى إلى الباب كتب على الغرفة المخصوصة لخالصة:

لَقَدْ ضَاعَ شِعْرِيْ عَلَى بَابِكُمْ ... كَمَا ضَاعَ عِقْدٌ عَلَى خَالِصَهْ

(ويقال ضَاعَ الْمالُ إذا هَلَكَ، وَتَلَفَ من وَضَاعَ يَضِيْعُ ضَياعًا) ثمّ انصرف وفي الصّباح مرّ بعض الخدم المخلصين لخالصة، فقرأ ما على بابها فذهب إليها وأخبرها، ولمّا علم أبو نواس جاء حتّى مرّ من ناحية الباب حيث كان قد كتب الشّعر فمحى تجويف العين من الموضعين من ضاع، فصار أوّل العين مثل الهمزة.

لَقَدْ ضَاءَ شِعْرِيْ عَلَى بَابِكُمْ ... كَمَا ضَاءَ عِقْدٌ عَلَى خَالِصَهْ[1]

(ويقال ضاءَ الشّيءُ إذا أَنارَ وأَشرَق من ضاءَ يَضُوء ضَوْءًا وضِياءً) فأعجب الخليفة بهذه البداهة.

ومثله ما روى البخاري عَنْ عَائِشَةَ رَضِيَ اللهُ عَنْهَا أَنّ اليَهُودَ دَخلُوا عَلَى النَّبِيِّ ﷺ، فَقَالُوا: السَّامُ عَلَيْكَ، فَلَعَنْتُهُمْ، فقال: «مَا لَكِ» قُلْتُ: أَوَلَمْ تَسمَعْ مَا قَالُوا؟ قال: «فَلَمْ تَسمَعِي مَا قُلْتُ وَعَلَيْكُمْ».

بِتَفْتَأُ الَّتِيْ هِيَ أَغْرَبُ أَفْعَالِ الِاسْتِمْرَارِ.[1]

خَاتِمَةٌ

[فَصْلٌ فِيْ سَرِقَاتُ الْكَلَامِ وَمَا يَتَعَلَّقُ بِهَا][2]

١) سَرِقَةُ الْكَلَامِ أَنْوَاعٌ:

[نَسْخٌ وَانْتِحَالٌ]

مِنْهَا: أَنْ يَأْخُذَ النَّاثِرُ أَوِ الشَّاعِرُ مَعْنًى لِغَيْرِهِ بِدُوْنِ تَغْيِيْرٍ لِنَظْمِهِ، كَمَا أَخَذَ عَبْدُ اللهِ بْنُ الزَّبِيْرِ بَيْتَيِ

---

[1] ومما لم يذكر المصنفون:

المشاكلة: وهي ذكر معنى بلفظ غيره لوقوعه في صحبته، نحو: ﴿وَجَزَٰٓؤُا۟ سَيِّئَةٍ سَيِّئَةٌ مِّثْلُهَا﴾ جزاء السّيئة ليست سيّئة، إنّما ذكر معنى القصاص بلفظ السّيئة لوقوعه بصحبة كلمة سيّئة. ومثله ﴿فَمَنِ اعْتَدٰى عَلَيْكُمْ فَاعْتَدُوْا عَلَيْهِ بِمِثْلِ مَا اعْتَدٰى عَلَيْكُمْ﴾.

ومنه قوله الشّاعر:

أَلَا لَا يَجْهَلَنْ أَحَدٌ عَلَيْنَا ... فَنَجْهَلَ فَوْقَ جَهْلِ الْجَاهِلِيْنَ

فالمراد بقوله نجهل نؤدّب، إنّما عبّر بلفظ الجهل لوقوعه في صحبة لا يجهلن.

ومنه ما روي عن أبي الرَّقْعَمَق أنه قال: كان لي إخوان أربعة، وكنت أنادمهم، فجاءني رسولهم في يوم بارد، وليست لي كسوة تحصنني من البرد، فقال: إخوانك يقرأون عليك السّلام ويقولون لك: قد اصطبحنا اليوم وذبحنا شاة سمينة فاشته علينا ما نطبخ لك منها، قال: فكتبت إليهم:

إخوانَنا قَصَدُوْا الصَّبُوْحَ بسحرةٍ ... فأتى رسولُهُمُ إليَّ خُصُوْصًا

قَالُوا اقْتَرِحْ شَيْئًا نُجِدْ لَكَ طَبْخَه ... قلت اطبخوا لي جُبَّةً وَقَمِيْصًا

واعلم رحمك الله أنه لا يشترط أن يكون الصّحبة تحقيقًا، بل يكفي الصّحبة تقديرا، وهو أن يذكر المعنى دون اللّفظ، ومثله قوله تعالى ﴿صِبْغَةَ اللهِ ۚ وَمَنْ اَحْسَنُ مِنَ اللهِ صِبْغَةً ۫ وَّنَحْنُ لَهٗ عٰبِدُوْنَ ﴿١٣٨﴾﴾ فذكر لفظ الصّبغة لمعنى الإيمان وإن لم يذكر لفظ الصبغة قبله، ولكن نزل الآية في سياق ذكر النّصارى الذين كانوا يصبغون أولادهم، فكان الصّحبة تقديرًا.

[2] أي خاتمة في الفنّ الثّالث وهو البديع، وليس هذا خاتمة الكتاب، كذا في مختصر المعاني.

مُعَنٍ وَادَّعَاهُمَا لِنَفْسِهِ[1]، وَهُمَا:

إِذْ أَنْتَ لَمْ تُنْصِفْ أَخَاكَ وَجَدْتَهُ ... عَلَى طَرَفِ الْهِجْرَانِ إِنْ كَانَ يَعْقِلُ

وَيَرْكَبُ حَدَّ السَّيْفِ مِنْ أَنْ تَضِيمَهُ ... إِذَا لَمْ يَكُنْ عَنْ شَفْرَةِ السَّيْفِ مَزْحَلُ[2]

وَمِثْلُ هَذَا يُسَمَّى نَسْخًا وَانْتِحَالًا[3].

وَمِنْ قَبِيلِهِ أَنْ تُبَدَّلَ الْأَلْفَاظُ بِمَا يُرَادِفُهَا، كَأَنْ يُقَالَ فِي قَوْلِ الْحُطَيْئَةِ:

دَعِ الْمَكَارِمَ لَا تَرْحَلْ لِبُغْيَتِهَا ... وَاقْعُدْ فَإِنَّكَ أَنْتَ الطَّاعِمُ الْكَاسِي

...

ذَرِ الْمَآثِرَ لَا تَذْهَبْ لِمَطْلَبِهَا ... وَاجْلِسْ فَإِنَّكَ أَنْتَ الْآكِلُ اللَّابِسُ

---

[1] هُوَ أبو كثير عبد الله بن الزَّبِير - بفتح الزاي وكسر الباءِ - بن الأشْيَم الأَسدي، توفي، نحو: ٧٥هـ، وهو شاعر أهل الكوفة، حكي أنّه دخل على معاوية فأنشده، إذا أنت لم تنصف أخاك وجدته إلخ فقال له معاوية: لقد شعُرتَ بعدي يا أبا بكر. ولم يفارق عبد الله المجلس حتّى دخل مُعَن -بضم الميم وفتح العين- وهو ابن أوس المزني، فأنشد كلمته الّتي أوّلها:

لعمرك ما أدري وإنّي لأوجل ... على أيّنا تغدو المنيّة أوّل

حتّى أتى عليها، وفيها ما أنشده عبد الله، فأقبل معاوية على عبد الله وقال له: ألم تخبرني أنّهما لك؟! فقال: المعنى لي، واللّفظ له، وبعد فهو أخي من الرّضاعة، وأنا أحقّ بشعره.

[2] الطَّرَفُ النَّاحِيَةُ أو الجانب، ويقال هَجَرَ الشّيءَ أو الشّخصَ هَجْرًا وهِجْرانًا إذا تركه وأَعرضَ عنه، والمراد بدلا من أن تضيمه، والمزحل مكان يلجأ إليه. يقول إذا لم تعط صاحبك حقه وجدتّه هاجرا لك ولا يبالي أن يركب من الأمور ما يؤثر فيه تأثير السّيف مخافة أن يدخل عليه ضيم أو يلحقه عار إذا لم يجد عن ركوبه معدلا.

[3] إذا لم يعلم أخذ الثّاني من الأوّل جاز أن يكون من قبيل اتّفاق القرائح وتوارد الأفكار، ولا ينبغي لأحد أن يحكم على شاعر بالسّرقة ما لم يتيقن أنّه سرق الكلام، فالواجب قبل ذلك أن يقال: قال فلان كذا، وقد سبقه إليه فلان فقال كذا، حتى يتباعد عن دعوى العلم بالغيب ويسلم من انتقاص غيره ويكون صادقًا فيما حكم وقال. [علوم البلاغة]

وَقَرِيْبٌ مِنْهُ:

أَنْ تُبَدَّلَ الْأَلْفَاظُ بِمَا يُضَادُّهَا فِي الْمَعْنَى مَعَ رِعَايَةِ النَّظْمِ وَالتَّرْتِيْبِ، كَمَا لَوْ قِيْلَ فِيْ قَوْلِ حَسَّانَ:

بِيْضُ الْوُجُوْهِ كَرِيْمَةٌ أَحْسَابُهُمْ ... شُمُّ الْأُنُوْفِ مِنَ الطِّرَازِ الْأَوَّلِ[1]

سُوْدُ الْوُجُوْهِ لَئِيْمَةٌ أَحْسَابُهُمْ ... فُطْسُ الْأُنُوْفِ مِنَ الطِّرَازِ الْآخِرِ

[إِغَارَةٌ وَمَسْخٌ]

وَمِنْهَا: أَنْ يَأْخُذَ الْمَعْنَى وَيُغَيِّرَ اللَّفْظَ، وَيَكُوْنَ الْكَلَامُ الثَّانِي دُوْنَ الْأَوَّلِ أَوْ مُسَاوِيًا لَهُ، كَمَا قَالَ أَبُو الطَّيِّبِ فِيْ قَوْلِ أَبِي تَمَّامٍ[2]:

[لأبي تمام]

هَيْهَاتَ لَا يَأْتِي الزَّمَانُ بِمِثْلِهِ ... إِنَّ الزَّمَانَ بِمِثْلِهِ لَبَخِيْلُ

[لأبي الطّيّب]

أَعْدَى الزَّمَانَ سَخَاؤُهُ فَسَخَا بِهِ ... وَلَقَدْ يَكُوْنُ بِهِ الزَّمَانُ بَخِيْلَا[3]

فَالْمِصْرَاعُ الثَّانِي مَأْخُوْذٌ مِنَ الْمِصْرَاعِ الثَّانِيْ لِأَبِيْ تَمَّامٍ، وَالْأَوَّلُ أَجْوَدُ سَبْكًا. وَمِثْلُ هَذَا يُسَمَّى

---

[1] شُمٌّ جمع أَشَمّ، وهو من في أنفه ارتفاع القصبة مع استواء في أعلاه، وهو صفة مدح عند العرب. والطّراز النّمط والشّكل والجيّد من كلّ شيْء.

[2] البيت الأوّل يعني هَيْهَاتَ لا يأتي الزمانُ بمثلِهِ إلخ لأبي تمام، والبيت الثّاني أعدى الزمانَ سخاؤُه فَسَخَا بِهِ إلخ لأبي الطّيّب، وهيهات اسم فعل ماضٍ بمعنى بَعُدَ،

[3] يقال أعدى فلانًا من خُلُقه أو مرضه إذا أصابه بالعَدْوى، نقل إليه المرض أو الخُلُق. والمراد أنّ الزّمان علم منه السّخاء وسرى سخاؤه إلى الزّمان، فأخرجه من العدم إلى الوجود، ولولا سخاؤه الّذي استفاده منه لبخل به على أهل الدنيا واستبقاه لنفسه.

والمصراع الثّاني من بيت أبي الطيّب مأخوذ من المصراع الثّاني من بيت أبي تمام، ومصراع أبي الطيب دونه لأنّ كلمة قد يكون وقع في غير محلّه إذ الأصح التّعبير بالماضي.

إغَارَةً وَمَسْخًا.

[إِلْمَامٌ وَسَلْخٌ]

وَمِنْهَا: أَنْ يَأْخُذَ الْمَعْنَى وَحْدَهُ، وَيَكُوْنَ الثَّانِي دُوْنَ الْأَوَّلِ، أَوْ مُسَاوِيًا لَهُ، كَمَا قَالَ أَبُوْ تَمَّامٍ فِي قَوْلِ مَنْ رَثَى ابْنَهُ:

وَالصَّبْرُ يُحْمَدُ فِي الْمَوَاطِنِ كُلِّهَا ... إِلَّا عَلَيْكَ فَإِنَّهُ لَا يُحْمَدُ

...

[لأبي تمام]

وَقَدْ كَانَ يُدْعَى لَابِسُ الصَّبْرِ حَازِمًا ... فَأَصْبَحَ يُدْعَى حَازِمًا حِيْنَ يَجْزَعُ[1]

وَهَذَا يُسَمَّى إِلْمَامًا وَسَلْخًا.[2]

٢) **الِاقْتِبَاسُ**: هُوَ أَنْ يُضَمَّنَ الْكَلَامُ شَيْئًا مِنَ الْقُرْآنِ أَوِ الْحَدِيْثِ، لَا عَلَى أَنَّهُ مِنْهُ[3]، كَقَوْلِهِ:

لَا تَكُنْ ظَالِمًا وَلَا تَرْضَ بِالظُّلْمِ ... وَأَنْكِرْ بِكُلِّ مَا يُسْتَطَاعُ

يَوْمَ يَأْتِي الْحِسَابُ مَا لِظَلُوْمٍ ... مِنْ حَمِيْمٍ وَلَا شَفِيْعٍ يُطَاعُ[4]

وَقَوْلِهِ:

---

[1] يقال حَزَمَ الرَّجُلُ إذا كَانَ حَازِمًا عَاقِلًا، ويقال جَزِعَ فلان لِمُصَابِهِ إذا لَمْ يَصْبِرْ عَلَى مَا أَصَابَهُ.

[2]

سَرِقَةُ الْكَلَامِ				
نَسْخٌ / انْتِحَالٌ			إِغَارَةٌ / مَسْخٌ	إِلْمَامٌ / سَلْخٌ
ادّعاء كلام غيره لنفسه	تبديل الكلام بما يرادفه	تبديل الكلام بما يضاده	أخذ المعنى باللّفظ مع تغير	أخذ المعنى وحده

[3] أي بدون إشارة بأنّه من القرآن أو الحديث بأن يقول قال الله كذا أوقال رسول الله ﷺ كذا.

[4] وهذا اقتباس من قول الله تعالى ﴿مَا لِلظَّٰلِمِينَ مِنۡ حَمِيمٖ وَلَا شَفِيعٖ يُطَاعُ﴾

ومنه قول النّبي ﷺ: «أَصْبَحْنَا عَلَى فِطْرَةِ الإِسْلَامِ، وَعَلَى كَلِمَةِ الإِخْلَاصِ، وَعَلَى دِينِ نَبِيِّنَا مُحَمَّدٍ ﷺ، وَعَلَى مِلَّةِ أَبِينَا إِبْرَاهِيمَ حَنِيفًا مُسْلِمًا، وَمَا كَانَ مِنَ الْمُشْرِكِينَ»، حيث اقتبس من قوله تعالى ﴿قُلۡ إِنَّنِي هَدَىٰنِي رَبِّيٓ إِلَىٰ صِرَٰطٖ مُّسۡتَقِيمٖ دِينٗا قِيَمٗا مِّلَّةَ إِبۡرَٰهِيمَ حَنِيفٗاۚ وَمَا كَانَ مِنَ ٱلۡمُشۡرِكِينَ ١٦١﴾

لَا تُـعَـادِ الـنَّـاسَ فِـيْ أَوْطَـانِـهِـمْ   قَـلَّـمَـا يُـرْعَـى غَـرِيْـبُ الْـوَطَـنِ
وَإِذَا مَـا شِــئْـتَ عَـيْـشًــا بَـيْـنَـهُـمْ   خَـالِـقِ الـنَّـاسَ بِـخُـلُـقٍ حَـسَــنِ[1]

وَلَا بَأْسَ بِتَغْيِيرٍ يَسِيْرٍ فِي اللَّفْظِ الْمُقْتَبَسِ لِلْوَزْنِ، أَوْ غَيْرِهِ، نَحْوُ:

قَـدْ كَـانَ مَـا خِـفْـتُ أَنْ يَـكُـوْنَـا   إِنَّــا إِلَــى اللهِ رَاجِعُونَــا

وَفِي الْقُرْآنِ: ﴿إِنَّا لِلَّهِ وَإِنَّآ إِلَيْهِ رَٰجِعُونَ﴾.

٣) التَّضْمِيْنُ ويُسَمَّى الْإِيْدَاعُ، هُوَ أَنْ يُضَمَّنَ الشِّعْرُ شَيْئًا مِنْ شِعْرٍ آخَرَ مَعَ التَّنْبِيْهِ عَلَيْهِ إِنْ لَمْ يَشْتَهِرْ، كَقَوْلِهِ:

إِذَا ضَـاقَ صَـدْرِيْ وَخِفْـتُ الْعِـدَا   تَـمَـثَّـلْـتُ بَـيْـتًـا بِـحَـالِـيْ يَـلِـيْـقُ
فَـبِـاللهِ أَبْـلُــــــغُ مَـا أَرْتَـجِـيْ   وَبِــاللهِ أَدْفَــعُ مَــا لَا أُطِـيْــقُ[2]

وَلَا بَأْسَ بِالتَّغْيِيْرِ الْيَسِيْرِ، كَقَوْلِهِ:

[1] عَادَى فلان صَاحِبَهُ إذا خَاصَمَهُ، اقتبس من قول النّبي ﷺ: «اتَّقِ اللهَ حَيْثُمَا كُنْتَ، وَأَتْبِعِ السَّيِّئَةَ الحَسَنَةَ تَمْحُهَا، وَخَالِقِ النَّاسَ بِخُلُقٍ حَسَنٍ» ومثله قول الشّافعي رحمه الله:

عُـمـدة الـديـن عـنـدنـا كـلـمـات   أربـع قـالـهـن خـيـر الـبـريـة
اتـق الشّــبـهـات وازهـد ودع مـا   لـيـس يـعـنـيـك واعـمـل بـنـيّـة

أشار فيه إلى أربعة أحاديث «الحَلَالُ بَيِّنٌ، وَالحَرَامُ بَيِّنٌ، وَبَيْنَهُمَا مُشَبَّهَاتٌ لاَ يَعْلَمُهَا كَثِيرٌ مِنَ النَّاسِ، فَمَنِ اتَّقَى المُشَبَّهَاتِ اسْتَبْرَأَ لِدِينِهِ وَعِرْضِهِ، وَمَنْ وَقَعَ فِي الشُّبُهَاتِ: كَرَاعٍ يَرْعَى حَوْلَ الحِمَى، يُوشِكُ أن يوَاقِعَهُ» و«ازْهَدْ فِي الدُّنْيَا يُحِبَّكَ اللهُ، وَازْهَدْ فِيمَا فِي أَيْدِي النّاسِ يُحِبّوكَ» و«مِنْ حُسْنِ إِسْلاَمِ الْمَرْءِ تَرْكُهُ مَالاَ يَعْنِيهِ» و«إِنَّمَا الأَعْمَالُ بِالنِّيَّاتِ»

[2] يقال تمثّل ببيْت إذا أنْشَدَ بَيْتًا ثمّ آخَرَ ثمّ آخَرَ، وَالْعِدَا بِكَسْرِ الْعَيْنِ الْأَعْدَاءُ. ويقال ارتجى شيئًا إذا رجاه.

أَقُوْلُ لِمَعْشَرٍ غَلَطُوْا وَغَضُّوْا ... مِنَ الشَّيْخِ الرَّشِيْدِ وَأَنْكَرُوْهُ
هُوَ ابْنُ جَلَا وَطَلَّاعِ الثَّنَايَا ... مَتَى يَضَعِ العِمَامَةَ تَعْرِفُوْهُ[1]

٤) الْعَقْدُ وَالْحَلُّ: الْأَوَّلُ نَظْمُ الْمَنْثُوْرِ، وَالثَّانِي نَثْرُ الْمَنْظُوْمِ. فَالْأَوَّلُ، نَحْوُ:

وَالظُّلْمُ مِنْ شِيَمِ النُّفُوْسِ فَإِنْ تَجِدْ ... ذَا عِفَّةٍ فَلِعِلَّةٍ لا يَظْلِمُ[2]

عَقَدَ فِيْهِ قَوْلَ حَكِيْمٍ: الظُّلْمُ مِنْ طِبَاعِ النَّفْسِ، وَإِنَّمَا يَصُدُّهَا عَنْهُ إِحْدَى عِلَّتَيْنِ: دِيْنِيَّةٌ، وَهِيَ خَوْفُ الْمَعَادِ، وَدُنْيَوِيَّةٌ وَهِيَ الْعِقَابُ الدُّنْيَوِيُّ.

---

[1] غَلِطَ أَيْ أخطأ ولم يعرفْ وجهَ الصّواب مِنْ غَلِطَ يَغْلَط غَلَطًا؛ ويقال غَضَّ مِنْ شَأْنِهِ إذا حَطَّ مِنْ قَدْرِهِ مِنْ غَضَّ يَغُضُّ. وقوله هُوَ ابْنُ جَلَا وَطَلَّاعِ الثَّنَايَا تضمين لمطلع قصيدة قالها سُحَيْم بن وَثيل الشّاعر المخضرم، والأصل

أَنَا ابْنُ جَلَا وَطَلَّاعِ الثَّنَايَا ... مَتَى أَضَعِ العِمَامَةَ تَعْرِفُوْنِي

ابن جلا: يعني أنا ابن الواضح المكشوف المُغالب للصّعوبات. يقال للرّجل إذا كان على الشّرف لا يخفى مكانه هو ابن جلا. وطلاع الثّنايا بالخفض صفة لأبيه، وبالرّفع على أنّه من صفته، كأنّه قال: وأنا طلاع الثّنايا، وهي جمع ثنيّة وهو الطّريق في الجبل. وهي كناية عن كاشف الأمور والنافذ فيها.

قال ثعلب: العمامة تلبس في الحرب وتوضع في السّلم. وقال التبريزي: أي متى أسافر وأحدر اللّثام عن وجهي تنظروا إلي فتعرفوني.

[2] الشِيْمُ جمع شِيْمَةٌ وهي طبيعة، والعفّة الامْتِنَاعُ وَالكَفُّ عَمَّا لاَ يُذَمّ شرعًا وعرفا من القول والفعل. وَالْقَائِلُ المتنبّي، ومثله قولهُ:

كُلَّ حِلْمٍ أتى بغير اقتدارٍ ... حجةٌ لاجئٌ إليها اللئامُ

حيث عقد قول حكيم: الفرق بين الحلم والعجز أنّ الحلم لا يكون إلّا عن قدرة، والعجز لا يكون إلّا عن ضعف؛ وليس للعاجز أن يسمّى بالحليم وهو عاجز.

وكذلك قوله:

لا يُعْجِبَنَّ مَضِيْمًا حُسْنُ بِزَّتِهِ ... وَهَلْ تَرُوْقُ دَفِيْنًا جَوْدَةُ الْكَفَنِ

حيث عقد قول حكيم: ليس ظاهر جمال الإنسان بنافع إذا كان ميّت الحس والعقل،

وَالثَّانِي نَحْوُ قَوْلِهِ: الْعِيَادَةُ سُنَّةٌ مَأْجُورَةٌ، وَمَكْرُمَةٌ مَأْثُورَةٌ، وَمَعَ هَذَا فَنَحْنُ الْمَرْضَى، وَنَحْنُ الْعُوَّادُ، وَكُلُّ وِدَادٍ لَا يَدُومُ فَلَيْسَ بِوِدَادٍ. وَحَلَّ فِيهِ قَوْلُ الْقَائِلِ:

إِذَا مَرِضْنَا أَتَيْنَاكُمْ نَعُودُكُمُ وَتُذْنِبُونَ فَنَأْتِيكُمْ وَنَعْتَذِرُ[1]

٥) التَّلْمِيحُ: هُوَ أَنْ يُشِيرَ الْمُتَكَلِّمُ فِي كَلَامِهِ لِآيَةٍ أَوْ حَدِيثٍ أَوْ شِعْرٍ مَشْهُورٍ أَوْ مَثَلٍ سَائِرٍ أَوْ قِصَّةٍ، كَقَوْلِهِ:

لَعَمْرٌو مَعَ الرَّمْضَاءِ وَالنَّارُ تَلْتَظِي أَرَقُّ وَأَحْفَى مِنْكَ فِي سَاعَةِ الكَرْبِ[2]

أَشَارَ إِلَى الْبَيْتِ الْمَشْهُورِ، وَهُوَ:

الْمُسْتَجِيرُ بِعَمْرٍو عِنْدَ كُرْبَتِهِ كَالْمُسْتَجِيرِ مِنَ الرَّمْضَاءِ بِالنَّارِ[3]

---

[1] القائل المؤمّل:

شَكَوْتُ مَا بِيْ إِلَى هِنْدٍ فَمَا اكْتَرَثَتْ يَا قَلْبَهَا أَحَدِيدٌ أَنْتَ أَمْ حَجَرُ

إِذَا مَرِضْنَا أَتَيْنَاكُمْ نَعُودُكُمْ وَتُذْنِبُوْنَ فَنَأْتِيكُمْ وَنَعْتَذِرُ

[2] الرَّمضاء شدّة الحر والأرض أو الحجارة الّتي حَمِيَت من شدَّةِ وَقْع الشّمس، ويقال اِلْتَظَتِ النَّارُ إذا تَلَهَّبت واتَّقَدَتْ وفي التّنزيل ﴿فَأَنذَرْتُكُمْ نَارًا تَلَظَّىٰ﴾، والكرب الحُزْنُ والغمُّ وفي التّنزيل ﴿قُلِ اللَّهُ يُنَجِّيكُم مِّنْهَا وَمِن كُلِّ كَرْبٍ﴾

[3] وقصّة ذلك أنّ عمروًا تَرَصَّدَ كُلَيبًا حتى ابتعد عن الحمى، فركِب فرسَه فأتبعه فرمَى صُلْبَهُ، ثُمَّ وقَفَ عليه فقال له كليب: يا عَمرو أغِثْني بِشَرْبَةِ ماءٍ فَأَجْهَزَ عليه فمات، فسار مثلًا لمن تأتيه كربة فيفرّ منها فيقع في كربة أعظم منها. ويقال استجارَ فلانًا إذا سأله أن يؤمِّنَه ويَحفظه.

ومن التّلميح وقول يعقوب عليه السلام ﴿قَالَ هَلْ آمَنُكُمْ عَلَيْهِ إِلَّا كَمَا أَمِنتُكُمْ عَلَىٰ أَخِيهِ مِن قَبْلُ﴾، ومنه قوله تعالى ﴿مَثَلُ الَّذِينَ اتَّخَذُوا مِن دُونِ اللَّهِ أَوْلِيَاءَ كَمَثَلِ الْعَنكَبُوتِ اتَّخَذَتْ بَيْتًا ۖ وَإِنَّ أَوْهَنَ الْبُيُوتِ لَبَيْتُ الْعَنكَبُوتِ﴾ ففيه إشارة إلى مثل سائر بينهم قبل نزول القرآن: أرقّ من نسج العنكبوت وأضعف من بيت العنكبوت.

[فَصْلٌ فِي حُسْنِ الِابْتِدَاءِ وَالتَّخَلُّصِ وَالطَّلَبِ وَالِانْتِهَاءِ]

٦) حُسْنُ الِابْتِدَاءِ: هُوَ أَنْ يَجْعَلَ الْمُتَكَلِّمُ مَبْدَأَ كَلَامِهِ عَذْبَ اللَّفْظِ، حَسَنَ السَّبْكِ، وَصَحِيحَ الْمَعْنَى. فَإِذَا اشْتَمَلَ عَلَى إِشَارَةٍ لَطِيفَةٍ إِلَى الْمَقْصُودِ سُمِّيَ بَرَاعَةَ الِاسْتِهْلَالِ، كَقَوْلِهِ فِي تَهْنِئَةٍ بِزَوَالِ مَرَضٍ:

الْمَجْدُ عُوفِيَ إِذْ عُوفِيتَ وَالْكَرَمُ ... وَزَالَ عَنْكَ إِلَى أَعْدَائِكَ السَّقَمُ[1]

وَكَقَوْلِ الْآخَرِ فِي التَّهْنِئَةِ بِبِنَاءِ قَصْرٍ:

قَصْرٌ عَلَيْهِ تَحِيَّةٌ وَسَلَامُ ... خَلَعَتْ عَلَيْهِ جَمَالَهَا الْأَيَّامُ[2]

٧) حُسْنُ التَّخَلُّصِ: هُوَ الِانْتِقَالُ مِمَّا افْتُتِحَ بِهِ الْكَلَامُ إِلَى الْمَقْصُودِ مَعَ رِعَايَةِ الْمُنَاسَبَةِ بَيْنَهُمَا، كَقَوْلِهِ:

دَعَتِ النَّوَى بِفِرَاقِهِمْ فَتَشَتَّتُوا ... وَقَضَى الزَّمَانُ بَيْنَهُمْ فَتَبَدَّدُوا

دَهْرٌ ذَمِيمُ الْحَالَتَيْنِ فَمَا بِهِ ... شَيْءٌ سِوَى جُودِ ابْنِ أَرْتَقَ يُحْمَدُ[3]

---

[1] المجد النُّبْل والشَّرَف مبتدأ، وعوفي فاعله ضمير عائد إلى المجد، والكرم معطف على المجد،

[2] يقال خلَعَ عليه ثوبه إذا أعطاه إِيّاه، ومنه فاتح السّور مثل قوله تعالى ﴿سُبْحَٰنَ الَّذِيٓ أَسْرَىٰ بِعَبْدِهِۦ﴾ و﴿الْحَمْدُ لِلَّهِ رَبِّ الْعَٰلَمِينَ﴾.

[3] النّوى البعد، والتَشَتُّت والتّبدّد التفرق، انتقل الشّاعر من ذمّ الدّهر إلى مدح ابن أرتق.

منه قوله تعالى ﴿هَٰذَا ذِكْرٌۚ وَإِنَّ لِلْمُتَّقِينَ لَحُسْنَ مَـَٔابٍ ٤٩ جَنَّٰتِ عَدْنٍ مُّفَتَّحَةً لَّهُمُ الْأَبْوَٰبُ ٥٠ مُتَّكِـِٔينَ فِيهَا يَدْعُونَ فِيهَا بِفَٰكِهَةٍ كَثِيرَةٍ وَشَرَابٍ ٥١ وَعِندَهُمْ قَٰصِرَٰتُ الطَّرْفِ أَتْرَابٌ ٥٢ هَٰذَا مَا تُوعَدُونَ لِيَوْمِ الْحِسَابِ ٥٣ إِنَّ هَٰذَا لَرِزْقُنَا مَا لَهُۥ مِن نَّفَادٍ ٥٤ هَٰذَاۚ وَإِنَّ لِلطَّٰغِينَ لَشَرَّ مَـَٔابٍ ٥٥ جَهَنَّمَ يَصْلَوْنَهَاۖ فَبِئْسَ الْمِهَادُ ٥٦﴾ بعد ذكر الأنبياء ذكر الجنّة ففصّل بينهما بهذا، وبعدها ذكر النار ﴿هَٰذَاۚ وَإِنَّ لِلطَّٰغِينَ لَشَرَّ مَـَٔابٍ ٥٥﴾

فَائِدَةٌ

واعلم أنّ الفرق بين حسن التّخلّص والاستطراد أنّ في الاستطراد يشترط الرّجوع إلى الكلام الأوّل، وقطع الكلام بعد المستطرد به، أمّا التّخلص فيقتضي الخروج من الكلام والاستمرار فيما يخلص إليه، وعدم العودة ...

علم البديع

٨) بَرَاعَةُ الطَّلَبِ: هُوَ أَنْ يُشِيْرَ الطَّالِبُ إِلَى مَا فِي نَفْسِهِ دُوْنَ أَنْ يُصَرِّحَ فِي الطَّلَبِ، كَمَا فِيْ قَوْلِهِ[1]:

وَفِي النَّفْسِ حَاجَاتٌ وَفِيْكَ فَطَانَةٌ ... سُكُوْتِيْ كَلَامٌ عِنْدَهَا وَخِطَابُ

٩) حُسْنُ الِانْتِهَاءِ هُوَ أَنْ يُجْعَلَ آخِرُ الْكَلَامِ عَذْبَ اللَّفْظِ حُسْنَ السَّبْكِ صَحِيْحَ الْمَعْنَى فَإِنِ اشْتَمَلَ عَلَى مَا يُشْعِرُ بِالِانْتِهَاءِ سُمِّيَ بَرَاعَةَ الْمَقْطَعِ، كَقَوْلِهِ

بَقِيْتَ بَقَاءَ الدَّهْرِ يَا كَهْفَ أَهْلِهِ ... وَهَذَا دُعَاءٌ لِلْبَرِيَّةِ شَامِلُ[2]

إلى الكلام الأوّل.

الاسْتِطْرَادُ	الكلام الأوّل ⇦	الكلام الثّاني ⇦	الكلام الأوّل
حُسْنُ التَّخَلُّصِ	الكلام الأوّل ⇦	الكلام الثّاني	

[1] القائل هو المتنبّي، الفطانة قُوَّةُ إِدْرَاكِ الشَّيْءِ بِسُرْعَةٍ. يقول تتردّد في نفسي حاجات لا أذكرها لأنّك فطن تقف عليها بفطانتك، وسكوتي عن إظهارها يقوم مقام البيان عنها. ومثله

أَأَذْكُرُ حَاجَتِيْ أَمْ قَدْ كَفَانِيْ ... حَيَاؤُكَ إِنَّ شِيْمَتَكَ الْحَيَاءُ

وَعِلْمُكَ بِالْأُمُوْرِ وَأَنْتَ قَرْمٌ ... لَكَ الْحَسَبُ الْمُهَذَّبُ وَالسَّنَاءُ

القَرْمُ من الرّجال السَّيِّدُ المُعظَّم، والسَّناءُ العلُوُّ والارتفاع، ومن براعة الطّلب قول يونس عليه السلام ﴿وَذَا النُّوْنِ اِذْ ذَّهَبَ مُغَاضِبًا فَظَنَّ اَنْ لَّنْ نَّقْدِرَ عَلَيْهِ فَنَادٰى فِى الظُّلُمٰتِ اَنْ لَّآ اِلٰهَ اِلَّآ اَنْتَ سُبْحٰنَكَ اِنِّيْ كُنْتُ مِنَ الظّٰلِمِيْنَ ﴿٨٧﴾﴾ لم يُصرّح عليه السلام بطلب المغفرة. وفيه نوع كناية.

[2] بقيت فعل ماض للدّعاء، وبقاء مفعول فيه، والكهف الغار في الجبل، والمراد به الملجأ على سبيل الاستعارة، والدّعاء له دعاء لسائر الخلق لأنّ في بقائه إصلاحا لهم. ومنه خواتيم السّور، مثل الحجر ﴿وَلَقَدْ نَعْلَمُ اَنَّكَ يَضِيْقُ صَدْرُكَ بِمَا يَقُوْلُوْنَ ﴿٩٧﴾ فَسَبِّحْ بِحَمْدِ رَبِّكَ وَكُنْ مِّنَ السّٰجِدِيْنَ ﴿٩٨﴾ وَاعْبُدْ رَبَّكَ حَتّٰى يَأْتِيَكَ الْيَقِيْنُ ﴿٩٩﴾﴾ والصّافّات ﴿سُبْحٰنَ رَبِّكَ رَبِّ الْعِزَّةِ عَمَّا يَصِفُوْنَ ﴿١٨٠﴾ وَسَلٰمٌ عَلَى الْمُرْسَلِيْنَ ﴿١٨١﴾ وَالْحَمْدُ لِلّٰهِ رَبِّ الْعٰلَمِيْنَ ﴿١٨٢﴾﴾

﴿الْحَمْدُ لِلّٰهِ الَّذِيْ هَدٰىنَا لِهٰذَا وَمَا كُنَّا لِنَهْتَدِيَ لَوْلَآ اَنْ هَدٰىنَا اللّٰهُ﴾، قَدْ تَمَّتْ مُزجاةُ الْبِضَاعَةِ بِتَوْفِيْقِ اللهِ سُبْحَانَهُ وَتَعَالَى، وَأَرْجُوْ مِمَّنِ انْتَفَعَ بِهِ أَن يَمُنَّ عَلَيَّ بِالدُّعَاءِ وَالِاسْتِغْفَارِ لِيْ وَلِوَالِدَيَّ وَلِأَسَاتِذَتِيْ وَلِكُلِّ مَنْ أَعَانَنِي فِي جَمْعِهِ وَتَرْتِيْبِهِ وَتَصْحِيْحِهِ. هَذَا، وَقَدِ انْتَهَيْتُ مِنْ مُرَاجَعَاتِهَا يوم عَرَفَة سَنَةَ ١٤٤٤هـ الْمُطَابِقُ لِيُوْلِيو ٢٠٢٣ م.

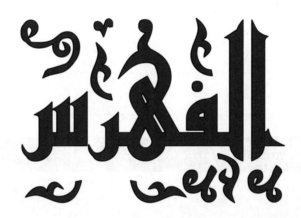

الْمُقَدِّمَةُ	٤
المقدمة	٧
الْفَصَاحَةُ	٨
[فَصَاحَةُ الْكَلِمَةِ]	٨
[فَصَاحَةُ الْكَلَامِ]	١٢
[فَصَاحَةُ الْمُتَكَلِّمِ]	١٥
الْبَلَاغَةُ	١٦
[بَلَاغَةُ الْكَلَامِ]	١٦
[بَلَاغَةُ الْمُتَكَلِّمِ]	١٦
[فَائِدَةٌ]	١٦
علم المعاني	١٩
[مُقَدِّمَةٌ]	٢٠
الْبَابُ الْأَوَّلُ فِي الْخَبَرِ وَالْإِنْشَاءِ	٢١
الْكَلَامُ عَلَى الْخَبَرِ	٢٣
الْكَلَامُ عَلَى الْإِنْشَاءِ	٣٠
الْبَابُ الثَّانِي فِي الذِّكْرِ وَالْحَذْفِ	٥٠
الْبَابُ الثَّالِثُ فِي التَّقْدِيمِ وَالتَّأْخِيرِ	٥٦
الْبَابُ الرَّابِعُ فِي التَّعْرِيفِ وَالتَّنْكِيرِ	٦٣
الْبَابُ الْخَامِسُ فِي الْإِطْلَاقِ وَالتَّقْيِيدِ	٧١

اَلْبَابُ السَّادِسُ فِي الْقَصْرِ ٨٤

اَلْبَابُ السَّابِعُ فِي الْوَصْلِ وَالْفَصْلِ ٨٨

مَوَاضِعُ الْوَصْلِ بِالْوَاوِ ٨٨

مَوَاضِعُ الْفَصْلِ ٨٩

اَلْبَابُ الثَّامِنُ فِي الْإِيجَازِ وَالْإِطْنَابِ وَالْمُسَاوَاةِ ٩٤

الْخَاتِمَةُ فِي إِخْرَاجِ الْكَلَامِ عَلَى خِلَافِ مُقْتَضَى الظَّاهِرِ ١٠٤

علم البيان ١١٣

التَّشْبِيهُ ١١٤

الْمَبْحَثُ الْأَوَّلُ فِي أَرْكَانِ التَّشْبِيهِ ١١٥

الْمَبْحَثُ الثَّانِي فِي أَقْسَامِ التَّشْبِيهِ ١١٩

الْمَبْحَثُ الثَّالِثُ: فِي أَغْرَاضِ التَّشْبِيهِ ١٢٩

الْمَجَازُ ١٣٣

الِاسْتِعَارَةُ ١٣٤

الْمَجَازُ الْمُرْسَلُ ١٤٣

الْمَجَازُ الْمُرَكَّبُ ١٤٤

[اسْتِعَارَةٌ تَمْثِيلِيَّةٌ] ١٤٤

الْمَجَازُ الْعَقْلِيُّ ١٤٥

الْكِنَايَةُ ١٤٧

علم البديع ١٥٣

مُحَسِّنَاتٌ مَعْنَوِيَّةٌ ١٥٤

مُحَسِّنَاتٌ لَفْظِيَّةٌ ١٧٥

خَاتِمَةٌ ١٨٣

[فَصْلٌ فِي سَرِقَاتُ الْكَلَامِ وَمَا يَتَعَلَّقُ بِهَا] ١٨٣

[فَصْلٌ فِي حُسْنِ الِابْتِدَاءِ وَالتَّخَلُّصِ وَالطَّلَبِ وَالِانْتِهَاءِ] ١٩٠

الفهرس ١٩٣

CW01081819